Poder e território:
uma abordagem a partir
da ciência política

Poder e território: uma abordagem a partir da ciência política

Graziele Silotto
Lucas Gelape
Pedro Vicente de Castro
Glauco Peres da Silva

Rua Clara Vendramin, 58 . Mossunguê . CEP 81200-170 . Curitiba . PR . Brasil
Fone: (41) 2106-4170 . www.intersaberes.com . editora@intersaberes.com

Conselho editorial
  Dr. Ivo José Both (presidente)
  Dr.ª Elena Godoy
  Dr. Neri dos Santos
  Dr. Ulf Gregor Baranow
Editora-chefe
  Lindsay Azambuja
Gerente editorial
  Ariadne Nunes Wenger
Assistente editorial
  Daniela Viroli Pereira Pinto
Preparação de originais
  Letra & Língua Ltda. - ME
Edição de texto
  Guilherme Conde Moura Pereira

Capa
  Charles L. Silva (design)
  Sunny Whale/Shutterstock
  (imagem)
Projeto gráfico
  Bruno de Oliveira
Diagramação
  Regiane Rosa
Designer responsável
  Débora Gipiela
Iconografia
  Sandra Lopis da Silveira
  Regina Claudia Cruz Prestes

Dados Internacionais de Catalogação na Publicação (CIP)
(Câmara Brasileira do Livro, SP, Brasil)

Poder e território: uma abordagem a partir da ciência política
Graziele Silotto ... [et al.]. Curitiba: InterSaberes, 2021.

Outros autores: Lucas Gelape, Pedro Vicente de Castro, Glauco Peres da Silva

Bibliografia.
ISBN 978-65-5517-911-8

1. Ciência política 2. Ciência política – Estudo e ensino 3. Geopolítica 4. Poder 5. Relações internacionais 6. Território I. Silotto, Graziele. II. Gelape, Lucas. III. Vicente de Castro, Pedro. IV. Silva, Glauco Peres da.

21-54471   CDD-320

Índices para catálogo sistemático:
1. Ciência política   320
         Maria Alice Ferreira – Bibliotecária – CRB-8/7964

1ª edição, 2021.
Foi feito o depósito legal.
Informamos que é de inteira responsabilidade dos autores a emissão de conceitos.
Nenhuma parte desta publicação poderá ser reproduzida por qualquer meio ou forma sem a prévia autorização da Editora InterSaberes.
A violação dos direitos autorais é crime estabelecido na Lei n. 9.610/1998 e punido pelo art. 184 do Código Penal.

Sumário

9 *Apresentação*
15 *Como aproveitar ao máximo este livro*

Capítulo 1
19 **Poder e espaço**

(1.1)
22 O que é poder?

(1.2)
37 Poder e espaço

Capítulo 2
57 **Formação dos Estados nacionais**

(2.1)
60 O que são Estados nacionais?

(2.2)
64 Como os Estados nacionais se formaram?

(2.3)
98 E a geografia?

Capítulo 3
105 A expansão do Estado-nação: discussões sobre a fase imperialista

(3.1)
107 Expansão do imperialismo

(3.2)
122 O imperialismo acabou, o capitalismo não

(3.3)
126 Alternativas e pós-imperialismo: paz, democracia e capitalismo

Capítulo 4
141 Do Estado-nação para dentro: a representação e a participação

(4.1)
143 Fronteiras: elementos definidores da ação estatal

(4.2)
149 Federalismo: divisão do poder dentro do Estado nacional

(4.3)
166 Representação política: o elemento territorial como definidor da representação moderna

(4.4)
174 Participação popular e suas dinâmicas territoriais

Capítulo 5
185 Geografia eleitoral

(5.1)
188 As diferentes formas de representar

(5.2)
200 As consequências das diferentes formas de representar

(5.3)
206 Mas e a geografia? I – Teorias do comportamento eleitoral

(5.4)
214 Mas e a geografia? II – Os ganhos de uma visão alternativa: geografia eleitoral

Capítulo 6
229 Possibilidades de pesquisa empírica: teorias e ferramentas para análises espaciais

(6.1)
232 Um ponto de partida: a investigação de John Snow sobre o surto de cólera em Londres

(6.2)
235 Mapear para pensar ou pensar para mapear? A importância da teoria para um estudo empírico

(6.3)
237 Fenômenos espacializáveis ou explicações espacializáveis: a geografia como variável de fenômenos políticos

(6.4)
240 Representação de dados no espaço

(6.5)
246 Técnicas de análise espacial

(6.6)
256 Cuidados na produção de inferências baseadas em dados e análises espaciais

(6.7)
264 Visualização de dados espaciais: mapas temáticos

(6.8)
279 Ferramentas para análise de dados espaciais

293 *Considerações finais*
297 *Referências*
331 *Respostas*
345 *Sobre os autores*

Apresentação

GLAUCO PERES DA SILVA

Neste livro, nosso objetivo é apresentar uma relação conceitual fundamental para os estudos de ciência política, ainda que nem sempre muito evidente: a relação entre poder e espaço. Convencionalmente, esse tema é tratado pelas áreas de relações internacionais e de geografia. Ainda assim, essa relação é bastante cara à disciplina de Ciência Política. Diante dessas possibilidades de diferentes abordagens, esclarecemos, desde já, que nosso intuito não é afirmar que qualquer uma delas merece destaque particular. Ao contrário, o diálogo é sempre bem-vindo e será feito na medida do possível. No entanto, aqui, partimos de uma aproximação diferente da que comumente é considerada nos livros de geopolítica, voltando-nos à discussão da associação entre poder e espaço sob a perspectiva de diferentes áreas da ciência política e, em menor medida, das relações internacionais.

Esses dois conceitos podem ser identificados já na constituição básica do Estado-nação. A configuração do território na qual o poder constituído é exercido, seja na figura do soberano, seja sob alguma outra forma de representação, prontamente evidencia a proximidade entre essas duas ideias. Afinal, o Estado-nação depende ou reivindica para si a existência de um território, um espaço, sobre o qual há legitimidade no controle político. Se o conceito de poder se concretiza na relação entre indivíduos ou grupos de indivíduos, este também ocorre em limitações territoriais específicas. Com base nessa constatação inicial, podemos analisar as diferentes formas em que essa relação se desdobra.

A constituição dos Estados-nação permite a formação de um ambiente em que surge a noção de *internacional*. É nesse âmbito que esses Estados se relacionam, formando uma rede, na qual interesses diversos se sobrepõem e constrangem suas interações. O relacionamento entre países configura um sistema internacional. Seus desdobramentos são múltiplos e, em todos eles, a dinâmica de poder está associada à dimensão espacial. As áreas que formam os atuais países não tiveram sempre a mesma constituição. As nações ambicionaram ampliar seus territórios por razões diversas, atingindo esses objetivos por meio de guerras. Dessa forma, os territórios estiveram sob o domínio de diferentes autoridades através dos tempos, até que se formassem os Estados-nação e a configuração destes tomasse a forma atual. Podemos dizer que tal configuração é instável e nada garante que não assuma outro padrão em um futuro próximo.

De outra parte, do ponto de vista interno ao Estado-nação, as questões voltam-se à organização política. Nos regimes democráticos, o cerne dessa discussão reside em torno da maneira como o cidadão comum atua na tomada de decisão política. Essa atuação pode desdobrar-se em, ao menos, duas dinâmicas distintas: as que envolvem a participação política e as que envolvem a representação formal. No primeiro caso, o espaço coloca-se como um limitador para que a participação se concretize. Os desafios para que os cidadãos tomem decisões políticas coletivas são múltiplos e os debates em torno das soluções possíveis são extensos e merecem discussão. Em relação ao segundo caso, a disputa interna ao Estado-nação condiciona-se espacialmente no resultado de uma eleição. Os distritos eleitorais – áreas às quais os representantes eleitos estão associados – são subdivisões de um país, e a forma como essa subdivisão é estabelecida não é imparcial diante do exercício de poder, pois interfere no vencedor da eleição. Essas discussões puderam ser atacadas teórica e empiricamente por meio de avanços nas técnicas de avaliação de dados do ponto de vista espacial. As técnicas de georreferenciamento trouxeram evidências empíricas com enormes contribuições na compreensão da relação entre poder e espaço. Contudo, isso acarreta desafios epistemológicos claros. Talvez o mais importante se deva ao fato de que, atualmente, é possível identificar em um mapa qualquer fenômeno político. Esse enorme e poderoso instrumental analítico nos faz questionar se as explicações teóricas possibilitadas por ele incorporam necessariamente o espaço.

    Qualquer fenômeno político ocorre em um espaço identificável, portanto, ao estudarmos um fenômeno específico precisamos indagar: "Nesse caso, o espaço é o fator de explicação?". Essa questão deve ser respondida com cautela, pois dependerá da situação específica. Ainda assim, é importante tê-la em mente. Se partimos da constatação inicial de que o exercício de poder se efetiva em algum ponto delimitado de um território, as considerações aqui suscitam reflexão a respeito dos limites dessa associação.

    É diante dessa ampla discussão que nos colocamos nesta obra. Almejamos, aqui, atacar esses pontos de forma a permitir que o leitor seja introduzido nesses debates bastante amplos. Assim, no primeiro capítulo, apresentaremos os conceitos fundamentais tratados aqui: *poder* e *espaço*. Suas definições e suas relações mais gerais são o objeto inicial deste trabalho, a fim de que, no segundo capítulo, seja possível compreender como a forma convencional de organização da estrutura de poder no mundo moderno, qual seja, o Estado-nação, exerce o controle do território. Essa discussão está associada à própria formação do Estado e será, pois, o eixo básico desse debate.

No terceiro capítulo, discutiremos o ambiente externo ao Estado--nação. A análise tem como ponto central a questão da constituição de um sistema de relações entre os diferentes Estados-nação. Destacaremos seus efeitos diante da diferença entre a dimensão política e a dos recursos naturais, já que as fronteiras políticas criam limitações importantes de acesso a estes, o que, por sua vez, interfere na própria relação entre os Estados. Dessa maneira, para além de sua relevância atual, a dimensão da formação das fronteiras é paradigmática para a compreensão desse contexto internacional.

No quarto e no quinto capítulos, voltaremo-nos para o ambiente interno aos Estados. Nesse âmbito, as questões da representação política formarão o quadro básico para a discussão. No primeiro deles, enfatizaremos a relação entre representação e participação e como o espaço afeta tal relação. No outro, examinaremos o que se convencionou chamar de *geografia eleitoral*: a consideração sobre a disputa espacial por voto ao longo do território.

No último capítulo, nosso objetivo será avaliar como e quando os fenômenos políticos são condicionados espacialmente por meio das ferramentas disponíveis. Com fundamento nos elementos básicos de um desenho de pesquisa empírica, refletiremos sobre as questões teóricas de dado fenômeno e a importância da espacialização, avaliaremos os resultados de fenômenos sociais "no espaço" diante das teorias vigentes e apresentaremos técnicas e instrumentos para a avaliação empírica.

Esperamos que, com isso, o leitor interessado tenha uma introdução a temas bastante caros à ciência política e às relações internacionais de uma maneira não convencional, mas que permite o delineamento de diferentes tópicos centrais. Estamos diante de um esforço com potencial de iniciar um diálogo interessante com outras disciplinas, em especial, com a geografia, na qual a tangência aos temas tratados aqui é bastante evidente. Novamente, queremos ressaltar a disposição à interlocução, tão em falta nos dias atuais, porém tão necessária para a expansão de nosso entendimento a respeito dos fenômenos que nos interessam.

Boa leitura!

Como aproveitar ao máximo este livro

Empregamos nesta obra recursos que visam enriquecer seu aprendizado, facilitar a compreensão dos conteúdos e tornar a leitura mais dinâmica. Conheça a seguir cada uma dessas ferramentas e saiba como estão distribuídas no decorrer deste livro para bem aproveitá-las.

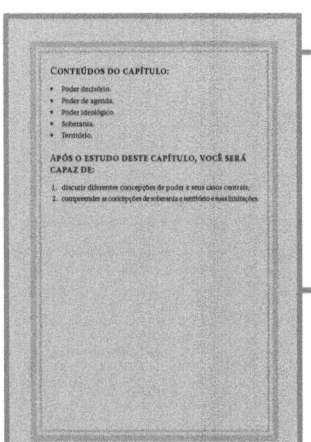

Conteúdos do capítulo:

Logo na abertura do capítulo, relacionamos os conteúdos que nele serão abordados.

Após o estudo deste capítulo, você será capaz de:

Antes de iniciarmos nossa abordagem, listamos as habilidades trabalhadas no capítulo e os conhecimentos que você assimilará no decorrer do texto.

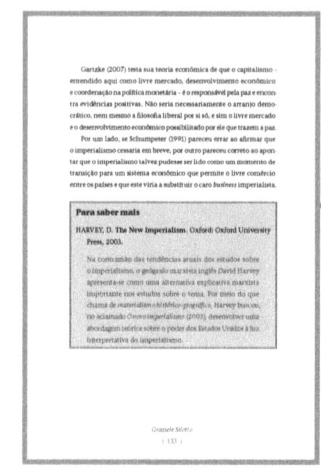

Para saber mais

Sugerimos a leitura de diferentes conteúdos digitais e impressos para que você aprofunde sua aprendizagem e siga buscando conhecimento.

Síntese

Ao final de cada capítulo, relacionamos as principais informações nele abordadas a fim de que você avalie as conclusões a que chegou, confirmando-as ou redefinindo-as.

Questões para revisão

Ao realizar estas atividades, você poderá rever os principais conceitos analisados. Ao final do livro, disponibilizamos as respostas às questões para a verificação de sua aprendizagem.

Questões para reflexão

Ao propor estas questões, pretendemos estimular sua reflexão crítica sobre temas que ampliam a discussão dos conteúdos tratados no capítulo, contemplando ideias e experiências que podem ser compartilhadas com seus pares.

Capítulo I
Poder e espaço

Conteúdos do capítulo:

- Poder decisório.
- Poder de agenda.
- Poder ideológico.
- Soberania.
- Território.

Após o estudo deste capítulo, você será capaz de:

1. discutir diferentes concepções de poder e seus casos centrais;
2. compreender as concepções de soberania e território e suas limitações.

Poder e espaço são conceitos fundamentais do estudo da política. A constituição, a aquisição, o exercício, o controle, a perda e a erosão do poder político são objetos centrais da ciência política. O surgimento e o colapso de Estados, a transição de regimes e a emergência de restrições constitucionais aos governantes são apenas alguns exemplos de questões que capturam a atenção de cientistas políticos, sociólogos e economistas para as quais o conceito de poder é fundamental. À primeira vista, espaço pode não parecer um conceito igualmente central. Todavia, na verdade, está implícito na maneira como concebemos muitas das formas de exercício do poder que nos parecem mais naturais. A coerção, ou seja, o exercício do poder por meio da ameaça de uso da violência, frequentemente exige uma proximidade espacial entre os poderosos e aqueles por eles subjugados. Não por acaso, o tipo de organização que ocupa lugar central no nosso imaginário sobre o poder político, o Estado nacional, tipicamente reivindica poder absoluto sobre determinado espaço geográfico.

Neste capítulo, você será introduzido à principal discussão ao redor do conceito de poder na ciência política. Muito embora este seja central para a disciplina, não há um consenso a respeito de sua definição. Em vez disso, diferentes pesquisadores, interessados em diversos fenômenos empíricos e associados a várias perspectivas políticas, propuseram diferentes maneiras de conceber esse conceito, ressaltando suas vantagens em relação às demais e apontando as insuficiências dessas alternativas.

Além disso, abordaremos os relevantes conceitos de soberania e de território, os quais capturam a relação que contemporaneamente nos parece mais natural entre poder e espaço: o grupo que ocupa posições na organização política que chamamos de *Estado* exerce poder e reivindica autoridade sobre um espaço geográfico bem delimitado contra todos os demais grupos políticos que ali atuam. Em outras palavras, o Estado exerce e reivindica soberania sobre um território. Você verá que, embora seja impossível compreender muitas discussões da teoria política sem recurso a esses conceitos, eles são mais bem compreendidos não apresentando uma descrição da realidade empírica, senão articulando uma pretensão de determinados grupos políticos. Assim, eles frequentemente nos levam a esperar encontrar uma realidade empírica que não se verifica.

(1.1)
O QUE É PODER?

Poder é um conceito fundamental no estudo da política. Cientistas políticos, assim como sociólogos e economistas interessados em fenômenos políticos, investigam de que maneira Estados e organizações análogas surgem e afirmam seu poder sobre populações, territórios e recursos – bem como de que maneira falham em fazê-lo ou entram em colapso, levando a situações de anarquia. O campo específico das transições de regime, seja do ou para o autoritarismo e de ou para a democracia, envolve entender de que forma o poder político passa das mãos de um grupo exclusivo, como uma junta militar ou um partido único, para um conjunto mais amplo de grupos políticos, e vice-versa. O estudo de como mecanismos institucionais como constituições e separação de poderes controlam e limitam o exercício do poder corresponde a outro campo importante da ciência política.

Diante disso, pode parecer surpreendente que não haja um consenso sobre o conceito de poder entre cientistas políticos ou cientistas sociais em geral. Suas análises costumam envolver questões do tipo: Quão bem-sucedido é um presidente em aprovar medidas legislativas de sua iniciativa no congresso? Quão intenso é o controle de lideranças partidárias sobre o comportamento legislativo dos parlamentares do partido? Cortes constitucionais tendem a contrariar ou referendar as decisões de órgãos eleitos? A existência de uma câmara congressual alta, como o Senado, dificulta a aprovação de medidas legislativas? Em que circunstâncias o resultado de uma eleição é respeitado e em que circunstâncias é vetado por grupos com recursos para fazê-lo, como o governo derrotado nas urnas ou o exército? Todas essas questões claramente envolvem o conceito de poder. Contudo, ele geralmente permanece implícito, no pano de fundo, ao passo que conceitos mais específicos, como sucesso legislativo, alternância pacífica ou golpe de Estado, ocupam a frente do palco.

Isso ocorre, em parte, em razão do fato de que poder é um conceito contestado. Filósofos e cientistas sociais discordam a respeito de aspectos fundamentais de sua definição. Além disso, essa discordância é, muitas vezes, motivada por divergências políticas entre esses profissionais. Isto é, pessoas com afinidade com diferentes perspectivas políticas tendem a enfatizar valores distintos, o que se reflete na maneira como entendem o conceito. Por exemplo, pessoas para as quais a minimização da coerção é um valor central tendem a enfatizar o aspecto coercitivo e expresso do poder, ao passo que pessoas com atitudes diferentes em relação à coerção podem enfatizar seus traços não coercitivos e ocultos.

Ainda assim, esse conceito tem sido o objeto explícito de debates entre filósofos e cientistas sociais, que lançam luz sobre diferentes aspectos do poder, uns mais consensuais e outros mais controversos. Ao menos três têm concentrado a atenção desses profissionais. Podemos chamá-los de *poder decisório, poder de agenda* e *poder ideológico*. O **poder decisório** consiste na capacidade de um agente fazer prevalecer sua preferência sobre a dos demais em uma situação de tomada de decisão. Por sua vez, o **poder de agenda** é a capacidade de um agente de impedir que uma questão que envolve conflito entre preferências venha a ser objeto de uma decisão. Já o exercício do **poder ideológico** previne a emergência de um conflito entre preferências, persuadindo os agentes sujeitos à espécie de poder a adotarem preferências contrárias ao seu próprio interesse.

1.1.1 Poder decisório

O poder decisório é aquele que mais recebe atenção de cientistas políticos. Isso se deve, em parte, ao fato de ser o aspecto mais expresso e, portanto, empiricamente observável do poder. Trata-se daquele que está envolvido quando nos perguntamos sobre o sucesso legislativo de um presidente, sobre o nível de disciplina partidária no Congresso Nacional ou sobre o caráter contramajoritário (ou não) de cortes constitucionais. Isso não significa que a magnitude e a titularidade do poder decisório não sejam problemáticas nesses casos. Um presidente pode ter sucesso legislativo porque conta com instrumentos para fazer os congressistas votarem conforme sua preferência ou porque compartilham das mesmas preferências. A mesma consideração vale para os partidos no Congresso Nacional ou para as cortes constitucionais: esses agentes podem fazer prevalecer suas preferências contra a dos demais ou todos podem compartilhar das mesmas preferências. De qualquer forma, quando perguntamos se certas decisões estão em conformidade com as preferências de determinados agentes, estamos questionando sobre o poder decisório.

Uma discussão clássica sobre essa espécie de poder é a de Robert Dahl (2005; 2007). A análise de Dahl é, em parte, motivada por sua discordância substantiva com uma tese sobre a distribuição do poder político na sociedade dos Estados Unidos popular à época. Essa tese, chamada de *elitista*, afirmava que o poder político era concentrado nas mãos de um grupo restrito de pessoas – uma elite – e o restante da população tinha pouco ou nenhum poder sobre questões que lhe diziam respeito. Entre as evidências empíricas que seus defensores apresentavam, havia resultados de pesquisas de opinião sobre reputação de poder. Essencialmente, os pesquisadores perguntavam aos moradores de uma cidade, por exemplo, quem eram as pessoas reputadas *poderosas* naquele lugar. Diante da constatação de que estas tendiam a ser poucas e as mesmas, apontava-se esse grupo como a elite governante da cidade.

Dahl (2005; 2007) discordava da imagem que os elitistas pintavam da distribuição do poder na sociedade dos Estados Unidos, entendendo que ela era muito mais dispersa do que eles afirmavam. Além disso, Dahl julgava que as evidências empíricas apresentadas pelos elitistas não eram produto da aplicação de uma metodologia apropriada. Isso porque a metodologia dos elitistas careceria de uma definição precisa de poder, que pudesse então ser empiricamente operacionalizada. Sem isso, abre-se uma questão sobre em que medida a reputação de *poder* aferida pelos elitistas corresponde ao poder efetivamente manejado pelos reputados *poderosos*. Em sua análise, Dahl pretendia oferecer uma definição desse tipo.

A noção intuitiva de poder da qual parte o autor (Dahl, 2005; 2007) pode ser expressa da seguinte forma:

> A tem poder sobre B na medida em que A pode fazer B agir de maneira como B não agiria em outras circunstâncias.

A definição também pode ser expressa em termos probabilísticos:

> Se a probabilidade de que B faça X quando A não tem qualquer preferência a respeito da ação de B é p e a probabilidade de que B faça X quando A prefere que B faça X é p', então o poder de A sobre B é igual à diferença p' – p.

Seja como for, ambas as formulações evidenciam os elementos centrais dessa noção de poder. Primeiro, trata-se de uma relação entre agentes, no caso, entre A e B. Segundo, essa relação é unidirecional, assimétrica, de A para B: uma vez que A decide por X, B faz X (ou a probabilidade de que faça X aumenta). E, terceiro, essa noção de poder pressupõe um cenário contrafactual: o que B faria se A não tivesse nenhuma preferência a respeito de suas ações.

Os dois primeiros elementos apontam para a relação entre poder, coerção e dominação, casos centrais do conceito de poder. A **coerção** é a influência exercida sobre as ações de uma pessoa por meio da ameaça e, em última instância, do uso da violência. A **dominação** é o estado em que um agente impõe suas preferências a outro, que está totalmente sujeito a seus caprichos. Tanto a coerção quanto a dominação são relações unidirecionais, assimétricas entre agentes, nas quais um comanda e o outro obedece. Esses elementos também esclarecem a razão de ser útil caracterizar essa concepção como poder decisório: o agente que detém essa espécie de poder pode impor suas decisões àqueles sobre os quais tem poder, pode decidir em seu lugar e ter suas decisões obedecidas.

Contudo, como observamos, um agente pode fazer valer suas preferências porque as impõem aos demais ou porque compartilha das mesmas preferências que eles. Justamente para esse aspecto aponta o terceiro elemento do conceito de Dahl: o que B faria se A não tivesse nenhuma preferência a respeito de suas ações? Se ele agiria da mesma forma, então não é possível estabelecer se, na situação que realmente ocorreu, em que A tem preferência a respeito de suas ações, B estava seguindo suas próprias preferências ou as de A. Isto é, não é possível estabelecer se A exerceu poder sobre B. É incerto. Logo, empiricamente, só podemos estabelecer que há uma relação de poder entre

A e B quando podemos afirmar que suas preferências são conflitantes e, mesmo assim, B age conforme as de A.

O conceito de poder de Dahl (2005; 2007), portanto, tem implicações metodológicas. Se quisermos identificar quão distribuído é o poder em uma sociedade, devemos verificar quem faz suas preferências prevalecerem em decisões específicas a respeito das quais há preferências conflitantes, e não nos basearmos em medidas subjetivas de reputação de poder. Isso é o que o próprio Dahl (2005) buscou fazer em sua famosa análise da política local em New Haven, *Who governs? Democracy and Power in an American City*, concluindo que o poder era muito mais disperso do que os elitistas afirmavam. Diferentes grupos políticos, com diversas preferências, prevaleciam em várias decisões, sem que nenhum prevalecesse em todas por todo o tempo. Em virtude desse diagnóstico, Dahl e contemporâneos seus que chegaram a conclusões semelhantes por caminhos similares são conhecidos como *pluralistas*. Entretanto, suas análises do conceito de poder têm relevância para além do debate entre elitistas e pluralistas. Quando nos perguntamos: Quem detém poder?, verificar quem prevalece quando decisões controversas são tomadas é sempre um bom ponto de partida – ainda que não de chegada.

1.1.2 PODER DE AGENDA

A noção de poder decisório concentra nossa atenção em quem prevalece em uma decisão controversa. Essa noção, contudo, deixa de lado o que acontece antes de essa questão se tornar objeto de uma decisão. De que forma determinada questão se torna objeto de uma decisão expressa? E o que acontece quando ela não se torna? Quem decide por um ou outro curso de ação? Ao fazermos essas perguntas, estamos indagando justamente a respeito do poder de agenda, que também recebe muita atenção de cientistas políticos, muito embora seja difícil observá-lo diretamente, já que seu exercício, frequentemente, envolve inação em vez de ação – a inação de não trazer uma questão controversa a uma decisão. O sucesso legislativo de um presidente deve-se à sua capacidade de fazer os parlamentares votarem conforme sua preferência ou à sua capacidade de decidir quais medidas serão votadas, deixando de lado aquelas em que acredita que será derrotado? Parlamentares são partidariamente disciplinados em virtude da capacidade dos líderes partidários de orientarem seus votos ou de sua capacidade de impedir que medidas controversas dentro do partido cheguem à votação? Cortes constitucionais decidem de maneira contramajoritária porque os órgãos eleitos respeitam totalmente suas decisões ou porque as cortes optam por não tomar decisões nos casos em que acreditam que estas seriam desrespeitadas?

Questões como essas são motivadas pela discussão clássica de Peter Bachrach e Morton Baratz (1963) sobre as "duas faces do poder". A análise de Bachrach e Baratz é uma resposta tanto à discussão conceitual de Dahl (2005; 2007) quanto à sua aplicação empírica. Todo sistema político é, em alguma medida, enviesado em favor do *status quo*: é mais fácil manter as coisas como são do que as mudar. Para redefinir uma lei, por exemplo, é preciso convencer um parlamentar ou algum órgão com competência para iniciar um projeto de lei a propor a alteração, os relatores da matéria e/ou a maioria dos membros em uma das várias comissões pelas quais ela deve transitar a dar-lhe o sinal verde, o presidente da casa a trazê-la à votação e a maioria dos parlamentares a votarem favoravelmente. Em qualquer um dos momentos anteriores à votação em si, a proposta pode ter sua tramitação interrompida. E mais: essa interrupção não precisa, necessariamente, ser formalizada em decisão expressa. Os parlamentares podem simplesmente não propor a alteração, os relatores da matéria nas comissões parlamentares simplesmente nunca darem seu parecer ou o presidente da casa nunca a colocar em votação.

Agentes que preferem o *status quo* à alteração e que receiam que seriam derrotados caso ela chegue à votação podem tentar intervir em qualquer um desses momentos para impedir a proposta de ir adiante e, dessa forma, fazer prevalecer suas preferências sem que qualquer decisão expressa tenha de ser tomada. Ao fazê-lo, esses agentes estarão "mobilizando o viés" pró-*status quo* do sistema político para fazer prevalecer suas preferências. Essa mobilização, como o exemplo demonstra, pode envolver tanto decisões quanto "não decisões": a não decisão dos parlamentares de propor a alteração, a não decisão dos relatores de darem seu parecer ou a não decisão do presidente de trazê-la à votação.

Ao analisar exclusivamente decisões e quem prevalece quando elas são tomadas, Dahl (2005; 2007) ignora que agentes podem mobilizar o viés do sistema político a seu favor sem que qualquer decisão expressa seja tomada. Dessa forma, ele corre o risco de superestimar a medida de dispersão do poder na sociedade dos Estados Unidos. Diferentes grupos políticos podem muito bem prevalecer em diferentes decisões. No entanto, isso pode acontecer porque alguns desses grupos são bem-sucedidos em restringir as decisões a questões "seguras", sejam aquelas em que sabem que sairão vitoriosos, sejam aquelas em relação às quais são indiferentes e podem se dar ao luxo de ser derrotados. As questões "perigosas", a respeito das quais esses grupos têm preferências e receiam ser derrotados, são impedidas de tornarem-se objetos de decisões expressas.

Da mesma forma que o poder decisório, essa noção de poder consiste em uma relação unidirecional e assimétrica entre agentes. Contudo, o agente que detém o poder de agenda não faz prevalecer suas preferências impondo suas decisões aos demais, mas impedindo que decisões contrárias a elas venham a ser tomadas.

> Por isso é útil caracterizar essa concepção como de poder de agenda: essa espécie de poder é exercida sobre a agenda ou pauta de questões que serão objeto de decisões expressas, restringindo-a àquelas que não contrariam as preferências daqueles que a detêm. Ao final, eles são igualmente bem-sucedidos em fazer prevalecer suas preferências, mas por outros mecanismos.

Todavia, assim como acontece com o poder decisório, estabelecer empiricamente o exercício do poder de agenda depende de que possamos afirmar que há preferências conflitantes a respeito de determinada questão. Com a diferença de que, no caso deste, trata-se de uma questão que não foi objeto de uma decisão. Se agentes fazem prevalecer suas preferências porque impedem que certas questões se tornem objeto de decisões, é necessário haver outros com preferências contrárias a respeito delas. Caso contrário, não é possível estabelecer que determinada "não decisão" se deve ao exercício do poder de agenda ou ao fato de que todos estão satisfeitos com o *status quo*. Nesse segundo caso, inclusive, ninguém tentará propor quaisquer alterações no *status quo*. Não há ocasião para o poder de agenda ser exercido contra propostas que não existem.

Em termos metodológicos, a discussão de Bachrach e Baratz (1963) sugere que, se quisermos entender a distribuição do poder em uma sociedade, precisamos ir além da análise de decisões específicas e de quem faz suas preferências prevalecerem nelas, investigando quais questões são deixadas de fora dos processos políticos decisórios e a quais grupos pertencem as preferências que são protegidas e as que são comprometidas por essas "não decisões". É isso que os autores buscam fazer em sua análise da política local em Baltimore, ou seja, tentam mostrar como as queixas e as demandas da população negra e pobre da cidade eram sistematicamente excluídas do processo político decisório por uma série de expedientes de baixa visibilidade. O estudo foi criticado por ainda se concentrar em decisões específicas de líderes políticos, apesar de toda a discussão dos autores sobre as "não decisões" (Bachrach; Baratz, 1963). Essa crítica aponta para uma dificuldade fundamental do estudo do poder de agenda: Como analisar "não decisões", decisões que não aconteceram? Essa dificuldade, porém, não deve levar-nos a menosprezar a importância dessa forma de poder na dinâmica política.

1.1.3 PODER IDEOLÓGICO

A verificação empírica do exercício tanto do poder decisório quanto do poder de agenda, como vimos, depende da existência de preferências conflitantes. Na ausência desse conflito, não é possível estabelecer se um agente está agindo conforme a preferência de outro ou conforme a sua própria. Também não é possível estabelecer se a ausência de decisões sobre uma questão é um produto da "mobilização do viés" por agentes em posição de fazê-lo ou é genuína, refletindo uma unanimidade favorável ao *status quo*. É contra esse elemento das duas concepções de poder analisadas que se coloca a noção de **poder ideológico**, segundo a qual, o compartilhamento das mesmas preferências não exclui o exercício do poder. Pelo contrário, pode ser um produto dele. O maior poder seria justamente o de fazer agentes adotarem como suas as preferências dos poderosos.

Essa ideia tem uma longa história na tradição marxista, remetendo à noção de ideologia como uma representação distorcida, falsificada, da realidade social e das relações sociais e econômicas de que o agente participa. Essa representação tem o efeito – e, em algumas formulações, até mesmo a intenção deliberada – de garantir a resignação ou mesmo o apoio explícito do agente a relações e estruturas sociais e econômicas contrárias a seus interesses. Nessa perspectiva, a representação das relações de trabalho por meio da **metáfora do mercado**, em que indivíduos livres e formalmente iguais se encontram para trocar seu trabalho por remuneração, é uma construção ideológica cujo efeito, ou até mesmo a intenção, é mascarar a realidade da exploração dos trabalhadores pela burguesia, duas classes sociais distinguidas por uma desigualdade fundamental: a propriedade dos meios de produção. Em termos mais gerais, a ideologia consiste no conjunto de representações cujo efeito ou intenção é gerar uma "falsa consciência" entre os trabalhadores: uma falsa compreensão da realidade social e de seu próprio lugar nela.

A noção de poder ideológico ou dominação ideológica ocupa lugar central em algumas interpretações das elaborações do pensador marxista Antonio Gramsci a respeito do conceito de hegemonia (Lukes, 1974). De acordo com essas interpretações, nas sociedades contemporâneas, a dominação da classe trabalhadora pela burguesia não é mantida por meio da força ou da coerção, senão do consentimento daquela à exploração praticada por esta. Esse consentimento, por sua vez, é produto do monopólio da burguesia sobre os meios de produção culturais, como o sistema educacional e os meios de comunicação. Sendo monopolizadas pela burguesia, instituições desse tipo produzem, reproduzem e difundem representações da sociedade existente e das relações sociais e econômicas que a constituem como naturais, boas e vantajosas aos trabalhadores, que, dessa forma, são privados do repertório discursivo para entender e enunciar sua própria exploração.

Embora tenha uma longa história na tradição marxista, a concepção de poder ideológico não é restrita a ela ou à noção de exploração da classe trabalhadora que lhe é central.

> Em uma discussão clássica, Steven Lukes (1974) formula essa concepção em termos gerais: o poder de fazer os demais adotarem como suas as preferências dos poderosos, contra seus próprios interesses, o poder de convencer os demais a agir contra si mesmos.

Nesses termos, a noção de poder ideológico parece pertinente em todas as instâncias em que grupos privados de bens sociais como liberdade ou reconhecimento parecem resignar-se à sua condição ou apoiar as práticas sociais que a mantêm, repetindo os discursos que pretendem justificá-la. Há diversos exemplos: mulheres em sociedades muçulmanas conservadoras que adotam interpretações do islã que justificam as restrições à sua própria liberdade; "intocáveis" que adotam uma postura reverencial a membros das castas superiores; entre outros. No limite, essa concepção é pertinente a todas as instâncias em que um grupo afirma sua autoridade sobre os demais, isto é, em todas as instâncias em que esse grupo defende seu próprio poder como justo, bom ou vantajoso para os demais.

Assim como o poder decisório e o de agenda, o poder ideológico é uma relação unidirecional e assimétrica entre agentes. Entretanto, aquele que exerce essa "terceira dimensão do poder" não faz prevalecer suas preferências impondo suas decisões aos demais, nem impedindo que decisões contrárias às suas preferências venham a ser tomadas, mas fazendo os demais adotarem preferências contrárias aos seus próprios interesses. Por isso, essa noção não necessita de preferências conflitantes entre poderosos e não poderosos. Em seu lugar, ela introduz dois elementos. Primeiro, os não poderosos adotam sinceramente as preferências dos poderosos como suas. E, segundo, essas preferências são contrárias aos seus próprios interesses. Esses dois aspectos colocam problemas metodológicos para essa concepção de poder.

Pedro Vicente de Castro

Apesar de a noção de poder ideológico parecer pertinente em instâncias em que grupos privados de determinados bens sociais adotam as práticas e os discursos que mantêm e justificam sua própria posição, há incerteza sobre em que medida essa adoção é sincera ou estratégica, isto é, em que medida esses grupos realmente acreditam que sua posição é justificada ou apenas expressam de maneira insincera essa crença para minimizar a coerção a que são permanentemente vulneráveis: o camponês deferente é explorado; já o camponês insolente é explorado e chicoteado. James Scott (1992) argumenta que essa adoção é sempre, ou quase sempre, estratégica, o que seria testemunhado pela longa história de revoltas de grupos sociais desprovidos de poder contra os poderosos. Além disso, mesmo nos tempos de aparente harmonia entre esses dois grupos, deveríamos inferir as preferências sinceras dos não poderosos não de suas ações e de seus discursos públicos e explícitos, mas de suas estratégias de resistência, que, nesses tempos, são sempre clandestinas e dissimuladas. É justamente essa clandestinidade e essa dissimulação que tornam essas estratégias difíceis de documentar e fáceis de se ignorar, levando à conclusão errônea de que os não poderosos estão reconciliados com sua posição.

Além disso, mesmo que assumamos que a adoção das preferências dos poderosos pelos não poderosos seja sincera, resta a questão de como estabelecer que essas preferências são contrárias aos seus próprios interesses. Se eles apreciam sua condição, que fundamento há para afirmar que isso contraria seus interesses? Que outro fundamento há para estabelecer os interesses dos não poderosos além de suas próprias preferências? Marxismos com um viés leninista oferecem uma resposta: os interesses de uma classe não são dados pelas preferências dos membros dessa classe, mas pela posição que essa classe ocupa nas relações de produção em que está inserida. O pensador marxista sabe, com base em uma análise das relações de produção capitalista, que os interesses da classe trabalhadora são antagônicos aos da burguesia, que, por sua vez, são servidos pelo capitalismo. Portanto, eventuais atitudes pró-capitalismo que trabalhadores expressem são contrárias ao seus próprios interesses, antagônicos ao capitalismo, constituindo uma "falsa consciência".

As dificuldades com esse tipo de visão são conhecidas. Em termos políticos, elas podem prestar-se a justificar que uma vanguarda revolucionária que reivindica acesso aos "reais interesses" de grupos sociais oprimidos persiga-os lançando mão da força e da coerção contra suas preferências expressas. Os interesses de um suposto "eu real" são usados para justificar a repressão ao "eu empírico", como alerta Isaiah Berlin (1958). O combate ao poder ideológico justifica o recurso às espécies mais cruas e nuas de poder: a força e a coerção.

No entanto, há respostas alternativas, mais epistemologicamente modestas. A de Lukes (1974) consiste em insistir que a identificação dos "reais interesses" dos não poderosos cabe aos próprios não poderosos, porém em condições diferentes daquelas em que se encontram no momento, por exemplo, em condições políticas democráticas. Lukes (1974) argumenta que sua concepção de poder é radical, pois implica que as preferências dos agentes podem ser produto de um sistema social, político e cultural que opera contra seus próprios interesses. No entanto, sua resposta para lidar com o problema da identificação dos "reais interesses" dos não poderosos é, no fim das contas, reformista: ampliar as liberdades políticas desses grupos para que eles possam articular por si só seus interesses.

Apesar de todas as dificuldades metodológicas e políticas envolvidas na noção de poder ideológico, esta não deve ser descartada. Em uma versão mais singela epistemologicamente, ela não precisa sugerir que intelectuais podem ter acesso privilegiado aos "interesses reais" de grupos oprimidos, mas apenas nos lembrar de que os poderosos raramente exercem seu poder de maneira nua e crua, sem tentar convencer aqueles que subjugaram de que o fazem em prol dos interesses deles, subjugados, e não de seus próprios. Isso é evidente na retórica oficial de ditaduras, sejam militares, sejam socialistas. Os elementos centrais das três concepções de poder apresentadas, bem como três conceitos relacionados, são sintetizados no Quadro 1.1.

Quadro 1.1 – Concepções e casos centrais do conceito de poder

Poder decisório	1. Relação entre agentes. 2. Unidirecional e assimétrica: A manda e B obedece. 3. Verificação empírica depende de decisões específicas a respeito das quais há preferências conflitantes.
Poder de agenda	1. Relação entre agentes. 2. Unidirecional e assimétrica: A mantém o *status quo* e B segue-o. 3. Verificação empírica depende de preferências conflitantes a respeito de questões que não foram objeto de decisões políticas expressas.
Poder ideológico	1. Relação entre agentes. 2. Unidirecional e assimétrica: A justifica sua posição em relação à B e B aceita essa justificação. 3. Verificação empírica depende de: 3.1. aceitação genuína por B das justificações apresentadas por A; 3.2. justificação apresentada por A contrária aos interesses de B.
Coerção	Exercício do poder por meio da ameaça do uso da violência.
Dominação	Sujeição dos demais aos próprios caprichos.
Autoridade	Exercício do poder acompanhado pela reivindicação de que é justo, bom ou vantajoso.

(1.2)
PODER E ESPAÇO

Força, coerção, controle da agenda, ideologia – na prática, agentes utilizarão todos os meios de que dispõem, que podem obter e dos quais podem safar-se para obter, assegurar e engrandecer sua posição. Há diversas maneiras de combinar os usos desses meios, constituindo diferentes estratégias de dominação, cada uma com sua própria relação com o espaço geográfico: das cidades-Estados militaristas e com ambições imperiais da Grécia antiga ou comerciantes da Itália medieval, aos impérios escravagistas de Roma ou extratores de impostos da Turquia, passando pelos contemporâneos Estados nacionais. Ao longo da história, grupos politicamente poderosos tentaram impor-se contra todos aqueles que nutriam ambições sobre o mesmo espaço geográfico e sobre as pessoas que ali habitavam ou buscaram a acomodação com esses rivais, com uma série de combinações possíveis entre tais extremos.

Contemporaneamente, parece natural que o grupo que ocupa posições na organização política que chamamos de *Estado* exerça poder e reivindique autoridade sobre um espaço geográfico bem delimitado contra todos os demais grupos políticos que ali atuam. Na teoria política, essa relação específica entre poder e espaço é articulada por meio dos conceitos de soberania e território. Um **Estado soberano** consiste naquele cujo poder é supremo dentro do espaço geográfico sobre o qual reivindica autoridade. O **território** é esse espaço geográfico cuja delimitação, ou fronteiras, marca uma descontinuidade na relação entre o Estado e as pessoas: aquelas localizadas dentro do território têm uma relação diferente com o Estado do que aquelas localizadas fora dele. O Estado exerce poder sobre ambas, mas de maneira diferente. Enquanto seu poder sobre as primeiras se manifesta, por exemplo, na exigência de que sigam as leis nacionais, aquele sobre as demais se manifesta, a título de ilustração, em sua capacidade de impedir que ingressem no território.

Na condição de conceitos da teoria política, soberania e território articulam uma relação particular e historicamente delimitada entre poder e espaço. A história política da humanidade não é exclusivamente uma história de Estados exercendo poder e reivindicando autoridade sobre territórios. Por muito tempo, soberania e território foram artifícios retóricos que grupos políticos mobilizavam para reivindicar uma autoridade cujo poder subjacente eles ainda não detinham. Ainda hoje, a autoridade de Estados sobre seus territórios é constantemente contestada por competidores, como grupos separatistas e guerrilhas, inspirados por ideologias extremistas, nacionalismos ou fundamentalismos religiosos, entre outros.

1.2.1 Soberania

Assim como ocorre com o poder, o conceito de soberania é contestado, tal que diferentes autores discordam a respeito de seus aspectos fundamentais, de acordo com os projetos políticos com os quais se comprometem. Uma dessas divergências, por exemplo, está atrelada ao seu caráter necessariamente popular ou não, ou seja, trata-se de questionar se apenas "o povo", seja lá como essa entidade for caracterizada, pode deter a titularidade da soberania ou não. Respostas negativas e positivas a essa questão frequentemente são associadas a diferentes atitudes em relação às instituições políticas estabelecidas, respectivamente, sua defesa e consolidação ou sua contestação, reforma ou, até mesmo, derrubada. Um núcleo essencial, contudo, pode ser enunciado como autoridade suprema dentro de um território, isto é, como autoridade que não é subordinada nem está em pé de igualdade com nenhuma outra dentro desse território. Nesse caso, quaisquer outras instituições que exerçam autoridade lhe são subordinadas e dependentes.

O conceito de soberania passa a ocupar lugar central na teoria política na Europa a partir do século XVI, à medida que monarquias centralizadas se tornam a forma dominante de organização política. Uma discussão clássica é a empreendida por Thomas Hobbes em *Leviatã* (2003[1651]). O autor articula um dos mais célebres argumentos a favor do caráter absoluto e ilimitado da soberania, por meio de um engenhoso argumento que apresenta a autoridade absoluta e ilimitada do soberano como vantajosa àqueles a ela submetidos. A constituição de um soberano absoluto é o único remédio estável à anarquia que caracterizaria a convivência humana na ausência da autoridade política. As alternativas são instáveis e, em conjunturas de crise, podem não ser capazes de resistir à regressão à anarquia ou, até mesmo, alimentá-la.

O argumento de Hobbes (2003[1651]) em defesa da soberania absoluta parte de uma caracterização sombria do comportamento humano na ausência de constrangimentos sociais, em outras palavras, da "natureza humana". Seres humanos, afirma o autor, são essencialmente egoístas. Eles garantem a satisfação de seu próprio interesse antes de considerar os alheios. Isso não significa que sejam psicopatas ou indivíduos incapazes de importarem-se com os outros, senão apenas que o exercício dessa capacidade é limitado e condicional. Na falta de constrangimentos externos, as tendências egoístas são maximizadas. Por exemplo, na ausência de arranjos que promovam a reciprocidade, o indivíduo que realiza uma ação benéfica para outro enfrenta uma probabilidade ínfima de que este retribua de um modo que o beneficie: a uma oferta de abrigo, o outro pode muito bem retribuir matando o anfitrião e tomando posse de sua casa. Nessa perspectiva, a ingratidão não gera qualquer consequência.

Em circunstâncias como essa, é simplesmente prudente que o indivíduo coloque seus interesses na frente daqueles dos demais. A estratégia dominante é o egoísmo. Nesse contexto, o indivíduo que age baseado em regras morais, como a reciprocidade, é presa fácil das estratégias egoístas dos demais, como a do hóspede que mata seu anfitrião. É extremamente imprudente agir moralmente quando a estratégia dominante é o egoísmo. O fato de que, na realidade, mesmo os seres humanos que vivem nas regiões mais inacessíveis do planeta não vivem isolados, mas em grupos como famílias e tribos, não compromete o argumento. Tais comunidades contam justamente com arranjos que promovem comportamentos morais, como a reciprocidade, e, dessa forma, marcam um afastamento em relação à ausência de constrangimentos sociais. Embora consigam moderar as tendências egoístas de seus membros na convivência uns com os outros, esses grupos por si sós não têm o mesmo efeito na convivência com membros de outras famílias e clãs, com relação aos quais o egoísmo continua a ser estratégia dominante.

Com base nessa figura da natureza humana, Hobbes (2003[1651]) pinta um dos quadros mais dramáticos da história do pensamento político para caracterizar a convivência humana na ausência da autoridade política: o "estado de natureza". O egoísmo, estratégia dominante nessas circunstâncias, quando adotado de maneira generalizada, produziria um mundo miserável. Os indivíduos não hesitariam em usar a violência para que seus interesses se sobrepusessem aos dos demais. Além disso, o receio de serem o alvo da violência alheia os levaria a agir violentamente de maneira preventiva: atacar antes de ser atacado. E mais: para não demonstrar fraqueza e, dessa forma, convidar inadvertidamente um ataque contra si, os indivíduos seriam extremamente sensíveis à hostilidade e desproporcionais em sua resposta. Um ataque ao seu orgulho seria respondido com violência mortal.

Por vezes, a descrição de Hobbes assemelha-se ao universo dos filmes de faroeste, em que um olhar atravessado é devolvido com tiros. Essa "guerra de todos contra todos" impediria a emergência de qualquer atividade humana cooperativa. Todas as realizações humanas que valorizamos, na verdade, seriam impossíveis nessas circunstâncias: comércio, ciência, arte etc. A vida humana seria marcada pela pobreza e ignorância. Como o próprio Hobbes (2003[1651], p. 109) coloca em um dos trechos mais famosos da história do pensamento político:

> *Numa tal condição não há lugar para o trabalho, pois o seu fruto é incerto; consequentemente, não há cultivo da terra, nem navegação, nem uso das mercadorias que podem ser importadas pelo mar; não há construções confortáveis, nem instrumentos para mover e remover as coisas que precisam de grande força; não há conhecimento da face da Terra, nem cômputo do tempo, nem artes, nem letras; não há sociedade; e o que é pior de tudo, um medo contínuo e perigo de morte violenta. E a vida do homem é solitária, miserável, sórdida, brutal e curta.*

Quem gostaria de viver assim? A solução, segundo Hobbes (2003[1651]), reside na submissão de todos à autoridade de um soberano absoluto. Somente este seria capaz de consolidar as instituições necessárias para o estabelecimento e a manutenção da ordem e da paz social: um código de leis para proibir condutas antissociais, uma força policial para identificar violações a esse código e um sistema de justiça para puni-las, além de um exército para conter agressões de agentes externos. Uma vez garantida a ordem, os indivíduos redirecionariam seus recursos empregados nas atividades mais básicas necessárias à sobrevivência – como a autoproteção –, agora desempenhadas pelo soberano e por seus agentes, para as atividades que produzem benefícios valorizados por todos e característicos de uma sociedade sofisticada.

Parece razoável concluir que o caráter deletério da convivência humana na ausência de constrangimentos externos demanda a constituição de uma autoridade política. O estabelecimento e a manutenção da ordem são o problema político fundamental, cujo remédio é essencial para tudo mais que possamos querer realizar por meio da atividade política. Todavia, por que essa autoridade precisa ser absoluta? Por que os súditos não podem reservar determinadas liberdades, como liberdade de consciência ou de expressão, caso o soberano adquira tendências autoritárias e despóticas? Essa é talvez a tese de Hobbes (2003[1651]) que encontrou maior resistência entre seus contemporâneos e encontra ainda hoje. Ao mesmo tempo, é aquela que ele faz mais questão de demonstrar e, por isso, que motiva seus mais variados e engenhosos argumentos. Estes vão de raciocínios bastante abstratos e conceituais sobre a constituição de uma autoridade política até manipulações retóricas dos sentidos da palavra "liberdade".

> Mas o ponto central de Hobbes (2003[1651]) a respeito disso pode ser colocado da seguinte forma: a autoridade do soberano precisa ser absoluta, porque qualquer alternativa é uma resposta instável ao problema da ordem e da paz social.

Digamos que os súditos reservem sua liberdade de consciência. Agora, imaginemos que o reino está prestes a ser invadido por outro príncipe e que alguns súditos se recusam a defenderem-no porque sua religião os proíbe de pegarem em armas ou seu líder espiritual máximo os proibiu de defenderem um soberano protestante contra um príncipe católico ou qualquer coisa que o valha. Nessa suposição, é possível entrever os problemas que a liberdade de consciência geraria para a estabilidade política de um reino se este eximisse os súditos do serviço militar. Contudo, há outras complicações: Quem determinaria quando uma ação do soberano viola a liberdade de consciência? Os próprios súditos? Dadas as tendências egoístas dos seres humanos, poderíamos esperar que os súditos tendessem a interpretar sua liberdade de maneira enviesada, em favor de seu próprio interesse, frequentemente negando cooperação com o soberano, quando esta fosse suficientemente custosa, com o pretexto de que violaria sua liberdade de consciência. Ou o próprio soberano? O mesmo raciocínio se aplicaria, pois ele tenderia a interpretar a liberdade de seus súditos de maneira a nunca os proteger contra suas exigências. Um soberano sujeito a limitações que ele próprio interpretasse equivaleria a um soberano ilimitado e absoluto.

Talvez a alternativa fosse a constituição de um órgão especializado na interpretação e na aplicação da liberdade dos súditos. Este, mesmo se imparcial e justo, regularmente contrariaria os interesses do soberano. E se o soberano resolvesse ignorar as decisões desse órgão? De que forma este poderia as fazer valer, especialmente contra alguém que detivesse o poder das armas? Talvez esse órgão precisaria de suas próprias armas para conter um soberano com tendências autoritárias e despóticas.

Desse modo, é possível perceber como as liberdades dos súditos não apenas podem comprometer a segurança do reino contra ameaças externas em certas circunstâncias, mas também podem alimentar ameaças internas, levando a guerras civis. Há o risco de que súditos, egoístas ou imparciais, enviesados ou justos, peguem em armas para defender as liberdades de que se julgam titulares contra as usurpações do soberano. Nessa perspectiva, a única resposta ao problema da ordem e da paz social capaz de evitar esse risco é a soberania absoluta. Isso não significa que os súditos não gozam de muitas liberdades ordinariamente. Apenas que não podem alegá-las como pretexto para ações contra o soberano. As liberdades dos súditos são subordinadas às exigências da ordem, da qual o soberano é o mantenedor.

Hobbes (2003[1651]) oferece um argumento individualista para a soberania absoluta: os benefícios gozados pelos indivíduos (comércio, ciência, arte etc.) dependem da manutenção da ordem e fundamentam o poder que realiza essa tarefa. É ao fundamento individualista da soberania que a famosa ilustração da capa da primeira edição do *Leviatã* faz referência (Figura 1.1). Nela, o corpo do soberano é constituído por uma multidão de indivíduos, cujo consentimento, dado em virtude das vantagens que esperam obter com a manutenção da ordem, fundamenta e constitui o poder do soberano. Hobbes argumenta não apenas que os benefícios possibilitados pela manutenção da ordem dão um motivo para que consintamos com o poder absoluto do soberano, mas também que o fato de gozarmos dessas vantagens aqui e agora demonstra que já consentimos com esse poder. Em suma, o fato de que nos beneficiamos com a situação existente de ordem e paz civil é uma mostra de nosso consentimento tácito com a soberania absoluta da qual a ordem e a paz civis dependem.

Figura 1.1 – Capa da primeira edição da obra *Leviatã* (1651)

Desde os tempos de Hobbes, o conceito de soberania ocupa um lugar central na teoria e na retórica políticas. Políticos e teóricos justapuseram o adjetivo *popular* para dar apoio retórico a ações políticas que visavam à reforma ou à derrubada das instituições políticas estabelecidas. Também o aplicaram às relações entre países, a fim de dar similar suporte a ações que visavam retirá-los da esfera de influência política de organizações que competiam localmente com o poder estatal, como a Igreja Católica. Essas jogadas foram tão bem-sucedidas que, atualmente, parece natural que o grupo que ocupa posições na organização política que chamamos de *Estado* exerça poder e reivindique autoridade sobre um território contra todos os demais grupos políticos que ali atuam. Em outras palavras, parece natural que a soberania seja um elemento constitutivo do Estado e descreva sua realidade.

Na verdade, a soberania é mais bem vista como uma articulação das pretensões de grupos políticos que integram ou passaram, posteriormente, a integrar um Estado. À medida que reis, príncipes, duques e outros chefes de casas dinásticas começaram a concentrar poder em si mesmos e em seus subordinados, combatendo e eliminando fontes concorrentes de poder, intelectuais associados política ou ideologicamente a esse projeto buscaram um repertório que lhes permitisse articular um discurso de legitimação. Nesse sentido, eles encontraram referências valiosas na teoria do direito do final do Império Romano, que definia a vontade do imperador como a fonte de todo o direito público (aquele que rege as relações entre os indivíduos e o poder político). Sendo essa vontade a fonte do direito público, ela necessariamente não conhece nenhuma restrição jurídica prévia, ou seja, é absoluta.

Apologistas dos projetos de poder dinásticos mobilizaram esse repertório para defendê-los. É justamente nesse contexto que escreve Hobbes. Como outros teóricos da soberania, ele não defendia apenas o monopólio do poder político por uma entidade abstrata, o Estado, que, na forma que parece natural, ainda não era a organização política dominante na Europa, mas também advogava a adoção de um projeto constitucional específico, contra alternativas. Hobbes via vantagens na monarquia, porém admitia que o soberano poderia ser uma assembleia. O importante, contudo, era que houvesse algum órgão do sistema político que detivesse o poder absoluto. Por praticidade, ele poderia delegá-lo a juízes, burocratas e mesmo a detentores de cargos eletivos, que o exerceriam cotidianamente, limitados ou não por regras estabelecidas pelo soberano. Entretanto, em nenhum momento o soberano abriria mão do poder de sobrepor sua vontade às decisões de seus delegados, tal que as delegações poderiam ser revogadas a qualquer momento.

Esse arranjo constitucional é radicalmente diverso das alternativas que emergiram posteriormente. Isso porque é incompatível com a independência do Judiciário em relação aos poderes políticos e com as concepções de separação de poderes e pesos e contrapesos, que se expressam na divisão e no compartilhamento de competências entre Legislativo e Executivo em regimes presidencialistas e entre Câmara Alta e Câmara Baixa em países que adotam o bicameralismo. Além disso, é incompatível com arranjos federalistas, em que organizações políticas subnacionais detêm competências próprias, não delegadas do governo federal. Se seguirmos a linha de argumentação de Hobbes, devemos concluir que essas escolhas institucionais são respostas instáveis ao problema da ordem e da paz social. Todas envolvem a possibilidade de conflito entre órgãos do Estado, cada um com sua própria autoridade e poder, que, em casos extremos, pode levar à guerra civil.

O *Leviatã*, uma fonte clássica para discussões sobre soberania, é frequentemente interpretado como um trabalho de investigação intelectual, sem qualquer relação com a prática política, quando se trata de uma obra retórica, que visava defender um projeto constitucional específico. Longe de excepcional, esse caráter retórico e politicamente engajado é a regra do uso do conceito de soberania. Partidários do parlamento justapuseram-na ao adjetivo *popular* para reivindicar a supremacia desse órgão sobre o rei na Inglaterra do século XVII, no que foram seguidos por revolucionários nos atuais Estados Unidos, reivindicando seu direito de se autogovernar, e na França, pleiteando a possibilidade de derrubar e refazer do zero as instituições políticas estabelecidas. Já sua variante hobbesiana, autoritária, foi mobilizada para criticar a lentidão e os impasses do processo decisório parlamentar e defender a usurpação de competências constitucionais por chefes do Executivo. Em todas essas instâncias, soberania foi o artifício **retórico** que grupos políticos mobilizaram para reivindicar uma autoridade cujo poder subjacente eles ainda não detinham – e para, uma vez conquistado, apresentá-lo como justo, bom ou vantajoso.

1.2.2 TERRITÓRIO

No imaginário político contemporâneo, território é o outro lado da moeda da soberania. Um Estado soberano é aquele cujo poder é supremo e incontrastado. Toda organização política que exerce algum tipo de poder lhe é subordinada. No entanto, em um mundo dividido em Estados, cada uma dessas organizações políticas exerce seu próprio poder. Nenhuma delas é suprema em relação às demais ou subordinada a outra. Como, então, esses Estados podem ser soberanos? Eles estão soberanos porque seu poder é supremo dentro do espaço geográfico sobre o qual reivindicam autoridade. Dentro desse território, seu poder é incontrastado. A delimitação do território, ou fronteiras, portanto, marca uma ruptura na relação entre o Estado e as pessoas, visto que aquelas localizadas dentro de seu território têm uma relação diferente com ele do que aquelas localizadas fora. Não é que o Estado não exerça poder sobre aqueles fora de seu território, mas o tipo de poder que exerce é restrito. Enquanto o poder sobre aquelas localizadas dentro do território tem um escopo indefinido, expandindo-se conforme se amplia o rol de comportamentos disciplinados pelas leis nacionais, aquele sobre as demais tende a se restringir à sua capacidade de determinar condições para que ingressem no território.

Assim como a concepção de Estado soberano, parece natural que a relação das pessoas com esse tipo de organização política apresente uma estrutura geográfica particular: sujeição virtualmente completa de um lado de uma linha imaginária, restrição de entrada do outro. No entanto, assim como os Estados nacionais a que está associada, essa estrutura geográfica é historicamente delimitada e contingente. Trata-se de uma estratégia de exercício de poder sobre pessoas em particular, hoje dominante, mas não a única. Historicamente, organizações políticas que visavam exercer poder sobre indivíduos adotaram diversas estratégias. Os impérios antigos, como o romano, preocupavam-se muito mais em se valer do controle das cidades e não tanto das fronteiras, muito mais porosas do que a concepção contemporânea de fronteiras nacionais nos faria imaginar.

A naturalidade dessa associação entre Estado, soberania e território, prende nossa compreensão da relação entre poder e espaço em uma "**armadilha territorial**", argumenta o geógrafo John Agnew (1994). Quando questionamos como e por quem o poder é exercido em determinado espaço geográfico, somos levados, por essa armadilha territorial, a esperarmos encontrar órgãos do Estado exercendo-o contra e acima de organizações locais. Frequentemente, contudo, isso não é o que observamos. A noção de *Estados falidos* refere-se, precisamente, a organizações políticas que são reconhecidas internacionalmente como titulares da soberania sobre determinado território, porém não são capazes de efetivamente exercer controle militar sobre ele. O governo reconhecido internacionalmente da Somália, por exemplo, exerce consistentemente controle militar apenas sobre a capital, Mogadíscio. O interior é controlado por diferentes grupos sob o comando de senhores da guerra locais e os mares, por piratas. A situação da Somália, ou de outros Estados falidos, pode ser extrema, entretanto, virtualmente, todos os Estados enfrentam situações análogas, ainda que com diferentes graus de intensidade, nos territórios sob suas jurisdições. Em países onde o crime organizado é um dos problemas no topo da agenda, como México, Colômbia ou mesmo Brasil, organizações criminosas exercem controle efetivo sobre parcela relevante do território nacional, rivalizando com o poder do Estado em favelas, em cidades fronteiriças e no vasto interior, seja nas regiões áridas do México, seja na Floresta Amazônica. Há países que, em parcelas do território, são controladas por guerrilhas orientadas por ideologias extremistas, nacionalismos ou fundamentalismos religiosos. O Estado islâmico é um exemplo extremo, sendo uma organização que chegou a controlar vastos territórios na Síria e no Iraque e a inimizar todos os Estados que atuavam na região, mas guerrilhas ideológicas, nacionalistas ou fundamentalistas já operaram ou ainda operam em diversas regiões ao redor do globo, como no Peru e nos países do Cáucaso.

Confrontados com a inconsistência entre essas realidades empíricas e as expectativas geradas pela associação entre Estado, soberania e território, somos levados pela armadilha territorial a classificar essas situações como *excepcionais* e *desviantes*, quando historicamente elas são a regra. Em uma perspectiva histórica, a exceção é o Estado soberano que exerce consistentemente controle militar sobre o território sob sua jurisdição. No entanto, essa não é a única miopia causada pela armadilha territorial, uma vez que esta também nos conduz a assumir uma forte descontinuidade entre os domínios da política doméstica e da política internacional. A política internacional é povoada por Estados interagindo entre si, seja competindo, seja cooperando. Estes são como indivíduos, com interesses e vontades próprios. A política doméstica é relevante apenas na medida em que influencia a formação da vontade desses Estados. É claro que há disputas no domínio da política doméstica sobre questões de política internacional, mas assume-se que são resolvidas, mesmo que sempre provisoriamente, no domínio doméstico, e somente essas resoluções – não as disputas que as demandaram – são carregadas para o plano internacional. Nesse domínio, os Estados comportam-se como indivíduos em uma condição de natureza hobbesiana.

A realidade empírica contradiz novamente essas expectativas. Frequentemente, política doméstica e política internacional estão intimamente relacionadas. Grupos políticos poderosos no domínio doméstico atuarão no internacional de maneira a favorecer seus interesses, domésticos ou não. Ditadores interferirão na política doméstica de outros países para tentar colocar políticos amigáveis no poder e, dessa forma, reduzir o risco externo à sua própria sobrevivência política. Líderes eleitos se envolverão em conflitos armados do outro lado do mundo para evitar que adversários políticos possam acusá-los de derrota para um Estado percebido como inimigo pela opinião pública doméstica. A interferência, armada ou não, de organizações estrangeiras no processo de seleção de líderes domésticos é uma constante histórica. Ao longo da história europeia, controvérsias a respeito de quem era o herdeiro legítimo de determinado monarca eram um convite para que reis e príncipes de outras terras interferissem na sucessão dinástica, apoiando um ou outro lado na disputa. O cenário não é diferente em períodos posteriores. Ao longo do século XX, era comum governos e outras organizações políticas domésticas patrocinarem partidos políticos e guerrilhas amigáveis aos seus interesses. Essa prática era especialmente adotada pela União Soviética, pelos Estados Unidos e por seus respectivos aliados, porém, de maneira nenhuma, restringia-se a esses países.

Todas essas considerações colocam em dúvida a naturalidade da associação entre Estado, soberania e território. A reação mais apropriada não é necessariamente rejeitar esses conceitos e as relações tradicionalmente articuladas entre eles, pois estes são centrais para a teoria e para a retórica política, tal que não é possível compreender as relações entre política e espaço na contemporaneidade sem os utilizar. Contudo, é bom ter em mente que muitos dos discursos que articulam esses conceitos têm uma intenção retórica e visam apresentar como justa, boa ou vantajosa a pretensão de grupos políticos ao exercício de um poder incontrastado sobre espaços geograficamente delimitados.

> **Para saber mais**
>
> LUKES, S. **Power:** a Radical View. Londres: Macmillan International Higher Education, 1974.
>
> O livro *Power: A Radical View*, de Steven Lukes, traz uma boa revisão do debate a respeito das "faces" do poder. Contudo, é importante saber que Lukes não se limita a apresentar as diferentes concepções de poder, pois também tece críticas às noções de poder decisório e poder de agenda. Na verdade, trata-se da obra em que Lukes formula e defende sua noção de poder ideológico.

> HOBBES, T. **Leviatã ou matéria, forma e poder de uma república eclesiástica e civil**. São Paulo: Martins Fontes, 2003.
>
> SKINNER, Q. **Razão e retórica na filosofia de Hobbes**. São Paulo: Unesp, 1997.
>
> O livro *Leviatã*, de Thomas Hobbes, ainda é a principal fonte da discussão clássica a propósito da soberania. Para o contexto político da obra e seus objetivos retóricos, vale a pena conferir os livros de Quentin Skinner, em particular *Razão e retórica na filosofia de Hobbes*.
>
> AGNEW, J. The Territorial Trap: The Geographical Assumptions of International Relations Theory. **Review of International Political Economy**, v. 1, n. 1, p. 53-80, Spring 1994.
>
> O artigo "The Territorial Trap: The Geographical Assumptions of International Relations Theory", de John Agnew, é uma fonte clássica para a crítica aos conceitos de soberania e território.

Síntese

Neste capítulo, introduzimos a discussão a respeito das diferentes "faces" do poder. Nesse sentido, evidenciamos que cientistas sociais propuseram ao menos três maneiras de concebê-lo: poder decisório, poder de agenda e poder ideológico. O primeiro corresponde à capacidade de um agente fazer prevalecer sua preferência sobre a dos demais em uma situação de tomada de decisão. O segundo consiste no potencial de um agente de impedir que uma questão que suscite conflitos entre preferências seja objeto de uma decisão. Já o terceiro previne a emergência de um conflito entre preferências, persuadindo os agentes sujeitos a essa espécie de poder a adotarem preferências contrárias aos seus próprios interesses.

Além disso, abordamos os conceitos de soberania e território. Na imaginação política contemporânea, ambos são intimamente associados ao conceito de Estado, na medida em que este é definido como a organização política que exerce e reivindica soberania sobre determinado território. Contudo, essa relação é historicamente contingente e frequentemente contradita pela realidade empírica. No próximo capítulo, analisaremos como essa forma de Estado que atrela soberania e território, o Estado nacional, emergiu.

Questões para revisão

1. Este capítulo abordou três aspectos que compõem o conceito de poder. Quais são eles? Explique o significado de cada um.
2. Explique a noção de poder atribuída a Robert Dahl.
3. Apresente as definições de coerção, dominação e autoridade, ressaltando suas diferenças. Exemplifique.
4. A respeito dos conceitos de soberania e território e sua relação, assinale a alternativa correta:
   a) Soberania simplesmente descreve uma realidade existente: Estados sempre detêm poder absoluto e ilimitado sobre seus súditos ou cidadãos.
   b) Território não é um conceito político, pois denota simplesmente um espaço geográfico e não relações de poder entre Estados e indivíduos.

c) Território é um elemento constitutivo do conceito de soberania.

d) Hobbes não justifica os atributos da soberania com base no bem-estar dos súditos.

5. A respeito das três concepções de poder, assinale a alternativa correta:

   a) O exercício do poder ideológico é de fácil observação empírica.

   b) Nas três concepções, o poder é uma relação assimétrica entre indivíduos.

   c) Segundo Lukes, a noção de poder ideológico autoriza intelectuais a ignorarem as preferências manifestas das pessoas.

   d) A noção de poder de agenda não é importante para entender o funcionamento de instituições políticas, basta a de poder decisório.

6. A respeito da concepção de soberania em Hobbes, é correto afirmar que:

   a) Ela reconhece limites nos direitos individuais dos governados.

   b) Ela depende do consentimento expresso dos governados.

   c) Ela é estabelecida no interesse dos próprios governados.

   d) Ela somente pode ser exercida por monarcas.

Questões para reflexão

1. No seu dia a dia, você vivencia inúmeras relações de poder. Cite algumas delas e classifique-as com base nos conceitos de poder abordados neste capítulo.

2. Agora, considere outras relações de poder mais abrangentes, que envolvam não só você individualmente, mas um grupo do qual faz parte. Quais são elas? Nesse caso, qual a importância do território para pensar a efetividade dessas relações de poder mais gerais?

Pedro Vicente de Castro

Capítulo 2
Formação dos Estados nacionais

Conteúdos do capítulo:

- Conceito e formação dos Estados nacionais.
- Considerações sobre coerção, capital e extração.
- Guerra e poder.
- Geografia e Estados nacionais.

Após o estudo deste capítulo, você será capaz de:

1. conceituar Estado nacional;
2. compreender o processo de formação dos Estados nacionais na Europa a partir do final da Idade Média;
3. discutir como a extração de recursos e a guerra desempenharam um papel central nesse cenário;
4. situar a trajetória de Estados individuais nesse processo;
5. reconhecer a influência da geografia na formação dos Estados nacionais.

A coerção, a ameaça do uso da violência, é a forma de poder pela qual Estados tipicamente controlam aqueles que governam. Estados nacionais, sob os quais quase toda a população do planeta vive atualmente, reivindicam um monopólio sobre essa espécie de poder. Parece natural para nós, que vivemos sob essa espécie de organização política, que o único uso legítimo ou justificável da violência seja aquele exercido pelo Estado. Parece natural, ainda que possamos considerar injusto em casos específicos, que este possa confiscar nossa propriedade por meio da ameaça de violência, como acontece com a tributação, aprisionar-nos e, em alguns casos, até matar-nos. Todavia, isso não foi sempre assim. O Estado nacional é uma forma específica de Estado e um fenômeno historicamente delimitado e relativamente recente.

Essa forma específica de Estado surgiu na Europa, a partir da configuração política extremamente descentralizada que caracterizou o continente durante a Idade Média. Como essa organização política que apresenta centralização e concentração do poder sem precedentes surgiu do mundo de senhores feudais, corporações de ofício e onipresença da Igreja Católica? Ironicamente, foram justamente as guerras e as competições militares entre diferentes organizações políticas que desembocou nos Estados nacionais.

A guerra funciona. Por meio dela adquire-se o controle de um território (ou impede-se que se adquira) e, por extensão, da população que está ligada a ele. Aquele que adquire controle sobre essa população pode, então, extrair recursos dela por meio da coerção, seja na forma de tributos, seja por meio de trabalho forçado. Essa extração, quando bem-sucedida, permite que o governante adquira a capacidade militar para subjugar outros territórios e suas populações. Esse ciclo de guerra, coerção e extração repete-se e retroalimenta-se, de modo que, no longo prazo, sobrevivem aqueles que são capazes de jogar esse jogo com alto rendimento – ou resistir aos assédios daquele que jogam. Os mais bem-sucedidos nesse jogo são os criadores e os governantes de Estados nacionais.

(2.1) O QUE SÃO ESTADOS NACIONAIS?

Certamente, a mais famosa definição de Estado foi oferecida pelo sociólogo Max Weber (2011): um grupo de pessoas que reivindica com sucesso o monopólio do uso legítimo da violência dentro de um território determinado. Três componentes dessa definição merecem destaque.

O primeiro é o **uso da violência**. O Estado é um grupo de pessoas que usa a violência. O que está implícito nessa afirmação é o fato de que esse uso não é despropositado, senão tem um objetivo: motivar as pessoas a fazer aquilo que tal grupo quer que elas façam. O uso ou a ameaça do uso da violência é uma maneira de impor sua vontade sobre os demais. Isso remete às definições de coerção e de poder coercitivo, uma forma de poder decisório, apresentadas no primeiro capítulo. O Estado, portanto, consiste em um grupo de pessoas que exerce o poder por meio da coerção.

O segundo componente da definição de Weber a ser destacado é a **reivindicação da legitimidade** desse uso da violência. O Estado, nessa perspectiva, não é apenas um grupo de pessoas que consegue exercer poder por meio da coerção, mas um grupo que reivindica que esse exercício do poder é legítimo. Isso remete à definição de autoridade, uma forma de poder ideológico, também apresentada no primeiro capítulo. O Estado, portanto, é um grupo de pessoas que exerce um poder coercitivo que reivindica e, na medida em que essa reivindicação é aceita, é revestido de autoridade. Assim, o Estado é diferente do ladrão que ameaça alguém com uma arma para motivar que este lhe entregue seu dinheiro – ou, pelo menos, reivindica ser.

O terceiro elemento é o **monopólio desse poder coercitivo** revestido de autoridade dentro de um território determinado. O Estado, nessa definição, não é apenas um grupo de pessoas que consegue exercer poder por meio da coerção e reivindicar autoridade para esse exercício, mas também reivindica o monopólio do poder e da autoridade dentro de um território determinado. Isto é, ele busca impedir que outros grupos exerçam poder por meio da coerção dentro desse território e afirma que aqueles que por ventura o fizerem não têm autoridade para isso. O Estado é diferente do ladrão, mas os demais grupos que eventualmente exercerem poder coercitivo dentro do mesmo território, não – ou, pelo menos, é o que o Estado afirma.

A definição de Weber pode parecer apropriada para descrever os Estados sob os quais vivemos. Por exemplo, o Estado brasileiro reivindica o monopólio do poder coercitivo dentro do território delimitado pelo Oceânico Atlântico, de um lado, e pelas fronteiras com os países vizinhos, do outro. Se violamos sua "vontade" (expressa, no caso, por suas leis), estamos sujeitos, em última instância, à violência estatal (na forma, por exemplo, da prisão). Além disso, nós aceitamos essa situação como legítima, o que significa que reconhecemos a autoridade do Estado brasileiro. Ele pode não deter, de fato, o monopólio sobre o uso da violência. Há organizações criminosas que também a utilizam. Contudo, não só sua capacidade para violência é muito menor do que a estatal, mas também seu uso é considerado ilegítimo pelo Estado e por todos nós que aceitamos a reivindicação estatal do monopólio da autoridade.

A conjunção desses três fatores – poder coercitivo, autoridade e monopólio desses dois dentro de um território – em um mesmo grupo de pessoas não é a regra ao longo da história. A definição de Weber pode ser apropriada para descrever os Estados ditos *modernos*, isto é, a forma de Estado que se tornou gradualmente predominante desde o fim da Idade Média, também chamados de *nacionais*. Contudo, historicamente Estados assumiram as mais diversas formas. Em comum, há o fato de todos exercerem o poder coercitivo e tenderem a apresentar esse exercício como legítimo, justo ou bom de acordo com alguma ideologia. A variação está no terceiro componente da definição de Weber: o monopólio da coerção e da autoridade dentro de um território. O grau de exclusão de outros grupos políticos do exercício da coerção e da autoridade e a restrição do poder, da autoridade e da reivindicação de exclusividade dos Estados a um espaço geográfico bem delimitado variaram ao longo da história.

> O monopólio e a territorialidade não foram a regra. A situação frequentemente era de competição entre o Estado e outras organizações políticas e o controle do território não necessariamente era a estratégia paradigmática de exercício do poder.

Os impérios do mundo antigo, como o romano, frequentemente compartilhavam o poder com as organizações políticas próprias dos povos conquistados. O representante do Império Romano era tipicamente a autoridade máxima na localidade que administrava. O funcionamento de outras organizações políticas, anteriores à conquista, era frequentemente tolerado, contudo, desde que suas ordens e seus comandos para aqueles sujeitos a seu poder não conflitassem com os interesses romanos. A autoridade dessas organizações não advinha dos romanos, tendo base própria, ainda que dependessem da tolerância destes para continuar a funcionar. Os romanos também não buscavam exercer um controle estrito do território, mantendo fronteiras bem demarcadas e uma presença militar permanente no interior, sendo mais importante para eles a manutenção do controle das cidades.

Na Europa medieval, o poder político era disperso entre uma miríade de organizações. No interior, uma figura predominante era a do senhor feudal, que exercia poder quase absoluto sobre aqueles ligados ao território por ele controlado. Esse senhor, por sua vez, tipicamente devia lealdade a outro, em virtude de relações de suserania e vassalagem, as quais eram, todavia, contratuais, envolvendo direitos e obrigações para ambas as partes. O suserano não tinha autoridade absoluta sobre seus vassalos. Essas cadeias de lealdade podiam estender-se por níveis a adquirir alta complexidade. Às vezes, em seu topo, encontrava-se um rei ou um imperador, mas não raro eles tinham de enfrentar a resistência de seus vassalos a suas ordens e seus comandos, até mesmo armada.

Nas cidades, autoridades locais, por vezes escolhidas pelas classes altas, tinham de conviver com guildas e corporações de ofício, que, por meio de suas próprias leis e tribunais, exerciam poder sobre artesões e comerciantes. Além disso, todas essas figuras – senhores feudais, reis, imperadores, alcaides e mestres de guildas e corporações – conviviam com a Igreja Católica, autoridade máxima em questões espirituais, que, também por meio de suas próprias leis e tribunais, exercia poder sobre todos os fiéis. E, nesse contexto, todos eram fiéis de nascença.

O contraste entre essa configuração política e aquela sob a qual vivemos é evidente. O Estado moderno ou nacional, reivindicando, como faz, o monopólio do poder coercitivo e da autoridade dentro de determinado território, não tolera conviver com outras organizações políticas que também exerçam coerção e autoridade. O Estado permite a existência de outras organizações políticas, mas estas só podem exercer coerção se esse poder lhes for delegado por ele próprio e se tal delegação sempre puder ser revogada. Uma corte arbitral pode eventualmente determinar o confisco dos bens de dada pessoa para pagar uma dívida apenas porque as leis do Estado autorizam. Algumas entidades profissionais, como a dos advogados, podem cassar o direito de exercer a profissão de seus afiliados, de novo, apenas porque as leis do Estado autorizam. E essas mesmas leis podem ser alteradas, revogando essas autorizações a qualquer momento. O Estado nacional é muito diferente da configuração política da Europa medieval e, no entanto, sucedeu-a no tempo. Como isso aconteceu?

(2.2) COMO OS ESTADOS NACIONAIS SE FORMARAM?

Os Estados nacionais sucederam a complexa configuração política da Europa medieval. À medida que esse processo se acelerava, ganhava curso entre os teóricos políticos da época uma narrativa específica sobre a origem do Estado, o **contratualismo**. Vários autores desenvolveram alguma versão da narrativa contratualista sobre a origem do Estado. Entre eles está Thomas Hobbes, cuja concepção de soberania foi abordada no capítulo anterior. Essas narrativas variam, mas todas compartilham do mesmo enredo essencial: a origem do Estado é um contrato firmado entre indivíduos, que o firmam para sair de uma situação vista unanimemente como ruim, chamada de *estado de natureza*. Destacamos no capítulo anterior que, para Hobbes (2003[1651], p. 109) em particular, o estado de natureza era caracterizado por uma "guerra de todos contra todos", na qual a vida seria "solitária, miserável, sórdida, brutal e curta". Outros autores eram menos dramáticos na caracterização do estado de natureza, mas entendiam que era uma situação de qual todos gostariam de escapar. O Estado seria a forma de fazer isso. Ele seria criado, portanto, em resposta aos interesses dos governados e com seu consentimento. Por meio do contrato que o cria, os indivíduos abririam mão de usar a coerção uns contra os outros e lhe delegariam o monopólio desse poder.

Essa narrativa claramente não é uma descrição de como Estados surgiram de fato. Não é uma narrativa histórica. No entanto, alguém poderia imaginar que ela é um modelo simplificado que aponta para a motivação por trás desse processo e para a estratégia que, adotada com essa motivação, levou à criação do Estado. Talvez essa organização política tenha surgido mesmo em resposta aos interesses dos governados por proteção de uns contra os outros. Nada, contudo, estaria mais longe da realidade. Talvez haja organizações políticas que surgiram em resposta aos interesses daqueles sujeitos a ela; o Estado nacional não é uma delas.

> Os Estados nacionais surgiram em resposta aos interesses dos governantes, não dos governados. Era do interesse dos governantes eliminar as organizações políticas que competiam consigo dentro do mesmo território, como a nobreza, as corporações de ofício, a Igreja Católica e as assembleias locais.

A narrativa contratualista foi empregada por teóricos políticos que apoiavam esse projeto para o apresentar como vantajoso aos governados. Os grupos que perderam poder durante esse processo discordariam dela.

A verdadeira origem dos Estados nacionais não se encontra nas narrativas contratualistas empregadas para justificar seu surgimento, mas na sequência dos eventos que culminou nessa forma de organização política. Só que, como aponta o sociólogo Charles Tilly (1975), é preciso cuidado ao interpretar essa sequência para que não projetemos o presente no passado, como se a história fosse predestinada a resultar na situação em que vivemos. Uma investigação que não tome esse cuidado vai concentrar-se em procurar no passado supostos antecedentes do presente, enviesando a pesquisa de maneira a ignorar o que poderia ter sido, ou seja, os cursos alternativos da história que se fecharam ao longo do caminho. Uma boa vacina para isso consiste em considerar as alterações na ocupação do território europeu ao longo dos séculos, retratadas nos Mapas 2.1, 2.2, 2.3, 2.4, 2.5 e 2.6 a seguir.

Mapa 2.1 – Europa no ano 500

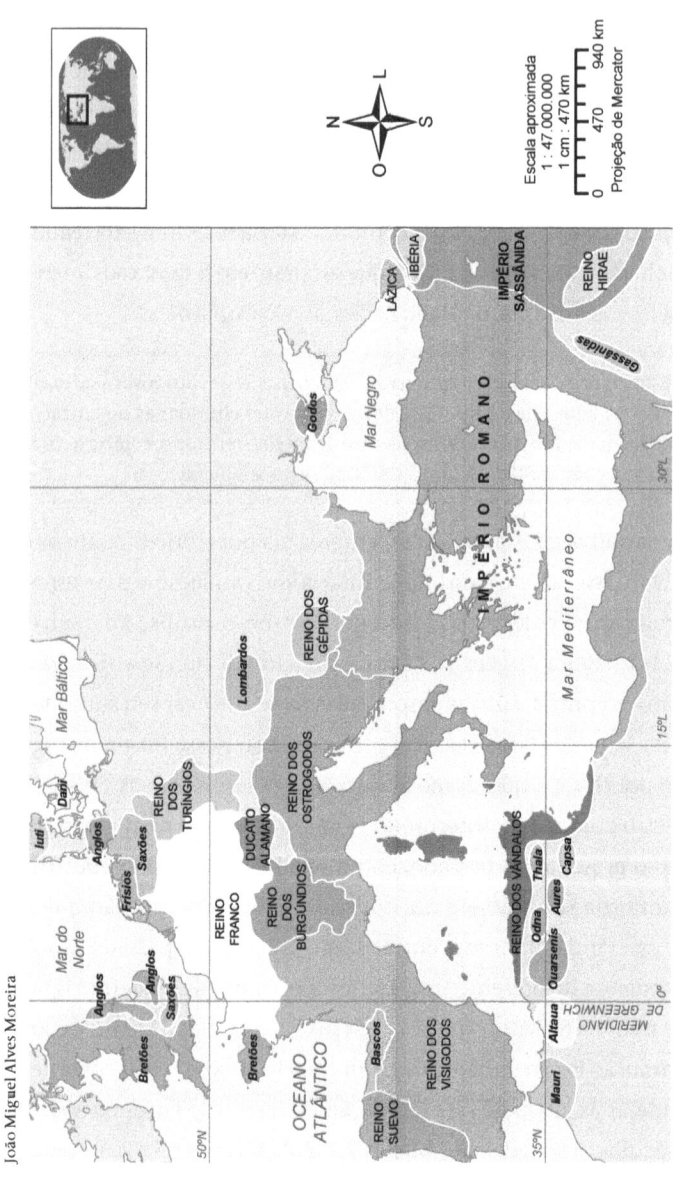

Fonte: Maps..., 2020.

Mapa 2.2 – Europa no ano 800

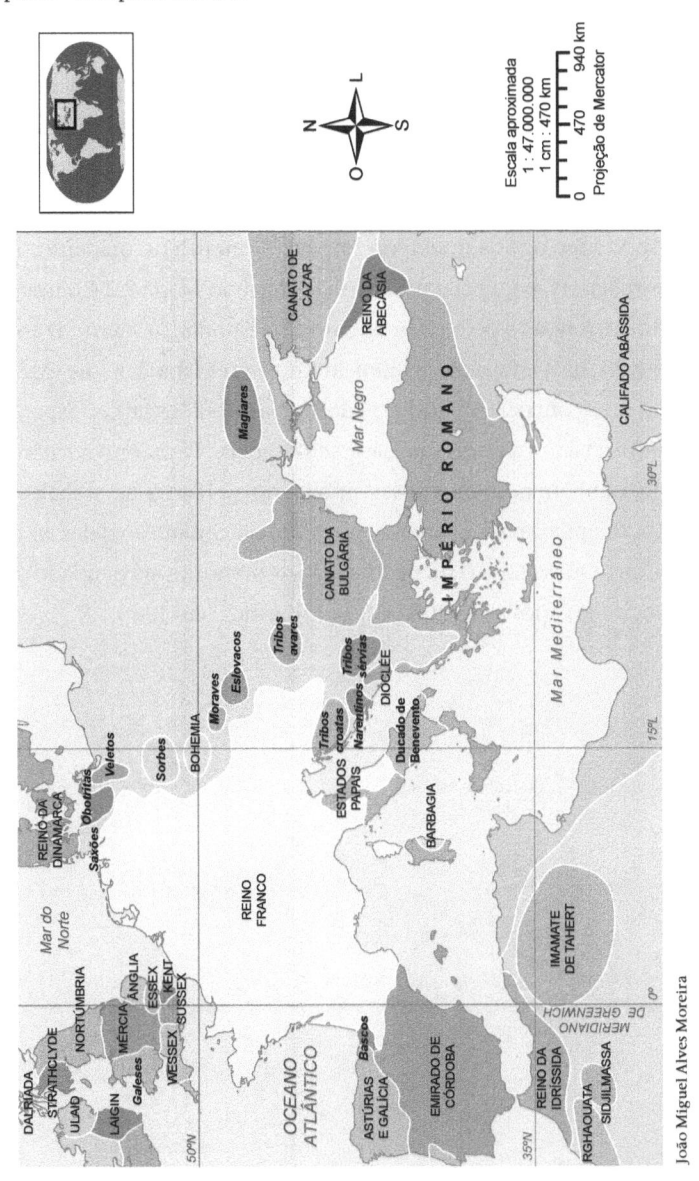

Fonte: Maps..., 2020.

Pedro Vicente de Castro

Muitas investigações sobre a origem dos Estados nacionais cometem esse erro de projetar o presente no passado ao se concentrarem na trajetória de Estados específicos, como França, Inglaterra ou Alemanha, buscando seus antecedentes históricos como se fossem predestinados a resultar em seus sucessores contemporâneos. No entanto, como o Mapa 2.1 demonstra, nada de similar a esses Estados existia no século V, logo após a queda do Império Romano do ocidente. Três séculos depois, o que claramente se destaca no Mapa 2.2 é o imenso território ocupado pelo chamado *Império Carolíngio* (Reino Franco). Avançado mais três séculos, constatamos, no Mapa 2.3, que esse território se encontrava dividido em dois: a parte ocidental correspondia ao Reino da França e a oriental, ao Sacro Império Romano-Germânico. A leste, também podemos observar o Reino da Hungria, estabelecido em 1000, após a conquista dos magiares e a conversão deles ao cristianismo. Quase todo o sul da ilha da Grã-Bretanha era ocupado pelo mesmo reino após a conquista de Guilherme I, em 1066.

Mapa 2.3 – Europa no ano 1100

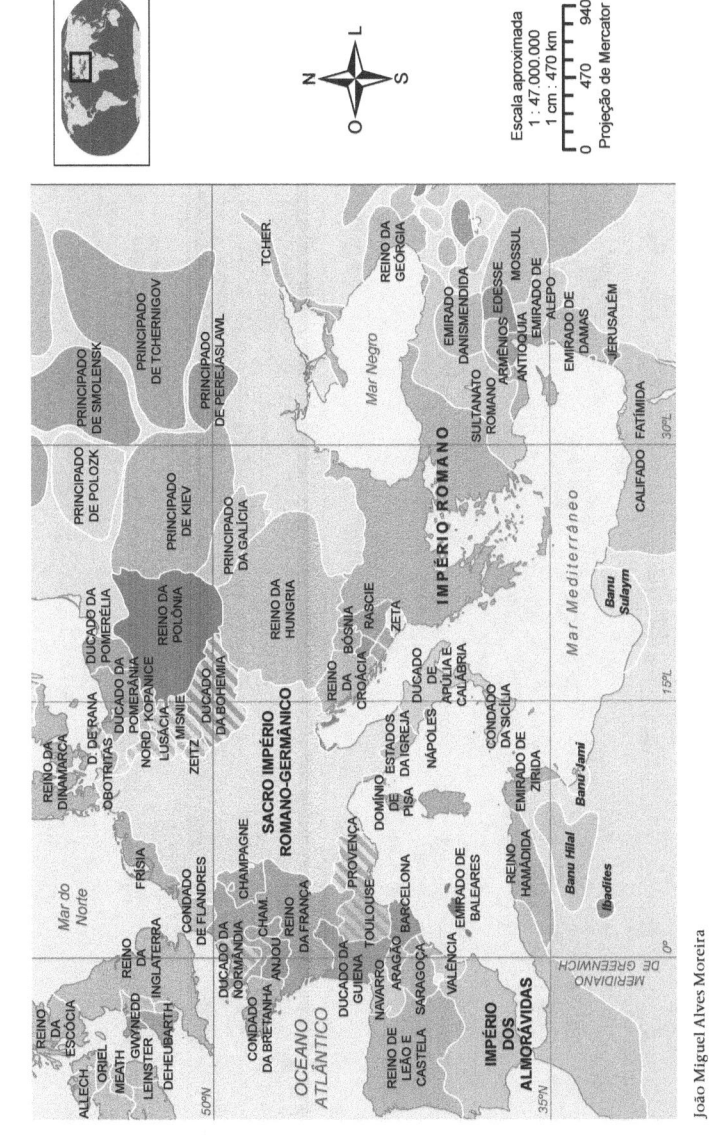

Fonte: Maps..., 2020.

Pedro Vicente de Castro

Mapa 2.4 – Europa no ano 1400

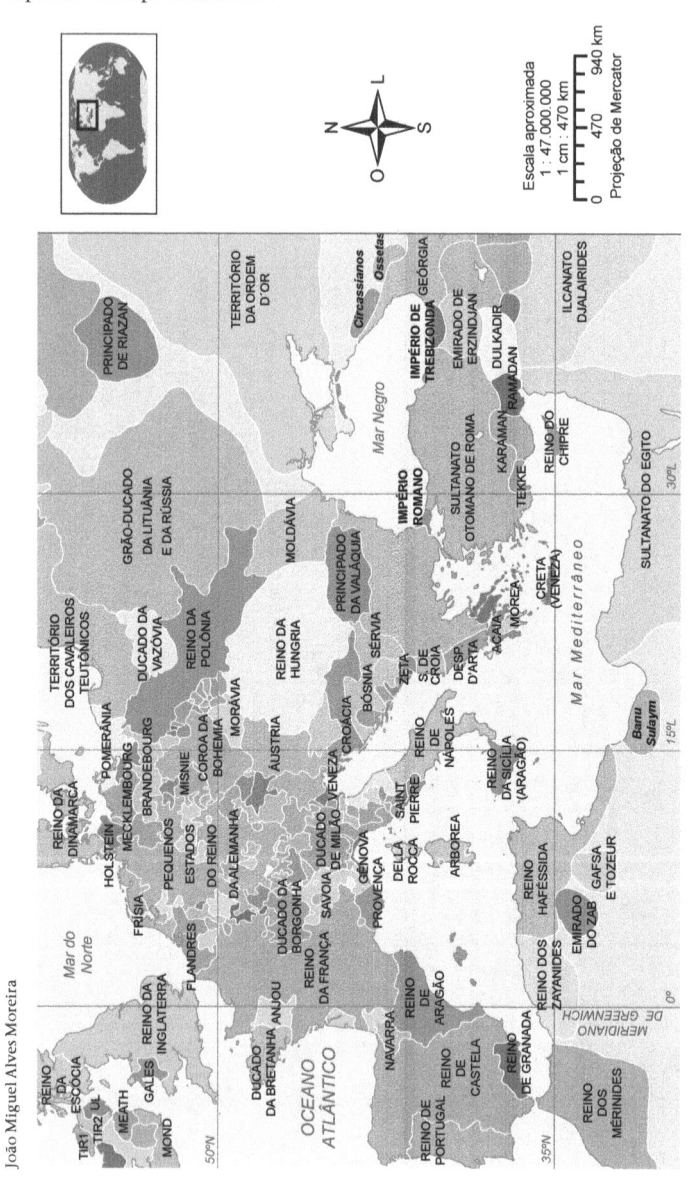

Fonte: Maps..., 2020.

Em 1400 (Mapa 2.4), o cenário era bem mais complexo. No território antes ocupado pelo Sacro Império Romano-Germânico, verificamos uma miríade de reinos e principados mantidos em uma tênue associação, pois estavam formalmente, mas nem sempre na prática, sujeitos ao mesmo imperador eleito. A leste, também podemos perceber o imenso território ocupado pela aliança entre o Reino da Polônia e o Grão-ducado da Lituânia, firmado por meio do casamento entre o grão-duque lituano e a rainha polonesa, que deu origem à dinastia jaguelônica. Avançando mais três séculos (Mapa 2.5), é possível notar algumas diferenças. O Reino da Hungria deixou de existir diante do avanço do Império Otomano na Europa Central. Seu território passou a ser controlado pela dinastia dos Habsburgo, que detinha também parte dos domínios ainda formalmente sujeitos ao Sacro Império Romano-Germânico, depois de ter respondido ao assédio dos otomanos a Viena duas vezes e, dessa forma, contido sua expansão. Quase toda península ibérica se encontrava sujeita à mesma dinastia. No extremo leste, o imenso território era controlado pela dinastia do Romanov, sediada em Moscou.

Mapa 2.5 – Europa no ano 1700

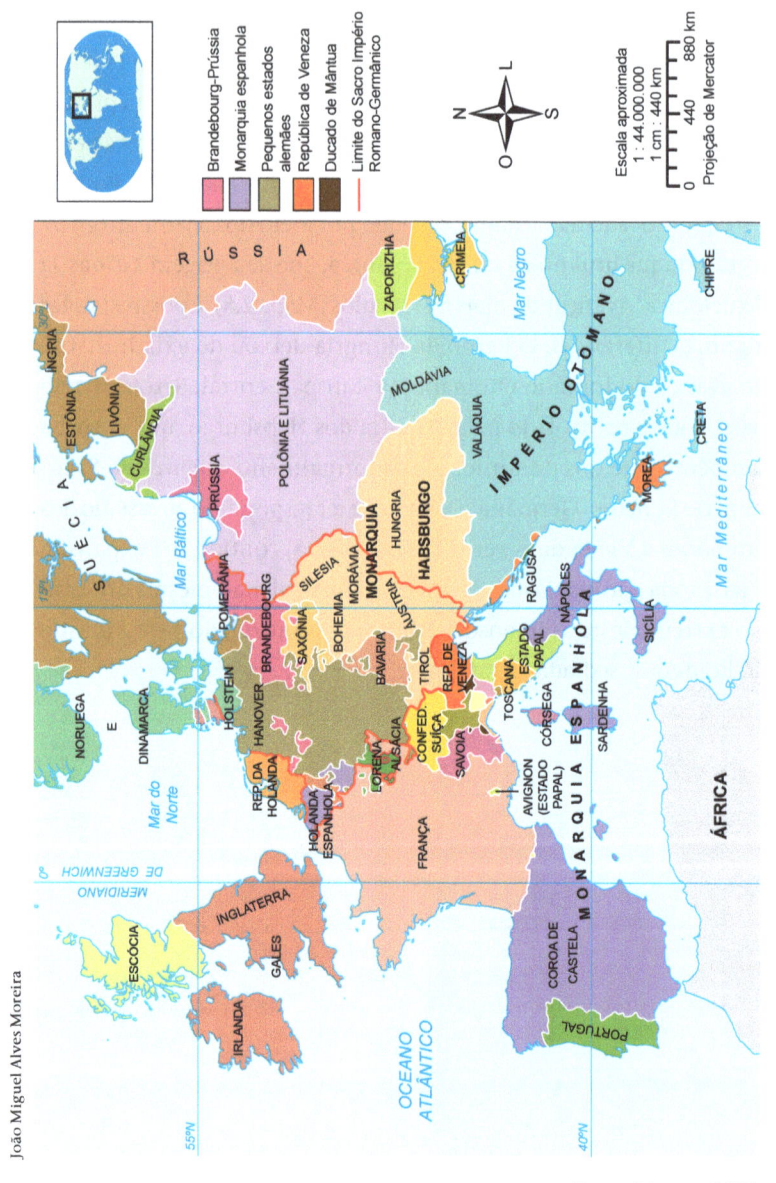

Fonte: Mapa..., 2009.

Mapa 2.6 – Europa no ano 1900

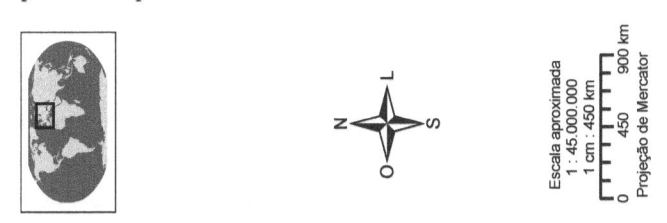

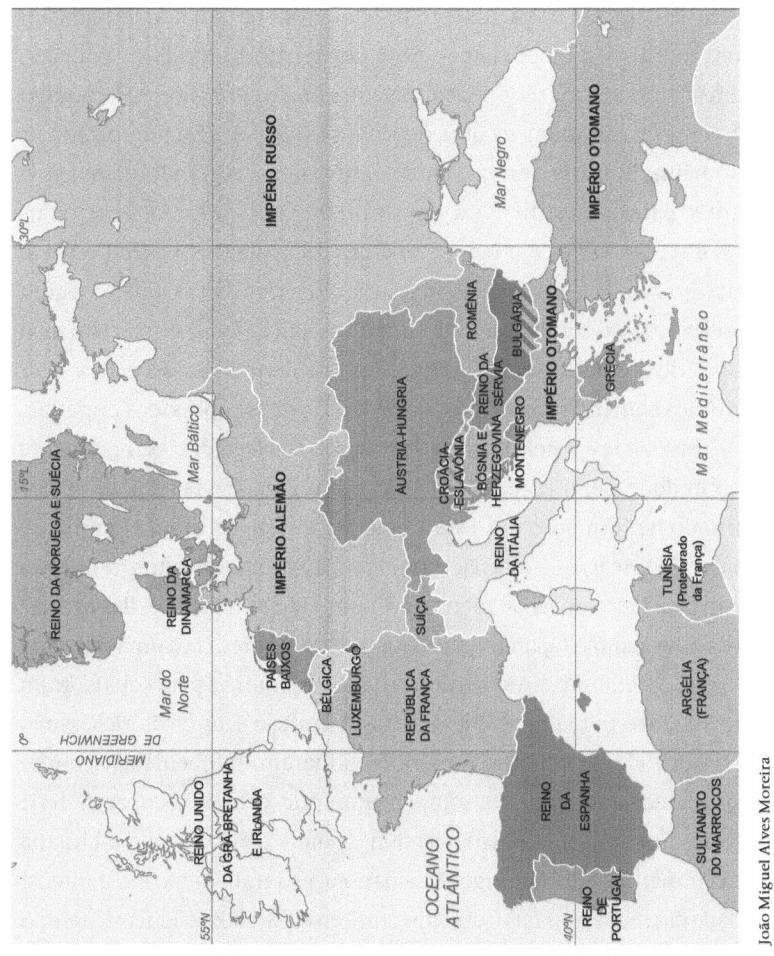

Fonte: Map..., 2021.

Pedro Vicente de Castro

Em 1900 (Mapa 2.6), às vésperas da Primeira Guerra Mundial, novamente o cenário era bem diferente. As mudanças mais evidentes foram as unificações dos reinos e principados do extinto Sacro Império Romano-Germânico que ainda mantinham sua autonomia sob o Reino da Prússia, originando o Império Alemão, e dos reinos e principados da península itálica sob o Ducado de Saboia, dando origem ao Reino da Itália. A República Polonesa-Lituana, governada por reis eleitos, despareceu depois de ter seu território dividido e ocupado em virtude de uma série de acordos entre Rússia, Prússia e os Habsburgo. A ocupação otomana recuou, sendo sucedida pelos Estados nacionais Romênia, Bulgária, Sérvia, Montenegro e Grécia. A grande diferença de então para os dias atuais é a grande proliferação de Estados nacionais no chamado *Leste Europeu* (o território ocupado pelo exército soviético ao fim da Segunda Guerra Mundial) e nos Bálcãs, que se seguiu ao colapso do comunismo na União Soviética. Além disso, o imenso império dos Habsburgo desapareceu e Alemanha e Rússia ocupam territórios bem inferiores à máxima extensão de seus passados imperiais.

Esse sobrevoo pela história da ocupação do território europeu desde o fim do Império Romano evidencia como não havia nada de predestinado na formação dos Estados nacionais que existem atualmente nem de linear em sua trajetória. França e Inglaterra surgiram cedo e mantiveram, mais ou menos, o mesmo território até os dias de hoje e são os exemplos aparentemente mais consistentes, com uma trajetória linear. No entanto, a Alemanha e a Itália surgiram há pouco mais de um século, não por falta de quem tentasse unificar seus territórios, senão porque todas as tentativas anteriores falharam. Também há exemplos de Estados que surgiram, sobreviveram por séculos e ocuparam territórios imensos, mas desapareceram, como a União Polonesa-Lituana e o império dos Habsburgo. Esse panorama também mostra a intensidade das mudanças nas fronteiras entre esses Estados ao longo do tempo. Fronteiras estavam quase constantemente mudando.

Por quê? A resposta é óbvia: **guerras**. A história europeia é de guerras praticamente incessantes, que não apenas foram constantes ao longo da história do continente, mas também, quando ocorriam, frequentemente envolviam quase todos os Estados da região. Príncipes e reis europeus estavam todos emaranhados em uma rede de alianças por parentesco, casamento ou conveniência. Todos tinham algo a ganhar ou a perder em uma guerra. Se não fossem ganhos territoriais diretos, seriam ganhos indiretos por meio do fortalecimento de um aliado ou enfraquecimento de uma ameaça. Sucessões incertas, com a morte de um monarca que não deixa um herdeiro direto, por exemplo, eram um convite para que outros intervissem, apoiando candidatos ao trono alinhados consigo e escalonando a crise, que, eventualmente, resultava em guerra civil e internacional. Nesses casos, a primeira raramente acontecia sem a segunda. A guerra era o jogo em que se desenrolavam as ambições da nobreza real europeia.

Esse ponto é central para o surgimento dos Estados nacionais. Como explica Tilly (1985; 1993), os Estados nacionais surgiram como um efeito colateral da atividade de guerrear dos governantes europeus. Para fazer e vencer guerras, estes precisaram tomar uma série de decisões e resolver inúmeros de problemas. A cada momento, tomaram um curso de ação quando havia outros disponíveis. Essas escolhas influenciavam quais cursos estariam disponíveis dali em diante. Algumas trajetórias tomadas dessa forma se mostraram bem-sucedidas no longo prazo; outras, não. Houve, ainda, aquelas que pareceram bem-sucedidas por muito tempo, até que deixaram de ser. Tudo isso, contudo, aconteceu em um prazo muito mais longo do que aqueles que os governantes que adotaram esses cursos de ação tinham em mente. Eles estavam apenas tomando as melhores decisões para que pudessem ganhar as guerras em que estavam envolvidos ou as próximas e, dessa forma, sobreviverem.

2.2.1 COERÇÃO, CAPITAL E EXTRAÇÃO

Na seção anterior, quando descrevemos as alterações na ocupação do território europeu, fizemos pouco uso de termos como "Alemanha" e "alemães", ou seja, de nomes próprios de um país e de seus gentílicos correspondentes. Isso não se deu por acaso. Usar esses termos abre a porta para o risco de projetar o presente sobre o passado. Como vimos, claramente não havia nada como Alemanha ou alemães há meros 200 anos atrás. No entanto, mesmo que houvesse algo como a França, é coisa diversa dizer que havia algo como os franceses, então. Em vez disso, existiam populações ligadas a localidades específicas, como a Bretanha ou a Provença, que tinham em comum apenas o fato de serem governadas pelo mesmo rei. A associação entre um território, um governo, uma população e uma cultura é resultado da formação dos Estados nacionais e, portanto, foi construída ao longo desse processo. Além disso, trata-se de uma relação que se verifica, em maior ou menor grau, em alguns países, porém não se verifica em absoluto em outros.

Ao longo da história europeia desde a Idade Média, existiam príncipes, reis e grão-duques, isto é, grandes proprietários rurais que frequentemente eram também líderes militares. Sua principal atividade era a extração de recursos daqueles sujeitos ao seu poder por meio da **coerção**. Aqueles de quem o príncipe ou o rei extraíam recursos podiam ser os camponeses ligados às suas propriedades rurais pessoais ou outros proprietários rurais e nobres menores, que, por sua vez, estavam envolvidos nas próprias relações de coerção e extração com os camponeses de suas terras. Independentemente da situação o fardo da extração recaía sobre os camponeses, trabalhadores rurais ligados à terra em diferentes graus, sendo o mais livre o assalariado, com liberdade para procurar trabalho sob outro empregador, e o menos livre o servo, uma mera propriedade assessória da terra, que passa de mãos com ela. Livres ou servos, os camponeses eram a imensa maioria da população em um longo período, findado apenas no século XX, em que a principal atividade econômica era a agricultura.

Entretanto, proprietários rurais e camponeses não eram os únicos grupos. Embora estes tenham praticamente exaurido o cenário no interior rural do continente, a Europa medieval também incluía cidades, ainda que poucas e pequenas para os padrões contemporâneos. Elas eram o espaço do comerciante e do banqueiro, papéis frequentemente representados pelo mesmo indivíduo, cuja principal atividade era transferir mercadorias e dinheiro de um lugar para outro e de um par de mãos para outro, lucrando com a diferença nos preços desses produtos entre diferentes localidades. Outro de seus ofícios consistia em administrar esses bens ao longo do tempo, comprando e estocando quando seu preço estivesse baixo e vendendo-as quando estivesse alto. Além disso, emprestavam dinheiro com diferentes juros e prazos de forma a distribuir seu risco e assegurar o retorno.

Comprar, vender e emprestar são maneiras corretas, mas muito abstratas e genéricas de descrever o que comerciantes e banqueiros faziam – e ainda fazem. Na prática, transferir mercadorias e dinheiro de um lugar para outro significava organizar uma caravana que reunia milhares de pessoas e animais de carga, que precisavam ser alimentados e hospedados ao longo dos milhares de quilômetros. Essa empreitada podia durar anos e envolvia todo tipo de risco, desde epidemias até ataques de saqueadores. Outra opção era adquirir uma frota de navios imensamente caros e contratar os milhares de profissionais treinados para navegá-los ao redor do globo. Tal alternativa reduzia o tempo de viagem para meses, mas envolvia seus próprios riscos, desde ataques de piratas até naufrágios provocados por tempestades. Todas essas empreitadas dependiam de muito dinheiro, que precisava ser captado com emprestadores e investidores.

Em termos mais abstratos, esses movimentos dependiam da aplicação de imensas quantias de **capital**. Nesse caso, o termo *capital* não assume o sentido envolvido na caracterização marxista do capitalismo, que o relaciona aos meios de produção. Isso porque, no cenário em questão, a atividade de comerciantes e banqueiros envolvia a circulação dos produtos, não sua produção. Ainda assim se tratava de capital, pois consistiam em recursos investidos em empreendimentos de risco que, quando bem-sucedidos, geravam lucros aos seus proprietários. Em suma, o mundo dos comerciantes e dos banqueiros era o mundo do capital e estes grupos, quase sempre, governavam as cidades.

As atividades de comerciantes e banqueiros não dependiam da coerção para gerarem lucro. No entanto, podiam beneficiar-se dela. Era muito mais fácil comprar determinada mercadoria a preço barato e vendê-la a preço caro quando se era o único comprador ou o único vendedor ou, idealmente, o único comprador e o único vendedor. Ou, então, pagar juros baixos e cobrar juros altos quando se era o único tomador ou concessor de empréstimos ou, então, ambos. O monopólio era o mundo dos sonhos dos comerciantes e banqueiros. Contudo, um monopólio, frequentemente, só se estabelecia e se mantinha por meio da coerção, que impedia outras pessoas de fazerem o mesmo tipo de negócio com o uso ou a ameaça do uso da violência. Logo, comerciantes e banqueiros também recorriam à coerção quando isso era vantajoso para seus interesses comerciais.

Um exemplo são os empreendimentos europeus na Ásia na era das navegações. A atividade principal desses empreendimentos era comercial: comprar mercadorias nativas para vendê-las na Europa. Seu objetivo, porém, era fazer isso de maneira monopolística. Para tanto, guerreavam com seus competidores europeus e mesmo com as populações locais com quem faziam comércio. Empresas como as companhias holandesa e inglesa das Índias Orientais eram empreendimentos simultaneamente comerciais e militares.

Príncipes e reis guerreavam para adquirir controle sobre territórios adicionais ou para resistir ao assédio de outros líderes militares aos que já controlavam. Aqueles que não investissem em preparação para a guerra se tornariam alvos fáceis e não durariam muito tempo. Já os que se envolvessem apenas em guerras defensivas veriam seus competidores estenderem seus domínios e, por consequência, sua capacidade de arregimentar recursos militares de maneira ameaçadora. A guerra, portanto, não era opcional para quem desejava sobreviver politicamente e, até mesmo, fisicamente. Além disso, o expansionismo era a estratégia dominante, muito embora nem todos estivessem em posição de persegui-lo.

As cidades também se envolviam em guerras, fosse para estabelecer o monopólio sobre certas rotas comerciais, fosse para quebrar o monopólio de seus adversários sobre rotas estabelecidas, abrindo-as à competição e liberando acesso a novos mercados. Ao lado dos reinos da França, da Inglaterra e da Espanha, a Europa conheceu os impérios marítimos de Veneza, no Mediterrâneo, da Liga Hanseática, no Báltico, e da Holanda, ao redor do globo. Esses impérios eram controlados por uma única cidade ou por uma confederação de cidades.

A guerra e a **extração** levavam os caminhos de príncipes e cidades a cruzarem-se frequentemente. Às vezes, estavam do mesmo lado, quando guerreavam contra um inimigo comum ou quando banqueiros se limitavam a financiar guerras de príncipes aliados ou aos quais estavam sujeitos. Em outras ocasiões, estavam em lados opostos. As cidades tinham dinheiro, algo que os príncipes queriam, fosse para si mesmos, fosse para usá-lo na preparação para uma guerra. Logo, príncipes tentavam subjugar politicamente cidades, por vezes por meios militares, mas sempre por meio da ameaça de recorrer a esses meios.

Nesses processos, príncipes e reis tomavam decisões e resolviam problemas para que pudessem seguir guerreando: arregimentavam tropas, coletavam impostos para pagar por essas tropas e suprimiam a resistência a essas duas medidas. O efeito colateral da maneira como resolviam esses problemas foi a criação de instituições que caracterizam os Estados nacionais, como um sistema político centralizado e uma burocracia civil. Somente muito recentemente atender às demandas dos governados passa a ser algo que essas instituições fazem ou, ao menos, deveriam fazer. A concepção de que pagamos tributos para que o Estado nos forneça bens e serviços públicos, como segurança e infraestrutura, é nova e é anacrônico aplicá-la ao surgimento dos Estados nacionais, que não surgiram para atender às demandas dos governados. Pelo contrário, durante a maior parte da história, eles extraíam recursos e não entregavam praticamente nada em retorno. O que entregavam era mais um efeito colateral da atividade de guerrear: segurança contra invasões estrangeiras. Nem mesmo o policiamento era uma atividade que os Estados nacionais costumavam desempenhar até o século XIX, como assinala o sociólogo David Bayley (1975). O tributo pago aos príncipes e aos reis era como a taxa de proteção paga a mafiosos e milicianos: a proteção vendida é contra eles mesmos. Isso levou Tilly (1895) a caracterizar a formação dos Estados nacionais como uma forma de crime organizado.

2.2.2 Organização da guerra

A guerra era a principal atividade realizada por Estados na Europa até a metade do século XX. Todavia, a maneira de guerrear mudou ao longo do tempo, impondo custos diferentes a esses Estados e influenciando seu desenvolvimento. Conforme os formatos e as tecnologias militares dominantes demandavam cada vez mais recursos, os Estados eram levados a intensificar suas atividades de extração e a criar instituições para dar o suporte necessário a essas operações. Como o historiador Samuel Finer (1975) observa, malgrado variações entre países, da Idade Média em diante, os formatos militares alteraram-se mais ou menos uniformemente ao longo de cinco dimensões.

A primeira dimensão diz respeito ao **caráter temporário ou permanente** das tropas. Inicialmente, estas eram arregimentadas temporariamente para combater em guerras específicas, sendo mobilizadas por nobres súditos do monarca beligerante para servir por tempo determinado e desmobilizadas após isso. Com o tempo, tornou-se mais frequente a contratação de líderes militares mercenários que mobilizavam suas próprias tropas. Eram empreendedores da guerra: recebiam determinada quantia do monarca e obrigavam-se a arregimentar e equipar determinado número de soldados no campo e comandá-los na batalha. O dinheiro restante era o retorno que se obtinha do empreendimento. Mais recentemente ainda, Estados passaram a conscrever seus próprios cidadãos em tempos de guerra. A arregimentação de tropas temporárias nunca deixou de acontecer, mas Estados passaram cada vez mais a manter tropas permanentes ou regulares, cujo tamanho foi aumentando constantemente.

A segunda dimensão refere-se ao **caráter obrigatório ou voluntário e remunerado ou não** das tropas. Nobres eram obrigados a prestar serviço militar ao monarca de que eram súditos sem esperar qualquer remuneração em dinheiro, apenas, eventualmente, honrarias, títulos e a posse de terras, muitas vezes adquiridas na própria guerra. Já mercenários e tropas regulares eram voluntários. Aqueles assumiam obrigações perante o Estado, em virtude de uma relação contratual em que entravam por sua própria vontade, e estes se alistavam para o serviço militar igualmente por sua própria vontade. Ambos também eram remunerados, fosse na forma de um contrato de prestação de serviço, fosse na forma de salário. Ao longo do tempo, Estados dependeram cada vez menos do serviço militar obrigatório e não remunerado e cada vez mais do serviço voluntário e pago. A exceção reside, obviamente, nas tropas conscritas, que são recrutadas à força e recebem uma remuneração de subsistência. Historicamente, contudo, estas sempre foram um complemento às regulares em tempos de guerra.

A terceira dimensão relaciona-se ao **controle privado ou público** das tropas. Como mencionamos, incialmente, as tropas eram mobilizadas por nobres e, mais tarde, por mercenários contratados. A relação do monarca era com esses nobres ou mercenários, responsáveis por comandar as tropas no campo de batalha, o que incluía escolher seus oficiais. Com o tempo, os monarcas imiscuíram-se, cada vez mais, na nomeação e na promoção de oficiais, bem como no comando das tropas. Eventualmente, a carreira militar tornou-se uma forma de serviço público, uma carreira de Estado, com acesso e progressão determinados por leis e regulamentos estatais. Contudo, por algum tempo, os cargos de oficiais puderam ser comprados com dinheiro, como ocorria em muitas outras funções públicas.

A quarta dimensão diz respeito à **composição multinacional ou não** das tropas. Até muito recentemente, mercenários representavam uma parcela relevante de qualquer exército durante uma guerra. Não havia qualquer razão para que o líder militar contratado para arregimentá-los recrutasse-os apenas entre os súditos do monarca ou cidadãos do Estado que o contratou. De fato, eles recrutavam soldados por toda a Europa. Os suíços eram um povo famoso por fornecer infantaria mercenária para as guerras dos príncipes e reis do restante da Europa, das quais não tomavam parte de outra forma. Os hessianos, originais de estados do antigo Sacro Império Romano-Germânico, também eram famosos mercenários. Isso mudou à medida que os Estados passaram a manter tropas regulares e a recorrer à conscrição de seus cidadãos em tempos de guerra. A Primeira Guerra Mundial foi a primeira travada por exércitos exclusivamente nacionais.

A quinta dimensão corresponde ao **tamanho**. O número de soldados multiplicou-se dos cerca de 20 mil que combateram na Batalha de Hastings, que selou a conquista normanda da Inglaterra, para os mais de 60 milhões arregimentados durante a Primeira Guerra Mundial.

Essas mudanças podem ser sintetizadas em três eras: a **era dos nobres militares**, a **era dos mercenários** e a **era dos exércitos regulares**. Isso não quer dizer que esses três formatos militares não tenham convivido uns com os outros. Havia alguma espécie de exército regular, desde o século XV, em alguns lugares e, em outros, a nobreza desempenhou papéis militares até o século XX. Hoje mesmo presenciamos um aparente ressurgimento das tropas mercenárias, conforme Estados recorrem a empresas de segurança militar para travar suas guerras. Essa trajetória, dos nobres miliares para os mercenários e dos mercenários para os exércitos regulares, foi impulsionada pela competição militar. Cada príncipe ou rei estava sempre à procura de novas tecnologias e formatos militares que lhes dessem uma vantagem competitiva no campo de batalha. Quando essas tecnologias ou formatos se mostravam eficazes na prática, os demais eram levados a adotá-los para não ficarem para trás e serem derrotados pelos mais precavidos.

Na Idade Média, o formato militar mais eficaz era a cavalaria armada: um cavaleiro armado com uma lança e seu cavalo, ambos cobertos por armaduras. O peso destas tornava necessária a ajuda de um ou dois escudeiros para que o cavaleiro conseguisse montar e desmontar do cavalo. Isso tudo era pago pelo próprio cavaleiro e custava caro. Como aponta Finer (1975), somente a malha de aço utilizada por baixo da armadura custava o equivalente a uma pequena fazenda. Um cavaleiro levar seu próprio cavalo, armadura e escudeiros, naquela época, equivale a um soldado, na atualidade, levar seu próprio tanque de guerra para a batalha. Por consequência, a guerra era uma atividade reservada para os ricos, que, naturalmente, esperavam ser recompensados por ela. Em uma economia desmonetizada (em que há pouco ou nenhum dinheiro em circulação) como a medieval, essa recompensa tomava a forma principalmente da concessão da posse de propriedades rurais para os combatentes. Na Europa, esse arranjo deu origem ao sistema social, político e econômico conhecido como **feudalismo**.

A nobreza europeia, portanto, era, em sua origem, uma classe militar. Guerrear era a atividade principal não só de príncipes, reis e duques, mas também de condes e barões. Levou séculos para que essa atividade fosse "desprivatizada" e monopolizada pelo Estado. Desenvolvimentos na tecnologia e nos formatos militares foram cruciais para isso. O fim da cavalaria armada medieval foi trazido pelo desenvolvimento das picas e das albardas, que permitiam que soldados de infantaria derrubassem os cavaleiros de cima de seus cavalos, eliminando sua vantagem no campo de batalha. Isso democratizou a guerra, que passou a ser travada por tropas de infantaria compostas por pessoas sem origem nobre. Elas só precisavam ser arregimentadas e equipadas por alguém, o que abriu o caminho para os mercenários. Não por acaso, a arma característica dos mercenários suíços era a pica.

O próximo desenvolvimento tecnológico foi a introdução e o aperfeiçoamento das armas de fogo. A competição, nesse cenário, resumia-se a um critério: cadência de tiro. Em uma batalha travada com mosquetes e rifles, quem atirasse mais rápido e, logo, mais vezes poderia provocar mais baixas na tropa inimiga, de modo que estaria em vantagem. Essa competição era tecnológica, envolvendo o desenvolvimento de armas de fogo mais rápidas e, por consequência, mais sofisticadas, cujos uso e manutenção exigem maior *expertise*. Porém, também envolvia o aumento da agilidade dos soldados ao atirar e recarregar suas armas. Tanto o uso e a manutenção das armas mais sofisticadas quanto a maior agilidade no campo de batalha exigiam um treinamento mais efetivo dos soldados, que deixou de ocupar alguns meses e passou a levar anos.

Uma tropa bem treinada podia ser tanto mercenária quanto regular. A escolha entre esses dois formatos era pautada por outra consideração: lealdade. Mercenários podiam ser uma dor de cabeça, como o teórico político Nicolau Maquiavel (2010) apontou a respeito dos mercenários italianos do século XV, os *condottieri*. Contratados por um príncipe ou uma cidade, os *condottieri* não raro trocavam de lado mediante uma oferta melhor ou tomavam a cidade que deveriam proteger de refém e exigiam resgate. Sem contratos em tempos de paz, eles recorriam ao banditismo, aterrorizando a população civil. Eram, em suma, uma ameaça permanente à paz e à segurança dos principados e das cidades da península italiana. No entanto, os *condottieri* eram um ponto fora da curva, dado que o recurso dos governantes europeus fora da Itália a mercenários só aumentou nos séculos seguintes, sem problemas da mesma magnitude que os experimentados na península, como nota o historiador Perry Anderson (1989). Mesmo assim, o exemplo de Maquiavel indica que era sensato, sempre que possível, um governo depender de tropas leais a si, e não de mercenários. De maneira consistente com essa intuição, embora governantes continuassem a recorrer a mercenários e o fizessem cada vez mais, dado que o tamanho dos exércitos não parava de crescer, também passaram a manter tropas regulares cada vez maiores.

Os resultados dessa trajetória, dos nobres militares para os mercenários e dos mercenários para os exércitos regulares, são exércitos imensos e permanentes, mantidos pelo Estado. Isso gera um problema: Como pagar por isso? E a solução dessa questão envolve responder a outra: Quem vai pagar por isso? Ou, em outros termos, quem pode ser forçado a pagar por isso? As soluções que governantes deram a esses problemas e as decisões que tomaram sobre essas questões resultaram no estabelecimento de algumas das instituições associadas aos Estados nacionais.

2.2.3 Pagamento da guerra

Ao longo da história da formação dos Estados nacionais, os governantes tinham essencialmente três fontes das quais extrair os recursos necessários para pagar pela guerra: tributos, empréstimos e minérios. Os **tributos** eram a fonte a que todos os governantes podiam recorrer, ainda que não sem seus desafios. Pelo contrário, os desafios colocados pelo estabelecimento e pela coleta de impostos e a maneira como diferentes príncipes e reis enfrentaram-nos deram o caráter da formação dos Estados nacionais cujos governantes não podiam recorrer a outras alternativas.

Como pontuamos na subseção anterior, na Idade Média, o serviço militar era uma obrigação dos nobres, devida ao monarca de que eram súditos. Esse serviço era temporário, de praxe por 40 dias. Com a competição militar, os exércitos tornavam-se maiores e as guerras, por consequência, mais longas. Não apenas o contingente de nobres se tornava insuficiente para lutar guerras de larga escala e prolongadas, mas também o período pelo qual serviam. Por outro lado, guerrear era uma atividade de risco. Quando se era o dono de uma pequena fazenda, o suficiente para adquirir um cavalo, uma armadura e contratar um ou dois escudeiros, pode valer a pena correr o risco de morrer em batalha para aumentar suas propriedades. Quando já se era um grande proprietário rural, o cálculo era diferente. Por isso, ao mesmo tempo que monarcas pressionavam a nobreza por um serviço militar mais extenso, esta resistia a prestá-lo.

A solução desse impasse foi a gradual, porém, ao fim, definitiva: comutação da obrigação de prestar serviço militar pela obrigação de contribuir com dinheiro. A partir desse momento, os monarcas passaram a cobrar tributos de seus súditos. Como o serviço militar, os tributos eram inicialmente temporários e precisavam ser pedidos às assembleias em que eram representados os chamados *estados*: tipicamente a nobreza, o clero e os "comuns", isto é, geralmente, comerciantes e banqueiros. A autorização era sempre por prazo determinado e para um fim específico: pagar por despesas militares quando o principado ou reino estivesse sob ataque ou ameaça de forças estrangeiras.

De acordo com o historiador Rudolf Braun (1975), esperava-se que outros gastos do monarca fossem arcados com suas próprias rendas. Sempre que este lhes convocava para pedir tributos, os representantes dos estados reafirmavam o princípio de que o rei deveria viver de sua própria propriedade. O monarca, como os demais nobres, era também um grande proprietário rural e extraía renda dos domínios da Coroa, a qual estava longe de ser suficiente para financiar grandes ofensivas militares pela Europa. No entanto, no caso de campanhas desse tipo, como o principado ou o reino não estava sob ataque ou ameaça de forças estrangeiras, os representantes dos estados naturalmente questionavam: "Por que nós devemos pagar pelas ambições do monarca?". Logo, todo pedido de tributos em tempos de paz, mesmo para fins militares, gerava resistência e conflito.

Governantes evitavam conflitos desse tipo sempre que possível e escolhiam o caminho que oferecesse menor resistência. Até muito recentemente, as alternativas eram limitadas, como aponta o historiador Gabriel Ardant (1975). Algumas eram parasíticas à tributação, dependendo, no fim das contas, da capacidade do Estado de tributar os governados. Uma dessas alternativas era a venda de cargos públicos, praticada por, virtualmente, todos os Estados europeus em algum momento. Tratava-se, basicamente, de uma forma de adiantamento de recebíveis: o comprador do cargo realizava um único pagamento à Coroa pelo direito de receber vários pagamentos no futuro, a intervalos regulares. O compromisso da Coroa de que os faria era crível, porque esta sempre poderia simplesmente levantar o dinheiro tributando os governados. Às vezes, a relação era mais direta: os privilégios do cargo simplesmente incluíam o poder de cobrar impostos e taxas. A vantagem, do ponto de vista do monarca, era que ele recebia o dinheiro e já podia gastá-lo imediatamente com seus exércitos, ao passo que sua contrapartida era parcelada por anos a fio.

Uma segunda alternativa era a inflação, o aumento do valor nominal da moeda em circulação com a consequente depreciação de seu valor real. Até a adoção da moeda de papel, essa prática era limitada pelo fato de que era necessário um meio físico feito de um material valioso em si mesmo, como ouro ou prata. Nessa época, uma maneira de praticar inflação era por meio do privilégio real de senhoriagem, isto é, a obrigação dos particulares que quisessem usar seu ouro ou sua prata como dinheiro de cunhar as moedas apenas com agentes da Coroa. Estes, naturalmente, cobravam a parte da coroa em ouro ou em prata. Às vezes, porém, ultrapassavam o que era devido em impostos, cunhando moedas com uma quantidade menor de metal do que seu valor nominal e tomando a diferença para a Coroa. Essa é uma das razões pelas quais os Estados sempre reivindicaram um monopólio sobre a criação e moeda. Hoje em dia, após a adoção da moeda de papel, de igual monopólio estatal, Estados podem perseguir inflação em uma medida muito maior.

Havia, ainda, a alternativa de confiscar terras da Igreja Católica, que, então, eram entregues a nobres em troca de serviço militar ou vendidas para levantar dinheiro. Com o passar do tempo, a segunda opção tornou-se a regra. Na Idade Média, a Igreja Católica era a maior proprietária de terras da Europa. Levou séculos para que isso deixasse de ser verdade. O mecanismo por trás disso foi o confisco por parte de príncipes e reis. Todos os monarcas europeus recorreram a essa prática em um ou outro momento.

Nesse contexto, contudo, as maiores alternativas à tributação eram os empréstimos e os minérios. Os **empréstimos** dependiam de uma série de condições. Uma delas era a credibilidade de que o pagamento seria honrado pelo Estado. Uma forma de assegurar isso era, novamente, sua capacidade de tributar os governados. Todavia, essa não era a única forma pela qual Estados podiam pagar suas dívidas. Isso poderia ser feito com os espólios das próprias guerras que travavam. Outra condição era a existência de um mercado bancário suficientemente grande e desenvolvido para que houvesse banqueiros dispostos a emprestar grandes quantias a longos prazos para os governos. Isso, por sua vez, dependia da existência de uma economia mercantil suficientemente grande e desenvolvida. Quanto maior fosse o mercado bancário, mais o governo podia recorrer a empréstimos. Além disso, era necessária a estruturação das contas do governo de forma a existir algo como uma dívida pública, separada das dívidas pessoais do monarca. O primeiro reino a realizar isso foi a Inglaterra, com o Banco da Inglaterra, que passou a financiar as aventuras militares britânicas no século XVIII. Até o final desse século, todos os países com pretensões militares na Europa tinham imensas dívidas públicas, que precisavam ser pagas mais cedo ou mais tarde, de modo que muitos governantes sempre recorriam aos tributos.

Por fim, governantes que tinham acesso a **minérios** como ouro, prata e sal podiam usá-los diretamente para pagar por suas campanhas militares. Esse foi o caso dos Habsburgo, cujas ambições no centro da Europa foram financiadas em grande parte pela prata extraída das colônias espanholas na América. Já as minas de sal da Galícia financiaram as campanhas militares da dinastia jaguelônica quando ela governou a União Polonesa-Lituana. Essa alternativa não dependia da capacidade do Estado de arrecadar tributos. Era também uma fonte insuficiente. Podia oferecer uma vantagem competitiva, como no caso dos Habsburgo, mas não bastava por si só. As tropas financiadas pelas minas de sal da Galícia não tiveram a mínima chance contra as forças combinadas da Prússia, da Rússia e dos Habsburgo.

No fim das contas, para que fossem militarmente competitivos, os Estados precisavam tributar os governados. Como estes eram relativamente eficazes em coletar tributos, é fácil presumirmos que um governante podia, simplesmente, escolher tributar uma fonte de renda ou outra. Contudo, isso não é verdade, alerta Ardant (1975). Nem todos os tributos eram igualmente fáceis de serem coletados, e a facilidade de coleta de todos dependia da estrutura da economia. Tributos cobrados em dinheiro precisavam ser pagos em dinheiro, o que significa, obviamente, que o pagador precisava ter dinheiro. Como alguém conseguia dinheiro ordinariamente? Trocando por alguma coisa, isto é, vendendo alguma coisa no mercado, mesmo que esta não seja mais do que seu próprio trabalho. Tributos em dinheiro eram tanto mais fáceis de serem cobrados quanto mais acesso os pagadores tivessem à moeda, o que ocorria à medida que eram integrados a uma economia comercial, baseada na troca.

Durante a maior parte da história europeia, o subdesenvolvimento da economia comercial era a principal limitação à capacidade dos Estados de tributarem suas populações. Nada contribuiu mais para mudar isso do que a industrialização e o surgimento do capitalismo, no qual todos são integrados em uma economia comercial, vendendo mercadorias e comprando trabalho ou vice-versa. Quando todos estão integrados ao mercado e a maior parte do que consomem é adquirida fora do lar, sua renda é aferida em dinheiro, e seus bens, tendo um mercado, têm valor em dinheiro facilmente aferível. Isso é uma condição para um sistema eficaz de impostos sobre renda e riqueza. Até que essa condição fosse atendida, Estados enfrentavam dificuldades em aferir o valor em dinheiro da renda e da riqueza dos indivíduos ou lares e em coletar sua parcela desse valor também em dinheiro. Quando um camponês produzia quase tudo o que consomia, qual era o valor de sua renda em dinheiro? E, se ele não estava integrado à economia comercial, como conseguiria dinheiro para pagar seus impostos? Além disso, durante a maior parte da história europeia, o regramento jurídico da propriedade da terra era extremamente complexo, impondo uma série de limitações a sua divisão e a seu alienamento. Se propriedades rurais não podiam ser vendidas livremente, quanto valiam?

Mesmo diante dessas dificuldades, Estados tentaram coletar impostos sobre a renda e a propriedade da terra. Nesse sentido, uma opção era o próprio Estado, por meio de seus agentes, avaliar a propriedade e sua renda em potencial. Era uma atividade intensiva em trabalho e, por isso, cara. Outra opção era tentar tributar indiretamente a riqueza de alguém por meio de seus sinais externos. O imposto sobre o número de janelas em uma casa, frequentemente lembrado em tom jocoso, era uma tentativa de fazer isso, especialmente conforme os nobres trocavam castelos de pedra por casarões com paredes cobertas de janelas. Todas essas técnicas tinham uma eficácia limitada.

Por isso, de acordo com a maior parte da história, Estados recorreram a tributos sobre a circulação de mercadorias, que era de fácil aferição e coleta. Mercadorias têm seu valor aferido na própria transação em que sua propriedade passa de mão: elas têm um preço e são compradas e vendidas em dinheiro. À época, bastava o Estado colocar seus agentes no local em que as mercadorias eram compradas e vendidas, os mercados abertos das cidades, e coletar sua parte. Outra vantagem desse tributo consistia no fato de que, para aumentar o valor por ele arrecadado, não era necessário aumentar sua alíquota: bastava aumentar o total de mercadorias compradas e vendidas dentro do principado ou do reino. Essa era uma das razões que levavam monarcas a adotar medidas de incentivo ao comércio, tanto doméstico quanto externo, parte integral das políticas denominadas *mercantilistas*.

2.2.4 CONSOLIDAÇÃO DO PODER

Diferentes formas de financiar a guerra levavam monarcas a envolverem-se em conflitos com diferentes grupos e instituições políticas. Esses conflitos e suas resoluções configuraram o caráter dos Estados incidentalmente construídos no processo. Monarcas que puderam contar, inicialmente, com recursos de outras fontes que não a tributação evitaram os embates que, necessariamente, teriam de enfrentar se tentassem tributar seus súditos. Também deixaram de adquirir a capacidade de tributar quando recursos de outras fontes não fossem mais suficientes para pagar pela guerra. Já os monarcas que não tinham essa alternativa tiveram de quebrar a resistência de seus súditos à tributação, com o efeito colateral de reduzir o poder de instituições concorrentes com o Estado e, eventualmente, eliminá-las por completo.

O confisco de terras da Igreja Católica foi praticado em todo lugar em que a reforma protestante teve penetração suficiente, da Inglaterra à Suécia, passando pela França e pelos Estados do antigo Sacro Império Romano-Germânico. Nesses casos, o confisco seguiu-se ao rompimento dos governos com a Igreja Católica e, por vezes, houve a criação de uma igreja nacional, subordinada ao Estado. O acesso a essas riquezas não foi um fator desprezível para essas decisões de reivindicar autonomia política em relação à igreja de Roma.

Eventualmente, todos os Estados recorreram a empréstimos para financiar suas guerras. No entanto, quanto mais cedo eles começassem a fazer isso e quanto maior fosse a parcela do custo da guerra que podiam financiar dessa forma, menos precisavam demandar dos governados em tributos. Ainda era necessário tributá-los, mas a carga podia ser menor. Empréstimos permitiam que o custo de uma guerra fosse parcelado a longo prazo, sem criar a necessidade de aumentos dramáticos na arrecadação no curto prazo. Monarcas que contassem com fontes de minério também podiam demandar menos de seus súditos, ao menos por um tempo.

Eventualmente, todos os Estados tentariam tributar os governados e arrecadar valores cada vez mais altos. Isso gerava resistência, naturalmente. Revoltas armadas provocadas por aumentos de impostos eram uma constante e alguns dos episódios mais traumáticos e consequentes da história europeia envolveram disputas sobre tributação. A guerra civil inglesa, a independência das colônias britânicas na América e a Revolução Francesa tiveram, todas, como estopim a requisição ou a imposição de novos tributos pelos reis da Inglaterra e da França.

> Revoltas populares são ameaçadoras se os revoltosos têm acesso a armas e, por consequência, podem resistir à repressão violenta. Por isso, a resposta dos governos às revoltas contra aumentos de tributos costumava envolver iniciativas para, depois que estas fossem reprimidas com sucesso, desarmar a população de forma a reduzir sua capacidade de resistir a futuros aumentos. Desse modo, o Estado progressivamente estabeleceu seu monopólio sobre os meios de exercício da violência.

Poder tributar os governados também significava subjugar ou contornar instituições não subordinadas ao Estado. Como assinalamos, inicialmente, os tributos eram temporários e autorizados pelas assembleias de representantes dos estados. Essa autorização não era mera formalidade, pois os governantes frequentemente dependiam dos grupos representados nessas instituições para serem capazes de coletar os impostos. Muitas vezes eram os nobres, o clero e as autoridades municipais que coletavam os tributos devidos por aqueles sujeitos à sua autoridade e repassavam o valor aos cofres da Coroa. Libertar-se da necessidade de pedir autorização a essas instituições dependia da criação de uma burocracia diretamente submetida ao Estado que coletaria os impostos diretamente da população e, por vezes, à força. Nas regiões em que essa estratégia foi perseguida com sucesso, isso resultou na irrelevância e, eventualmente, na dissolução das assembleias dos estados.

Além disso, como também destacamos, a espécie mais eficaz de tributação era aquela que incidia sobre a circulação de mercadorias e, portanto, afetava desproporcionalmente as cidades, onde se concentrava a atividade comercial. Se empréstimos uniam governos, comerciantes e banqueiros como aliados em empreendimentos militares, a tributação colocava-os em rota de colisão. Onde governantes tiveram de recorrer à tributação em peso e onde a atividade comercial não era intensa o suficiente para entregar uma arrecadação satisfatória mesmo com alíquotas pequenas, essa colisão implicou a subjugação política e econômica das cidades.

Esses desenvolvimentos podem ser observados ao longo da trajetória de diferentes Estados europeus. A primeira grande potência militar europeia foi a dinastia dos Habsburgo, que se beneficiaram da união por casamento dos reinos de Aragão e Castela, que daria origem ao reino da Espanha, e da prata extraída do império espanhol na América. Porém, como os monarcas Habsburgo nunca conseguiram subjugar a assembleia de estados de Castela, as chamadas *Cortes*, e a cidade de Barcelona, eles dependiam quase exclusivamente dos tributos coletados de Aragão, mais politicamente fraco, e da prata americana. À medida que seu maior competidor, os Bourbon, conseguia aumentar seu poder e eliminar instituições concorrentes na França, a fraqueza política interna dos Habsburgo cobrava seu preço. Quando

Carlos II morreu sem deixar descendentes, a França apoiou o pretendente Bourbon ao trono, fazendo sua vontade prevalecer na guerra que se seguiu. O resultado foi a cisão do império Habsburgo em dois, permanecendo a dinastia no controle apenas dos territórios no centro da Europa. A partir daí, eles perderam o protagonismo militar, entraram em declínio e seu império foi eventualmente dividido em uma série de pequenos Estados nacionais após a Primeira Guerra Mundial.

Os sucessores dos Habsburgo na posição de maior potência militar foram os Bourbon, do Reino da França, que conquistaram a posição em virtude de seu sucesso em centralizar politicamente o país. Desde a Idade Média, a França era um mosaico de regiões com identidades e elites políticas locais. A Coroa contornou esses poderes locais por meio da criação de uma burocracia real, que exercia poder nas províncias, mas era leal ao monarca, denominada *intendants*. Com o tempo, esses agentes usurparam os poderes dos magnatas locais, tornando sua autorização irrelevante para a coleta de tributos. Isso permitiu que os Bourbon governassem por quase dois séculos sem convocar a assembleia dos estados para pedir tributos. Isso só voltou a acontecer em 1789, quando a Coroa considerou que essa era a solução para a crise a que tinha elevado as contas públicas, em virtude dos empréstimos que havia tomado para financiar sua participação na Guerra da Independência Americana contra a Inglaterra. O desfecho é conhecido: os Estados-Gerais autodeclararam-se uma assembleia constituinte, iniciando a sequência de eventos conhecida como **Revolução Francesa**. A revolução implicou uma mudança da forma de governo, porém a tendência à centralização administrativa e à consolidação do poder político só se intensificou.

A grande rival da França até meados do século XIX, a Inglaterra, teve uma trajetória diferente. Depois de perder seus territórios na França na Guerra dos Cem Anos, não desempenhou mais um protagonismo militar no continente europeu. Isso se deve, em parte, ao fato de que a disputa entre seus monarcas e a versão britânica da assembleia dos estados, o Parlamento, teve um desfecho desfavorável aos primeiros. Eles tentaram aumentar poder *vis-à-vis* o Parlamento, eventualmente entrando em conflito direto com a instituição. O estopim, como era de se esperar, foi a tentativa de Carlos I de coletar tributos sem a autorização parlamentar. O conflito desembocou em uma guerra civil e, após 40 anos de instabilidade política intermitente, em um arranjo político que dava preeminência ao Parlamento, colocando a Inglaterra no caminho para tornar-se uma monarquia constitucional. Sem pretensões militares no continente e protegida por uma fronteira natural, o Canal da Mancha, a Inglaterra pôde dar-se ao luxo de dispensar um grande exército regular até o final do século XVIII, mantendo tributos baixos e uma pequena burocracia não profissionalizada.

Diferentemente da Espanha, da França e da Inglaterra, a Alemanha foi unificada sob um mesmo monarca tardiamente, na segunda metade do século XIX, a partir da Prússia, cujos governantes, os Hohenzollern, que chegaram ao poder no século XV, descontaram o atraso com visão. Especialmente depois da Guerra dos Trinta Anos, em que as monarquias politicamente centralizadas da França e da Suécia prevaleceram sobre o descentralizado Sacro Império Romano-Germânico, ficou relativamente claro que o modelo político das primeiras era mais promissor. Os Hohenzollern embarcaram em um projeto de centralização política, militarização, burocratização e anexação de territórios na Europa Central. Tendo a Prússia, a princípio, uma economia pouco mercantil, os governantes recorreram à coleta de tributos sobre a propriedade rural e à criação da burocracia necessária para avaliar as propriedades, coletar os tributos e combater a evasão. A coleta, frequentemente, ocorria à força, a despeito da falta de autorização das assembleias dos estados. Eventualmente, conseguiram subjugar politicamente as cidades mercantes do Báltico, impondo tributos sobre a circulação de mercadorias, assim como outros príncipes germânicos. A partir daí, a única limitação à capacidade tributária era o pequeno tamanho da economia comercial e os Honhenzollern sufocaram-na para extrair cada centavo e destiná-lo ao exército. Diz muito sobre a natureza da formação do Estado prussiano o fato de que toda a burocracia civil, voltada à coleta de tributos, era um departamento do exército. A Prússia também foi um dos reinos que mais cedo e mais intensamente fez uso da conscrição. O projeto dos Hohenzollern mostrou-se frutífero quando conseguiram unificar todos os reinos e principados germânicos sob sua Coroa.

A exceção que comprova a regra é a trajetória da união polonesa-lituana. Diversamente da Espanha, da França, da Inglaterra e da Prússia, a união nunca chegou a ser uma monarquia centralizada. Incapaz de subjugar politicamente a nobreza, a dinastia jaguelônica chegou a perder o direito hereditário ao trono, que se tornou eletivo. Os reis eleitos da República Polonesa-Lituana tentaram, mas não conseguiram, reestabelecer a hereditariedade do trono. Também não conseguiram prevalecer sobre o parlamento e construir a capacidade de tributar seus súditos. Assim, foram incapazes de construir o poder militar necessário para garantir a própria sobrevivência do Estado. O final dessa história foi a extinção da República Polonesa-Lituana por uma série de acordos entre a Rússia, a Prússia e os Habsburgo, que dividiram e ocuparam seu território.

(2.3)
E A GEOGRAFIA?

O processo de formação dos Estados nacionais na Europa seguiu uma lógica espacial. Embora as posses de duques, príncipes e reis fossem frequentemente não contíguas e dispersas pelo continente, a competição militar pressionava-os a adotar uma estratégia de consolidação territorial. Territórios contíguos eram mais fáceis de se defender em um contexto em que a guerra era predominantemente uma atividade terrestre. Tropas podiam marchar através de território amigável até o local do conflito. Inversamente, era mais difícil recuperar territórios cercados pelos domínios do inimigo. Além disso, territórios contíguos também eram mais facilmente centralizados política e administrativamente, já que as tropas podiam ser deslocadas não para combater um invasor estrangeiro, mas a resistência local às vontades do poder central. Esses fatores levaram o processo de formação dos Estados nacionais a seguir uma lógica espacial. Como sintetiza Tilly (1993), um território adjacente seria anexado, fortificado e política e administrativamente integrado ao Estado central. Quando esse processo se mostrasse consolidado, seria repetido em um novo território adjacente. Dessa forma, o território dos Estados nacionais adquiriu a forma que nos parece tão natural e, até mesmo, constituinte de um traço definidor do fenômeno: a **contiguidade**. Um exemplo claro disso é o processo que culminou na unificação da Alemanha, que seguiu o objetivo dos Hohenzollern de agregar seus domínios na Prússia àqueles dispersos pelo antigo território do Sacro Império Romano-Germânico.

Esse processo de formação dos Estados nacionais na Europa também apresentou **padrões geográficos**. A distribuição irregular, ao longo do território europeu, dos fatores que influenciaram as diferentes trajetórias de formação dos Estados nacionais fez com que estes assumissem configurações variadas em diversas regiões do continente. Tais fatores podem ser reduzidos à presença de cidades e de grandes proprietários rurais ou, na terminologia de Tilly (1993), de *capital* e *coerção*. Onde havia escassez de capital e concentração de coerção, o processo de formação do Estado nacional foi marcado pela ênfase na coerção. Monarquias fortes e centralizadas formaram-se onde príncipes e reis foram capazes de aglutinar a nobreza fundiária, como na Suécia e na Rússia, e colapsaram onde os governantes não exibiram essa capacidade, como na Polônia-Lituânia. No outro ponto do espectro, onde havia escassez de coerção e concentração de capital, outras formas de Estado predominaram, como as cidades-Estados do norte da Itália, a república dos Países Baixos ou a federação de cantões suíços. Essas formas sobreviveram enquanto foram capazes de resistir ao insistente assédio de ambições dinásticas, a que algumas, eventualmente, sucumbiram, como na Itália. Entre esses extremos, encontramos Estados onde príncipes e reis contavam tanto com uma nobreza fundiária quanto com acesso a centros comerciais e financeiros, como na Inglaterra e na França.

Por fim, o processo de formação dos Estados nacionais está relacionado ao próprio **desenvolvimento da geografia** como campo do conhecimento. Antes da constituição da área como uma atividade acadêmica no século XIX, período em que as ciências humanas em geral passaram pela mesma experiência, ela, obviamente, já era praticada. Um uso importante da geografia, como lembra o geógrafo Yves Lacoste (1988), estava no campo da estratégia militar. Para fazer guerras – e ganhá-las –, é preciso ter um conhecimento detalhado do território em que se desenrolará a ação militar e de qual estratégia traçar para superar os obstáculos colocados por ele, bem como se valer de eventuais vantagens que ofereça. Esse conhecimento foi fornecido pela geografia militar desde a Antiguidade, e não foi diferente durante as inúmeras guerras que marcaram o processo de formação dos Estados nacionais na Europa.

Pedro Vicente de Castro

> **Para saber mais**
>
> TILLY, C. **Coercion, Capital and European States:** AD 990 – 1992. London: Wiley, 1993.
>
> Essa obra de Tilly consiste em uma fonte clássica para o argumento de que a formação dos Estados nacionais está intimamente ligada à competição militar entre os Estados europeus.
>
> ANDERSON, P. **Linhagens do Estado absolutista**. 2. ed. São Paulo: Brasiliense, 1989.
>
> Se você está interessado na trajetória de países específicos, *Linhagens do Estado absolutista*, de Perry Anderson, oferece um bom ponto de partida.
>
> HISTORY of Europe. **Euratlas**. Disponível em: <https://www.euratlas.net/history/europe/>. Acesso em: 25 jan. 2021.
>
> Você pode acompanhar as transformações nas fronteiras europeias ao longo do tempo no *site* da Euratlas.

Síntese

Neste capítulo, analisamos como as guerras foram centrais para a formação dos Estados nacionais. Por meio delas adquiria-se o controle de um território (ou impedia-se sua aquisição) e, por extensão, da população ligada a ele. Aquele que passasse a deter o controle sobre essa população poderia, então, extrair recursos dela por meio da coerção, fosse na forma de tributos, fosse com a imposição do trabalho forçado.

Os Estados nacionais surgiram como um efeito colateral da atividade de guerrear dos governantes europeus. Para fazer e vencer guerras, eles precisaram tomar uma série de decisões e resolver inúmeros problemas. A cada momento, tomaram um curso de ação quando havia outros disponíveis. E esses cursos de ação influenciavam quais cursos estariam disponíveis dali em diante. Ao longo do tempo, os governantes mais bem-sucedidos consolidaram seu poder político e eliminaram concorrentes internos e, dessa forma, aumentaram a capacidade de o Estado tributar os governados, isto é, a capacidade de extração. Isso, por sua vez, permitia que o governante adquirisse a capacidade militar para subjugar ainda outro território e sua população. Esse ciclo de guerra, coerção e extração repetia-se e retroalimentava-se, de modo que, no longo prazo, sobreviveram aqueles que foram capazes de jogar esse jogo com alto rendimento – ou resistir aos assédios daqueles que jogavam. Os mais bem-sucedidos nesse processo foram os criadores e os governantes de Estados nacionais.

Prevalecendo na Europa, essa forma de Estado estendeu-se sobre o resto do mundo por meio do mesmo mecanismo: guerra. O ímpeto expansionista dos governantes europeus não se restringia ao território do continente. Os Estados europeus mais bem-sucedidos saíram pelo mundo para conquistá-lo. Confrontados por essa ameaça, governantes de Estados não europeus defrontavam-se com uma escolha, não imediatamente clara a todos desde o início: imitar os inimigos ou perecer. As colônias britânicas na América, que se tornaram independentes em virtude de uma disputa por tributação com a metrópole, e em uma guerra tipicamente europeia, da qual outros monarcas participaram para avançar com suas próprias ambições, reuniram-se para criar os Estados Unidos, em parte, em virtude da percepção de que um governo central forte, capaz de tributar seus cidadãos e manter um exército permanente era uma condição necessária para que o país fosse

Pedro Vicente de Castro

capaz de resistir a eventuais assédios militares europeus. O projeto deu tão certo que foi a ameaça naval americana que convenceu os governantes do Japão, que não tinham sido tão prescientes, a embarcar em um projeto de centralização política, a Restauração Meiji. Do outro lado do mar, a exceção que comprova a regra foi a China, que, incapaz de seguir o mesmo caminho, virou território livre para o imperialismo europeu. Por meio da expansão imperialista ou de sua ameaça, a Europa fez o resto do mundo à sua imagem.

Questões para revisão

1. Quais são os componentes que definem o Estado moderno para Max Weber? Explique cada um deles.

2. Quais são as diferenças entre a organização do Estado moderno e outras formas de organização política ao longo da história?

3. Quais são os principais elementos que explicam a formação dos Estados nacionais?

4. Como as atividades de comerciantes e banqueiros mesclaram-se com a constituição dos Estados nacionais?

5. Quais são as cinco dimensões que refletem os formatos militares adotados desde a Idade Média?

6. A respeito das transformações nos formatos militares desde a Idade Média, assinale a alternativa **incorreta**:
   a) Inicialmente, para alguém poder lutar e, portanto, ter direito ao espólio, era apenas necessário que trouxesse seu próprio cavalo e sua própria armadura, o que tornava a atividade militar democrática.

b) A invenção das picas e das albardas tornou a cavalaria pesada obsoleta.
c) Com a adoção de armas de fogo, a atividade militar passou a exigir cada vez mais treinamento, profissionalizando-se.
d) Embora Maquiavel apontasse que mercenários poderiam não ser confiáveis, o recurso a esse tipo de tropas aumentou durante o período de formação dos Estados nacionais, só se reduzindo no final.

7. Sobre as guerras travadas no período de formação dos Estados nacionais e seu financiamento, assinale a alternativa **incorreta**:
   a) As guerras eram frequentemente financiadas por meio de empréstimos, deixando imensas dívidas para os príncipes que as travavam.
   b) Nessa época, teve início a utilização em larga escala de "títulos de guerra": a população em geral contribuía para o esforço de guerra, voluntariamente, comprando esses títulos, movidos por sentimentos patrióticos.
   c) As guerras eram travadas principalmente por razões territoriais: príncipes visavam expandir ou manter os territórios controlados.
   d) Um príncipe seguir uma política não militarista era uma espécie de suicídio político.

8. Diversos países conseguiram, em diferentes medidas, centralizar o poder político, exceto:
   a) a Inglaterra, onde o rei dividia poder com o parlamento.
   b) a França, onde a revolução interrompeu o processo de centralização.

c) a Polônia-Lituânia, onde os monarcas nunca conseguiram prevalecer sobre a nobreza.

d) a Espanha, onde o esgotamento da prata frustrou as ambições militares dos monarcas.

Questão para reflexão

1. Os Estados-nação são criações recentes em termos históricos. Seu desenvolvimento não ocorreu por igual em todas as partes do mundo. Isso significa que os Estados não são idênticos em sua história de formação e, ainda, que alguns não constituíram todos os elementos necessários para que fossem considerados completos. Em que medida um Estado que não se tenha formado por completo em termos de suas instituições e de seus organismos afeta as relações de poder discutidas neste capítulo?

Capítulo 3
A expansão do Estado-nação:
discussões sobre a fase imperialista

Conteúdos do capítulo:

- Expansão do imperialismo.
- O imperialismo de Hobson e de Rosa Luxemburgo.
- Teorias marxistas clássicas sobre o imperialismo.
- O fim do imperialismo e o capitalismo.
- Alternativas e pós-imperialismo.

Após o estudo deste capítulo, você será capaz de:

1. compreender com clareza o que foi o imperialismo;
2. discorrer sobre as principais interpretações sobre o assunto no debate acadêmico econômico e político;
3. compreender os desfechos e o que se sustenta das teorias do imperialismo;
4. entender o papel do capitalismo e os desenvolvimentos econômicos posteriores ao imperialismo.

A história de formação do Estado-nação é uma história de guerras, como destacado no capítulo anterior. A constituição de cada um deles teria sido o resultado de incessantes guerras entre diferentes governantes. Assim, o próprio Estado seria, afirma Vicente de Castro (2018), um efeito colateral das guerras promovidas por governantes europeus. Historicamente, os Estados-nação buscaram aumentar seu poder pelo controle político e físico de territórios internacionais. Esse fenômeno de expansão do Estado-nação é chamado de *imperialismo*.

No entanto, como exatamente ocorreu essa expansão do Estado na era moderna? E o que teria levado os Estados-nação a explorar territórios longínquos e subdesenvolvidos? Neste capítulo, abordaremos as principais respostas que intelectuais, políticos, historiadores e cientistas políticos oferecem para essas perguntas. Também evidenciaremos como algumas delas são bastante controversas e problemáticas, tanto do ponto de vista econômico quanto histórico.

Atualmente, o imperialismo deixou de existir (controvérsias ver Harvey (2003)). Contudo, por que Estados deixaram de ansiar pela expansão, pelo poder e pelo lucro decorrentes da conquista de territórios? Veremos que o imperialismo deixou de ser um negócio lucrativo em razão do advento de outra possibilidade que não demanda o uso da violência, de guerras ou de ocupação: o livre mercado.

(3.1)
Expansão do imperialismo

O que lhe vem à cabeça quando falamos de *imperialismo*? Hoje, essa palavra tem conotação absolutamente negativa: pensamos em generais e governantes de países ricos, como a França e a Inglaterra, traçando, com réguas e esquadros, como cada um se apropriaria de partes de países, por vezes de continentes, pobres mundo afora. Pensamos, ainda, que a motivação única e exclusiva é a ganância pelo acúmulo de riquezas. Contudo, nem sempre foi assim. O significado usual do termo *imperialismo* diz respeito, na verdade, ao emprego da expressão *imperialismo econômico*: um substantivo (*imperialismo*) e um adjetivo (*econômico*). O termo *imperialismo* tem origem recente. Na primeira vez em que a palavra foi usada, em inglês, o objetivo era descrever o governo e as políticas adotadas por Luís Napoleão, no segundo Império Francês, entre 1852-1870 (Koebner; Schmidt, 1964). Poucos anos mais tarde, também foi usada para descrever a política externa do Primeiro-Ministro britânico Benjamin Disraeli e seu ministro das relações exteriores, Salisbury, que estabeleceu o governo e o controle britânicos sobre Cabul, em decorrência da vitória do país na Segunda Guerra Anglo-Afegã (1878-1880), e assegurou a manutenção sangrenta da dominância política britânica sobre Estados da África.

O uso do termo, sobretudo com relação ao contexto britânico, carregava duplo sentido: o primeiro relacionava-se ao emprego da palavra por conservadores que queriam evitar a secessão das colônias em Estados independentes, e o segundo, que se tornou mais comum à época, denotava uma atitude expansionista em relação ao futuro controle das partes "não civilizadas" do mundo, como a África, o Oriente Médio e o Pacífico, além de ajudar a manter o título de "Grande Império" aos britânicos (Fieldhouse, 1961). Nesse sentido, Disraeli e Salisbury eram considerados imperialistas porque aceitaram participar da partilha da África. Por consequência, o líder da oposição, Gladstone, era o ícone anti-imperialista à época, mas não por ser de fato contrário à dominação de territórios por parte do império britânico – afinal, conta-nos a história, Gladstone foi pessoalmente favorável à dominação britânica no Egito em 1882 –, e sim por ser contrário ao "desperdício de dinheiro com a dominação britânica de territórios de pouca importância" (Fieldhouse, 1961, p. 188, tradução nossa).

> O pecado imperialista, portanto, era baseado em um cálculo de custo benefício. Imperialista era aquele que dominava e anti-imperialista, aquele que acreditava que a dominação estava sendo feita de forma equivocada – e não aquele que achava que tal política não devia acontecer. Esses eram, pois, os sentidos de *imperialista* e *anti-imperialista* no final do século XIX, os quais, no século seguinte, se transformaram.

No início do século XX, muitos foram os autores que se debruçaram para gerar teorias e compreender o fenômeno do imperialismo. No mesmo período, havia grande desconfiança quanto às políticas imperialistas, sobretudo aquelas direcionadas ao território que, atualmente, corresponde à África do Sul – isto é, à época, a Colônia do Cabo e a Colônia de Natal, ambas controladas pelo governo britânico, e as duas Repúblicas Bôeres, quais sejam, o Estado Livre de Orange e o Transvaal. A suspeita era de que as intervenções não tinham como principal objetivo manter a "grandeza" do Império Britânico, senão eram movidas por interesses financeiros.

Com a radicalização da opinião sobre o assunto, a discussão ganhou lugar de destaque no Quinto Congresso da Internacional Comunista em 1900. O início do século XX, aliás, foi terreno fértil para a economia política marxista. Muitos autores desse viés passaram a se ocupar do tema do imperialismo e um dos trabalhos seminais desse campo foi o do economista inglês John A. Hobson (1902).

3.1.1 O IMPERIALISMO PARA HOBSON

Em 1902, Hobson lançou seu livro *Imperialismo: um estudo*, que se tornou um clássico da economia política internacional. Por meio da obra de Hobson, juntamente do contexto da época, o termo *imperialismo* ganhou a conotação que conhecemos hoje, ou seja, *grosso modo*, uma política de expansão de mercados territoriais com vistas à obtenção de lucros. Entretanto, o processo imperialista de conquista de "novos mercados" era uma realidade na perspectiva de Hobson (1902) desde o último quarto do século XIX, como descreveu no prefácio de sua obra, sobretudo com relação ao Império Britânico, mas também no que se referia à Alemanha bismarckiana entre 1880-1884.

Para Hobson (1902), *imperialismo* significava uma ilusória troca de termos: suas origens remontavam, em parte, ao nacionalismo, que originou, no passado, o colonialismo[1]. Segundo o autor, por trás da ideia de imperialismo, há partes "do orgulho nacional da grandeza do império" (Hobson, 1902, p. 7, tradução nossa) misturadas às necessidades capitalistas de expansão, que seriam características do ápice do desenvolvimento capitalista.

Contrariando ideias básicas relativas ao funcionamento da economia – como o fato de que o avanço da produção industrial é possibilitado pela demanda, à qual responde –, Hobson (1902) afirmava que o imperialismo era fruto de pressões capitalistas sob governos para que estes encontrassem, em novos territórios distantes, mercados para o suposto excedente da produção, que acompanhou o desenvolvimento industrial.

O **excedente da produção** era, em parte, o resultado do desenvolvimento da indústria no final do século XIX e no início do século XX, que, com melhores tecnologias, possibilitava uma maior eficiência, do ponto de vista da produção, do trabalho industrial. Com os avanços

---

1 *O colonialismo, para Hobson (1902), merece diferenciação porque sua base era a servidão, e não a troca. Não poderia, nesse sentido, ser caracterizado como do tipo capitalista. Diferentemente, o tipo capitalista, ou seja, o imperialismo, tem como bases a troca e a pressão pela expansão de mercados.*

industriais, produzir tornava-se mais barato e bem mais rápido do que sem a maquinaria.

No entanto, para Hobson (1902), isso gerava uma produção que não era totalmente absorvida pelo mercado interno nacional, de modo que, para dar conta desse excedente, a pressão pela busca de novos mercados internacionais aumentava. Essa não absorção, além de uma consequência do avanço do capitalismo, seria fruto da má distribuição do poder de consumo nacional. Esta, por sua vez, resultava do acúmulo excessivo gerado por rendas de aluguéis, lucros de mercados monopolistas e outros rendimentos não gerados pelo trabalho, os quais, na concepção de Hobson (1902), não tinham "razão de ser" (*raison d'etre*, nas palavras do autor).

> Assim, consolida-se a **teoria do subconsumo** de Hobson (1902): uma explicação que vê o excedente da produção, fruto de renda que não vinha do trabalho, como o conceito explicativo da pobreza, do subconsumo da produção e do permanente subemprego.

A esse impasse, duas respostas eram possíveis: aumentar o poder de compra dos trabalhadores, com salários melhores; ou sair em busca de novos mercados para dar vazão à produção excedente. A segunda opção teria sido a escolha do Império Britânico em suas investidas imperialistas. Assim, o imperialismo era o sintoma de uma doença social: com uma melhor distribuição de riquezas, não haveria excedente; sem excedente, não haveria pressão para dar vazão a ele; sem essa pressão, não haveria a necessidade de conquistar novos mercados; e, portanto e por fim, não haveria imperialismo.

O imperialismo, para Hobson, não era uma decisão política, mas uma necessidade do sistema capitalista (Kruger, 1955). A política, nesse sentido, é um epifenômeno da economia, assim como o imperialismo (econômico) sobre o qual teoriza.

Graziele Silotto

O autor reconhecia que, para a Grã-Bretanha, o imperialismo trazia mais malefícios do que bens, não era benéfico para os negócios ingleses nem para a relação com outras potências, que, afirma Hobson (1902), alimentavam ressentimentos sobre a expansão inglesa. Contudo, a "comprovação" de sua teoria viria de outros dados que o autor mobilizou: o aumento da lista de territórios internacionais sob controle dos ingleses e o aumento do investimento feito pelo Império Inglês nesses territórios. Juntando esses dois dados, o autor estabeleceu uma relação de causa e efeito: "a política externa inglesa era uma luta por mercados de investimento lucrativos" (Hobson, 1902, p. 53).

Sabemos, e muitos sabiam à época também, que o "juntar dos dados" de Hobson não contribuía para comprovar sua teoria. Inclusive porque a qualidade dessas informações é baixa. Os dados são agregados – apresentados apenas como "investimentos externos", "coloniais" e assim por diante. De toda forma, pouco contribuem para a compreensão sobre onde, de fato, estava sendo investido o dinheiro inglês. Como afirma Fieldhouse (1961, p. 190, tradução nossa), "convencido da verdade sobre a sua teoria econômica [do subconsumo], ele 'enganou seus olhos com um jogo de mãos[2]', criando a ilusão de que, dos dois conjuntos de dados que exibia, um era a causa do outro".

Nesse contexto, Hobson estava tão crente de que formulação de sua teoria econômica do subconsumo era verdadeira – ou seja, de que o problema real do imperialismo era a fonte de lucro não derivado do trabalho e a não conversão desse lucro em maiores salários para os trabalhadores, isto é, a não distribuição de renda a partir do que ele chama de *excedente*; sem o qual, não haveria necessidade de expansão

---

2   A metáfora é a de um mágico, cujo trabalho é justamente enganar os olhos dos espectadores fazendo um truque com as próprias mãos.

de mercados (imperialismo) – que se permitiu ser pouco rigoroso com as evidências capazes de comprovarem ou não tal teoria.

Há outros problemas igualmente evidentes e maiores. Hobson (1902) tinha ciência – e relata isso em seu livro – de que os agentes do imperialismo, sua força-motor, eram pessoas comuns: engenheiros, militares, exploradores, missionários e alguns políticos, e não os grandes investidores do capitalismo. Ele também sabia que precisava, portanto, tornar crível a ideia de que esses agentes eram, na verdade, "fantoches manipulados pelo capitalismo financeiro que, em última instância, ditava as ações a serem tomadas" (Hobson, 1902, p. 59, tradução nossa). Dessa forma, na concepção de Hobson, o capitalismo financeiro tem caráter supranacional, não se limitando à expansão do Estado-nação. Este, por sua vez, é responsável por transformar seu excesso de liquidez (de produção, de lucros) em demandas para novos investimentos baseados em empréstimos e políticas estatais de expansão territorial (Callinicos, 2009).

Seguindo o diagnóstico, se não houvesse o excedente – se este fosse distribuído na forma de maiores salários, de modo que trabalhadores tivessem renda suficiente para consumir o que estava sendo produzido –, não haveria imperialismo. A solução para essa questão, propõe o autor, passa por um caminho de reforma social. Era preciso promover formas de redistribuição de riquezas (Hobson, 1902).

Hobson (1902) acreditava que sindicatos socialistas que defendiam maiores salários para trabalhadores eram o principal inimigo do imperialismo e, junto de políticas antitruste e de livre mercado, uma das únicas soluções possíveis . Era inútil, na concepção do autor, atacar o imperialismo em si, já que a raiz do problema era de ordem econômica – daí sua proposta de reforma.

Assim, a proposta de solução ao imperialismo, para Hobson (1902), apresentava um caráter reformista, apresentando as reformas das políticas econômicas, com apoio dos sindicatos, como o meio para acabar com o imperialismo. Na concepção do autor, não havia possibilidade de coexistência entre um sistema imperialista e uma democracia socialista redistributiva, ou um país era uma coisa, ou era a outra (Nowell, 1999). Veremos, adiante, como outros autores influentes no assunto, sobretudo os marxistas, discordavam dessa abordagem, propondo que a única solução viria por vias revolucionárias.

Outro ponto que merece destaque é o fato de a apresentação do imperialismo, em Hobson (1902), funcionar como uma balança de custos e benefícios. O autor apontava que o imperialismo era um mau negócio, visto que seus custos eram muito elevados em relação aos benefícios trazidos aos países, sendo prejudicial à economia. Apontava que era desfavorável, ainda, à democracia (pelo peso do militarismo), às pessoas (sob o violento jugo imperialista) e à reputação dos países.

Então, por que a Grã-Bretanha teria adotado o imperialismo? A resposta de Hobson (1902, p. 46, tradução nossa) consistia em apontar que grupos de interesse que poderiam beneficiar-se dessa política forçaram sua implantação: "a única resposta possível era que os interesses econômicos da nação como um todo eram completamente subordinados aos interesses de um determinado setor. A forma mais comum de uma doença em um governo".

3.1.2 O IMPERIALISMO PARA ROSA LUXEMBURGO

Uma noção ainda persistente, por exemplo em Harvey (2003), sobre o imperialismo é a caracterização do ente capitalista que domina um "outro" não capitalista. Essa concepção é, particularmente, central no trabalho de Rosa Luxemburgo, para quem essa dominação seria a base do processo de acumulação do capital, ou seja, a dominância de um sobre o outro faria parte do processo de acumulação de capital (Luxemburg, 2003). Nesse contexto, o imperialismo é – como em Hobson – uma consequência necessária do desenvolvimento capitalista. Para Luxemburgo (Luxemburg, 2003), tanto a acumulação de capital quanto o imperialismo são resultados de processos violentos, que envolvem a destruição do "mercado natural" (em contraposição ao mercado mercantil capitalista), forçando sua incorporação à lógica do capital. No sistema lógico da autora, a força é empregada como uma arma permanente do processo de expansão do capital, no qual o imperialismo é chave central, porque corresponde à expressão clara da política de acumulação em sua forma competitiva (Luxemburg, 2003).

Luxemburgo afirma que não seria possível – diferentemente do que teorizou Marx – haver mais-valia em um sistema plenamente capitalista, com dominantes e dominados (proletários). A acumulação só seria viável se baseada na venda e na exploração de estratos não capitalistas. Essa exploração, claro, viria por meio de um processo violento, o que coloca o imperialismo como o principal meio pelo qual são incorporados mercados naturais, não capitalistas, ao capitalismo: o outro não capitalista é dominado à força pelo capital. O imperialismo, para a autora, é inescapável quando o capitalismo atinge sua maturidade. É tanto um meio de prolongar sua existência quanto uma forma de o destruir. Trata-se, portanto, da fase final do capitalismo (Luxemburg, 2003).

Se, para Hobson (1902), a solução viria por meio de reformas econômicas e da atuação de sindicatos socialistas em prol de melhor distribuição de renda aos trabalhadores, Luxemburgo argumentava que apenas uma revolução socialista seria uma saída alternativa à catástrofe imperialista. Conforme a autora, a escolha residia em:

ou o triunfo do imperialismo e a destruição de toda cultura e, como na Roma antiga, o despovoamento, desolação, a degeneração e um vasto cemitério; ou a vitória do socialismo, isto é, a luta consciente do proletariado internacional contra o imperialismo, contra seus métodos e contra a guerra. (Luxemburgo, 1974, p. 269)

Nesse contexto, Luxemburgo, assim como Hobson, acreditava que a solução para o capitalismo e sua fase final, o imperialismo, dependia da ação humana.

3.1.3 TEORIAS MARXISTAS CLÁSSICAS SOBRE O IMPERIALISMO

A despeito da clara influência marxista sobre a teoria de Rosa Luxemburgo, três são os autores cujas contribuições pertencem ao que atualmente denominamos *teorias marxistas clássicas sobre o imperialismo*: Rudolf Hilferding, Vladimir I. Lenin e Nicolai Bukharin. Para esses autores, o imperialismo consistia, sobretudo, na rivalidade entre países capitalistas, expressa em conflitos por territórios com uso de força política, econômica e militar. O ponto central da noção de imperialismo era, assim, a luta pela dominância dos ricos e capitalistas contra os países pobres, não desenvolvidos e passivos no processo (Brewer, 2002). Analisemos, a seguir, as contribuições específicas de cada um deles.

Hilferding: capital financeiro

Rudolf Hilferding, assim como Lenin e Bukharin, acreditava ser necessário continuar o legado teórico iniciado pela obra de Karl Marx. Isso porque era necessário incluir na teoria o surgimento dos monopólios – que, na linguagem marxista, denota qualquer distanciamento da competição em um mercado[3], portanto, onde há uma diminuição no número de competidores, há uma investida monopolista, por exemplo. Em *Capital financeiro*, sua principal obra, Hilferding (2019) faz sua grande contribuição ao campo, caracterizando, precisamente, o imperialismo como a fase final (*last stage*) do capitalismo. Para tanto, segue ideias embrionárias que apareciam pinceladas na obra de Hobson (1902). Essa noção, como veremos, perpassa todas as demais obras marxistas sobre o assunto.

Como consequência, Hilferding (2019) ressalta o caráter novo do fenômeno imperialista. Se este é característico da fase final do capitalismo, não pode ser semelhante ao colonialismo do passado. Nessa fase final, é característica, segundo o autor, a presença de **monopólios**, que são o resultado da junção do capital bancário (*banking capital*) e do industrial. As consequências dessa existência de monopólios são as políticas imperialistas.

Hilferding (2019) aponta, ainda, a necessidade de valer-se do Estado para a efetivação da abordagem imperialista, isto é, o capital financeiro monopolista depende do Estado para atingir seus objetivos, uma vez que

> *não almeja um mercado livre, mas dominar um mercado. [...] Para atingir e manter esse objetivo, o capital precisa do Estado. Um Estado politicamente forte que possa intervir em qualquer lugar, e transformar o mundo todo numa esfera de investimento do seu próprio capital financeiro. O capital financeiro precisa de um Estado forte o suficiente para perseguir uma estratégia política expansionista e a anexação de novas colônias. [...]*

---

3 Na economia, como assinalamos no Capítulo 2 desta obra, o termo monopólio é utilizado para denotar uma situação em que um vendedor domina sozinho seu mercado, sem competição.

O capital financeiro é o conquistador do mundo. (Hilferding, 2019, p. 334, tradução nossa)

Assim, seria do capital financeiro a ânsia de, diante da competição, conquistar novos mercados internacionais. Ao Estado caberia realizar essa empreitada, de modo a garantir apoio militar, econômico e/ou, ainda, político, lançando mão de tarifas protecionistas e estratégias imperialistas. Portanto, o capital financeiro, interessado na expansão de mercados, utilizaria o Estado para tal fim.

O pensamento e a construção teórica de Hilferding (2019) foram responsáveis por inaugurar o campo dos teóricos marxistas clássicos sobre o imperialismo. A seguir, discutiremos como o pensamento desse autor influenciou os desdobramentos feitos por Lenin e Bukharin sobre essa questão.

Bukharin e Lenin

A teoria clássica marxista de Lenin e Bukharin foi formulada no contexto da Primeira Guerra Mundial. Para os autores, o mundo estava unificado pelo capitalismo, mas sob o domínio de um conjunto de potências militares rivais que se encontravam em constante disputa anárquica.

O trabalho de Bukharin (2019) foi grandemente influenciado pelo de Hilferding (2019). A principal diferença reside no fato de que Bukharin inverte o esquema lógico de Hilferding, que começa com o capital financeiro para chegar à concentração econômica mundial e ao imperialismo. De maneira diversa, Buhkarin concebe a concentração econômica mundial como a fonte de todos os demais fenômenos. Para ele, estudar o imperialismo e suas consequências leva à análise do desenvolvimento da economia capitalista (Bukharin, 2019).

Segundo Bukharin (2019), o imperialismo é uma política característica do capital financeiro, mas também uma ideologia – da mesma forma como seria, para ele, o liberalismo uma política (livre mercado, por exemplo) e uma ideologia (liberdade individual etc.) – do capitalismo industrial. Importa não apenas a expansão em si, mas também, e sobretudo, a competição e a rivalidade: o imperialismo seria a reprodução da competição capitalista em larga escala.

> Atualizando o pensamento de Hilferding (2019), Bukharin (2019) enfatiza a questão do **desenvolvimento da economia mundial** como um fato decisivo para compreender o fenômeno do imperialismo. Para o autor, da mesma forma que uma empresa individual é parte da economia nacional, as empresas constituem, em conjunto, a economia mundial, cujas trocas estabelecem relações sociais mundiais. Essas relações, em conjunto com o crescimento econômico da época e as transformações do mundo do trabalho, teriam possibilitado atestar não a autossuficiência econômica, mas a internacionalização da economia (Bukharin, 2019).

Segundo esse argumento, um mercado internacional de exportações é parte do desenvolvimento desse processo de internacionalização do capital. Entretanto, ao mesmo tempo, Bukharin (2019) aponta para a intensa constituição de monopólios – exatamente como Hilferding (2019). Nesse cenário, o Estado-nação, na condição de responsável por implementar tarifas protecionistas, possibilitaria a formação de cartéis nacionais. Assim, monopólios tomam a forma de cartéis. Contudo, para Bukharin (2019), a manutenção desses cartéis depende de um equilíbrio de forças entre todos os integrantes, tal que, à medida que esse equilíbrio não se estabelece, há deserção e competição.

O argumento do autor é que esse movimento acontece, em razão do caráter internacional da economia capitalista, em escala mundial: há possibilidades e vantagens para o estabelecimento de cartéis mundiais e monopólios, bem como competição, tendo em vista a alta possibilidade de lucro (Brewer, 2002). Nesse movimento, Bukharin (2019) afirma que se formam dois blocos. De um lado, sob a tutela dos grandes capitalistas, há grandes conglomerados que monopolizam os mercados nacionais; e, de outro, há a periferia composta por países não desenvolvidos, cujos sistemas econômicos são agrários ou semiagrários.

O trabalho de Bukharin (2019) é de enorme valor para os marxistas. Entretanto, o trabalho de Lenin (2010) é, de todos, o mais conhecido no campo. Sua obra é, na verdade, um panfleto: "Imperialismo, o maior estágio do capitalismo", ou seja, não se trata de uma obra fruto de longos estudos, mas de um panfleto dirigido ao público, no qual o autor tenta "da maneira mais simples possível mostrar as conexões econômicas do imperialismo" (Lenin, 2010, p. 176, tradução nossa). O trabalho, como afirma Brewer (2002), revela pouco a mais que os estudos do Bukharin (2019), por exemplo. No entanto, vale lembrar que, a despeito de ter sido ele próprio um revolucionário na Revolução de 1917, ao lado de Stalin, Lenin e Trotsky, Burkharin foi assassinado por Stalin em 1938. Com isso, suas obras só foram traduzidas do russo para o inglês na década de 1980, de modo que coube ao panfleto de Lenin a responsabilidade pela disseminação das ideias marxistas sobre o imperialismo.

Para Lenin (2010), uma nova fase do capitalismo – o **capitalismo monopolista** – era a resposta que o sistema econômico teria encontrado para sair da grande depressão do final do século XIX (McDonough, 1995). É nessa fase do capitalismo que o imperialismo surge no início do século XX. Para Lenin (2010, p. 232, tradução nossa), o processo imperialista seria caracterizado por cinco passos:

a concentração da produção e do capital cria monopólios, surge o capital financeiro, a exportação do capital adquire importância pronunciada de modo que se formam associações capitalistas (trustes) que repartem o mundo entre si e há a divisão de todos os territórios do globo entre as maiores forças capitalistas

O grande salto aqui é que, segundo Lenin (2010), cartéis seriam fenômenos transitórios, até o início do século XX, a partir do qual passam a ser a fundação de toda a vida econômica. Nesse estágio, precisamente, o capitalismo teria se tornado imperialista (Lenin, 2010). A exportação do capital fica "comprovada" por números que mostram seu aumento expressivo no início do século XX e outros exemplos. Sobre o último fenômeno, Lenin (2010, p. 226, tradução nossa) expõe uma tabela na qual evidencia a população e as áreas que indica serem controladas por grandes potencias, o que deixaria "clara a completa partição do mundo no início do século XX".

Com relação aos monopólios, Lenin (2010) aponta que estes eram resultado da alta concentração da produção e do capital, o que requeria muita matéria-prima. A forma de sustentar esse processo seria a possibilidade de uma parceria com o capital financeiro (bancos). Essa oligarquia financeira se lança como gerenciadora de toda a política e de toda a economia – constituindo uma evidência da existência e da extensão dos monopólios. Por fim, Lenin (2010) alerta que a política imperialista é fruto da política colonial, mas com maior necessidade de matéria-prima por conta da exportação, dos acordos lucrativos entre empresas, dos lucros de monopólio etc. No fundo, a grande questão estava relacionada à economia, assim como em Bukharin (2019).

Para Lenin (2010), e também para Bukharin (2019), mais do que mera expansão do Estado-nação, o imperialismo era a expressão da expansão do capitalismo que atingia seu maior estágio, o capitalismo monopolista. Da mesma forma que Luxemburgo, ambos consideravam a revolução socialista como a única alternativa ao capitalismo e, portanto, ao imperialismo.

Graziele Silotto

(3.2)
O IMPERIALISMO ACABOU, O CAPITALISMO NÃO

Como já evidenciamos, na literatura ora analisada, há certo consenso sobre o imperialismo ser um passo, ou um estágio, do desenvolvimento do capitalismo, que, com exceção da opinião do Hobson (1902), só encontraria solução na revolução socialista. Contudo, antes de corroborar qualquer explicação e solução sobre o assunto, cabe relativizar algumas questões.

Salta aos olhos, como ressaltou Callinicos (2009), o **caráter ativista** dessa literatura. Ela é, essencialmente, não acadêmica. Para alguns, como Hilferding (2019), esse era um problema, uma vez que

> *excluídos das universidades, que provia o tempo necessário para a pesquisa científica, ele [o pesquisador] devia reservar sua pesquisa científica aos horários de lazer, quando a luta política não demandava.* (Hilferding citado por Callinicos, 2009, p. 25, tradução nossa)

Se o assunto despertava a atenção de ativistas políticos, há de se pensar se sua produção, feita nas horas vagas, não serviria também à sua causa política. Podemos desconfiar disso ao observar que, muitas vezes, a conclusão de diferentes trabalhos levava à mesma solução: a revolução socialista. Nesse sentido, os trabalhos tinham um objetivo de ação política. Eles não se encerram em si, mas seu resultado é quase um plano, um diagnóstico e uma prescrição do que deve ser feito – e não a mera explicação de fenômenos, suas possíveis causas, seus impactos etc., como costuma ocorrer em trabalhos históricos e científicos.

Brewer (2002), por exemplo, afirma que os autores consideravam seus esforços teóricos como uma extensão e uma atualização das obras de Marx. Isso, segundo o autor, era uma estratégia para transformar um trabalho teórico (de Marx) em um plano de ação política. Por meio da formulação de uma teoria de estágios sucessivos do capitalismo, em que o imperialismo seria o mais alto, era patente que algo deveria ser feito. A maior evidência disso residia nos horrores do imperialismo, na partilha de continentes, na arbitrariedade das divisões do globo.

Além disso, cabe notar como o argumento é essencialmente **tautológico**. O imperialismo seria fruto do avanço do capital financeiro monopolista e caracterizaria uma fase (a final, ou a mais alta, ou a maior, a depender do autor) do capitalismo. Portanto, o imperialismo seria o capitalismo avançado. Nesse sentido, o contrário também é verdadeiro: capitalismo avançado é sinônimo de imperialismo. Não há qualquer forma de fugir disso senão a completa substituição do sistema econômico, o que, mais uma vez, conta no argumento da militância política.

Nesse ponto, sobra pouco além de um ataque teórico a um sistema econômico – contra o qual militavam autores como Bukharin e Lenin –, que colocava investidas imperialistas como uma necessidade, e não como fruto de decisões políticas de agentes racionalmente envolvidos. Essa necessidade, retomemos, seria expressa pela superprodução, pelo excedente que precisava ser vendido alhures.

O excedente e a forma de lidar com ele (dominar outros países) seriam fundamentais nos números mobilizados e em casos que ilustram os argumentos dos autores. Lenin (2010), por exemplo, coloca lado a lado, em uma tabela, a produção industrial crescente e a compra de territórios e, por meio de uma análise dedutiva, afirma que uma coisa, obviamente, seria a causa da outra. Ainda que houvesse uma correlação forte (não verificada) entre as duas variáveis (produção industrial e compra de territórios), não podemos, apenas com isso, afirmar que uma coisa causa a outra[4]. Koebner (1952) aponta para o problema de selecionar casos anedóticos para a formulação de teorias históricas, destacando que esse é exatamente o caso das teorias marxistas clássicas sobre o imperialismo[5].

Outro ponto relevante é apontar o imperialismo – a expansão de países capitalistas sobre outras áreas do globo, atestada pela compra de territórios – como uma política característica do início do século XX. A história mostra que, na verdade, o início do século XIX já era fortemente marcado pela expansão dos Estados-nação. Gallagher e Robinson (1953) esclarecem que, no período vitoriano (1830 até 1900), por exemplo, a Inglaterra fez grandes investidas em direção aos continentes africano e asiático, de maneira que o fim da era vitoriana não acrescenta nada de novo ao século XX. A expansão dos Estados sobre a Índia, a América Latina, a África e outros lugares já era uma realidade há tempos. Portanto, afirmar que se tratou de uma "nova fase" de um sistema econômico faz pouco sentido frente aos fatos históricos. A era chamada de *imperialista* (1884 até a Primeira Guerra Mundial) foi só a época de uma abordagem mais intensa de áreas já anexadas anteriormente, e não a anexação de regiões marginais "restantes".

---

4   *Correlação é uma medida estatística para mostrar a interdependência de duas variáveis, ou seja, o quanto uma variável se altera em função da variação de outra. Nesse caso, o quanto a compra de territórios internacionais varia de acordo com o aumento da produção industrial. Contudo, uma análise correlacional não é suficiente para estabelecer uma relação de causa e efeito. Há inúmeros exemplos sobre fenômenos que variam juntos: por exemplo, muitos países ricos são democráticos, mas nem todo país rico é democrático, e nem todo país democrático é rico. Não é possível, portanto, afirmar que a riqueza de um país causa a adoção de um sistema democrático nem que a democracia torna um país rico.*
5   *O autor critica, ainda, a hipocrisia da escrita sobre o imperialismo na África e na Índia, mas não sobre políticas expansionistas adotadas pela própria União Soviética, sobretudo durante o governo de Stalin.*

As atrocidades do imperialismo levam-nos a acreditar com facilidade em teorias que confirmem a natureza desprezível da violenta expansão territorial, bem como em suas soluções. A teoria marxista clássica aponta para o fim do capitalismo como a única forma de acabar com o imperialismo. Entretanto, nessa formulação teórica, não há espaço para agência "dos outros". A eles cabe apenas o papel passivo, de dominados. Não resta espaço para resistência nem mesmo para acordos. Países figuram nessas teorias como campos de batalha passivos, e sob nenhum aspecto como participantes ativos (Brewer, 2002). Só há a dominância dos fortes, do capital financeiro monopolista do estágio mais alto, ou final, do capitalismo.

> Por fim, todas essas teorias, de Hobson a Lenin, identificam o imperialismo como uma **fase do capitalismo**, um estágio. Todavia, de qual estágio, objetivamente, essas teorias falam? O capitalismo estava em seu estágio mais alto, em seu ápice, a ponto do fim? Atualmente, sabemos que esse prognóstico, feito há mais de um século, não se concretizou. Não temos evidências para afirmar que aquele foi o ápice do capitalismo, nem que foi um estágio final, pois continuamos vivendo sob esse sistema ainda hoje.

Essa problematização fora feita, há um século, por Joseph Schumpeter (1955). O autor, veementemente contra a noção de "fase do capitalismo" – a mais alta, a final ou qualquer fase –, argumentava que o imperialismo não era, de forma alguma, necessário e que também não era uma etapa do desenvolvimento do sistema econômico. Temos razões para acreditar nesse diagnóstico, não apenas porque a história não é um motor de eventos lineares, mas também porque sabemos, hoje, que o capitalismo persiste (e o imperialismo não).

Mas há outras explicações ou isso é tudo? Vejamos, a seguir, explicações alternativas para o imperialismo e o fim do imperialismo.

Graziele Silotto

(3.3)
ALTERNATIVAS E PÓS-IMPERIALISMO: PAZ, DEMOCRACIA E CAPITALISMO

De outra perspectiva, Schumpeter (1955, p. 3) afirma que o imperialismo era, na verdade, uma herança antiga de eras pré-modernas do capitalismo, considerando-o uma disposição sem objetivo específico (*"objectless disposition"*). Tratava-se, assim, da expressão de ações que vinham de experiências de guerreio passado e que moldaram a cultura dos cidadãos e das classes, de modo a evitar sua extinção. No entanto, tendo em vista o caráter passado dessas experiências, como era fruto delas, o imperialismo estava fadado a desaparecer com o tempo, abrindo espaço para outras estruturas (Schumpeter, 1955).

Nessa experiência, havia dois fenômenos que abriam espaço para que alguns países capitalistas se tornassem imperialistas: a presença de uma cultura pré-capitalista violenta, ou seja, uma orientação pela guerra por interesses domésticos; e a influência de estruturas mercantilistas advindas das políticas imperialistas, como cartéis e trustes, que ganhavam com o protecionismo estatal em territórios distantes. Nesse ponto, é possível inferir que há, aqui, a possibilidade de que alguns países capitalistas se tornem imperialistas, mas não todos.

Ainda que houvesse grande variação caso a caso (das experiências imperialistas), elas apresentariam, segundo Schumpeter (1955), essa **combinação atavística de estruturas passadas** em comum. Nem todas as causas eram econômicas, algumas sim, mas outras eram fruto da estrutura social herdada ou da necessidade de conquistas militares para manter posições, entre outros (Kruger, 1955).

Para Schumpeter (1955), uma transformação na economia básica criou a oportunidade objetiva para a produção de *commodities* em escala industrial (o capitalismo e os avanços industriais resultantes dele), cujo mercado de consumidores seria desconhecido, mas cujo objetivo único seria o lucro. Desse fenômeno, empreendedores criaram empresas (*capitalist enterprises*), que conseguiram, por meio de negociações políticas, liberdade de ação para dar vazão aos seus interesses. Elas pressionaram para que políticas estatais se adaptassem às suas necessidades. A classe trabalhadora fora criada, e a demanda por ela continuou aumentando com o avanço capitalista. Esse grupo também se tornou politicamente relevante. Novos grupos sociais se formaram – intelectuais, profissionais liberais etc. –, sendo todos absorvidos pelas estruturas do sistema político-econômico. Absorvidos para o desenvolvimento de seus países, cessariam os interesses e a energia disponível para guerra, cessando, assim, as investidas imperialistas.

Michaelides e Milios (2015) afirmam que a tese de Schumpeter indica que o imperialismo, na verdade, seria uma **etapa de transição**, uma resposta temporária da fusão entre Estados em expansão e livre mercado. Nesse sentido, o imperialismo, para o autor, seria, em breve (lembrando que ele próprio escreve na segunda década do século XX, quando o imperialismo ainda era uma realidade), substituído por operações de livre mercado. O imperialismo era uma empreitada cara e haveria, agora, uma alternativa mais barata, eficiente e pacífica: o capitalismo.

Kruger (1955) aponta reservas com relação à teoria de Schumpeter, mas também destaca que ela apresenta uma pitada importante de esperança. Se o autor estivesse correto, o imperialismo como política de expansão de Estado cessaria em breve.

É possível que Schumpeter (1955) estivesse certo, mas não podemos ignorar o fato de que "em breve", na verdade, não foi tão em breve assim. Sabemos que as últimas colônias inglesas na África, por exemplo, conquistaram sua independência antes do final dos anos 1960, ou seja, quase meio século depois dos textos do autor.

Graziele Silotto

Se há aqueles que afirmam que o imperialismo era um negócio lucrativo (Liberman, 1998), Davis e Huttenback (1982) relativizam a questão. Em artigo sucinto, os autores analisam os investimentos britânicos da era imperialista e demonstram que o império era lucrativo somente no início, ainda na era vitoriana. Anos adiante, o cenário era bastante diferente: empresas lucravam menos nos territórios que "em casa". Apontam, ainda, que a classe industrial, em geral, sustentava o alto custo das guerras e a manutenção das políticas imperialistas por meio de impostos (bem como a maioria da população) e que o setor financeiro (bancos) abocanhava a maior parte dos lucros.

Já sabemos que "dar vazão a uma produção excedente" não é uma justificativa plausível, mas, à luz do que nos mostram Davis e Huttenback (1982), se o ímpeto imperialista se justificava pela apropriação de recursos para fazer mover a indústria, ou pela abertura de novos mercados para a obtenção de maiores lucros, o *business* imperialista teria deixado de ser lucrativo em fins do século XIX e início do século XX[6]. Diante desses fatos, por que, então, impérios (como o inglês, o francês, o alemão etc.) continuaram com suas colônias por tanto tempo?

A literatura fornece algumas respostas para essa pergunta. Snyder (1991), por exemplo, baseando-se em teorias de ação coletiva e do voto, argumenta que grupos que se beneficiariam da expansão e do imperialismo passaram a abarcar uma fatia muito pequena do eleitorado e, portanto, do governo. Assim, não teriam força suficiente para implantar uma política imperialista na condição minoria. As maiorias não teriam interesse ou motivação suficiente para encampar essas políticas porque

---

6   Essa é uma questão em aberto. Para mais detalhes, ver Liberman (1998) e Brooks (1999). Para dissonantes, como Davis e Huttenback (1982), ver Porter (1988) e Kennedy (1989).

seus interesses seriam muito difusos para colher benefícios que compensassem a investida.

A teoria de Snyder (1991) ganha algum corpo ao lembrarmos das dinâmicas de **expansão do eleitorado**. Foi entre os séculos XIX e XX que, de forma não necessariamente linear, o sufrágio tornou-se universal. Massas de eleitores pobres, trabalhadores, antes excluídos do processo eleitoral apesar de serem maioria numérica, passaram a ter direito a voto. Isso mudou o equilíbrio de forças no jogo eleitoral (Przeworski, 1986; Przeworski; Sprague, 1986), forçando as elites (até então dominantes) a adotar estratégias para contornar o peso do novo eleitorado[7]. Ainda que, em partes, a estratégia tenha funcionado, partidos trabalhistas e socialistas cada vez mais conquistaram espaço eleitoral e legislativo, de modo que a implantação de uma política que pouco os beneficiasse (ou ao seu eleitorado, pobre) não era muito provável.

Entretanto, a descolonização aconteceu bem depois. E Snyder (1991) vai além: afirma que o *logroll*[8] legislativo dos interesses não é suficiente para explicar a adoção de políticas expansionistas. Assim, o autor elabora uma teoria na qual as elites justificariam seu poder e suas políticas através de **mitos** que apresentam ao povo. Estes serviriam para que as elites racionalizassem suas políticas[9], incorporando-as em suas retóricas. Em outras palavras: a necessidade do imperialismo, por exemplo, surge como um discurso que legitima, para todos, essa política economicamente lucrativa para as elites. Contudo, Snyder (1991) adverte que a incorporação desses mitos no discurso político tem

---

7   Por exemplo, a adoção do sistema de representação proporcional. Ver Boix (1999; 2010) e Calvo (2009).

8   Logrolling *é uma troca de favores, como a troca de votos no interior do legislativo: um deputado A propõe um acordo para que um deputado B vote com ele em troca do seu apoio futuro para propostas de B.*

9   Políticas, *aqui, no sentido de projeto político de preferência.*

um lado perverso, porque inibiria o aprendizado sobre as vantagens e desvantagens do que está sendo defendido. No exemplo, as políticas imperialistas deixam de ser lucrativas, mas persistem porque fazem parte do discurso político.

Fundamentado nessa construção teórica, Snyder (1991) cuidadosamente testa teorias sobre a probabilidade de essas dinâmicas acontecerem em diferentes contextos, tomando como base casos como a Alemanha do início do século XX, a era vitoriana na Grã-Bretanha, os Estados Unidos e a União Soviética durante a Guerra Fria, e o Japão no período entre guerras. Com base nos casos apresentados, Snyder (1991) demonstra os rumos sobre a expansão nesses países/casos não mudou por um aprendizado histórico, mas crenças sobre o cabimento dessas estratégias foram construídas como forma de racionalizar interesses domésticos.

> Portanto, a ambição internacional perdeu apoio (por falta de endosso legislativo), mas só foi anulada por completo quando a retórica política se tornou consciente e sensível à ameaça que as políticas expansionistas representavam aos interesses domésticos (economia, política, entre outros, por exemplo, por conta do alto custo das guerras imperialistas).

A questão do fim das guerras imperialistas como uma resposta à ameaça a interesses domésticos, sobretudo os econômicos, foi alvo de um extenso campo de estudo, que vincula a paz à presença de outros dois fenômenos: a **democracia** e o **capitalismo**.

Como sagazmente coloca Tilly (1985), Estados (bem como firmas ou indivíduos) conquistam aquilo que desejam por meio de uma combinação de produção, compra e roubo. O roubo seria atraente quando fosse mais vantajoso que a produção ou o comércio. Gartzke e Rohner (2011) argumentam que nações evitam o roubo, a apropriação, tornando a conquista cara demais (defesa) ou a ocupação não lucrativa (por exemplo, por meio do nacionalismo). A decisão sobre ocupar ou não um país é, portanto, baseada nessas condições ambientais.

Além disso, os autores teorizam que o imperialismo dependia de avanços militares que aumentavam a habilidade de um país projetar seu poder. Sem um exército grande, armamento e tecnologia apropriada, além de capacidades administrativas, o imperialismo não seria possível. Por fim, especulam que havia uma espécie de jogo sobre a manutenção ou a descolonização. Enquanto todos os atores influentes eram mercantilistas (sistema cujas formas de produção e necessidade de matérias-primas criavam incentivos ao imperialismo), havia a manutenção do imperialismo e das conquistas, entretanto, quando um desses atores passou a ter estruturas para sustentar o comércio e o livre mercado tornou-se mais atraente, todos os demais foram forçados a abandonar o funcionamento anterior.

Gartzke e Rohner (2011) testam essas três inferências e concluem que o ímpeto imperialista cessa quando se torna mais barato produzir do que tomar, ou seja, quando é mais vantajoso adotar o livre comércio em vez da guerra. Gartzke (2007) dá um passo atrás e propõe pensar o que leva um país a escolher a guerra a outra saída: em primeiro lugar, a guerra é um recurso disponível apenas para países que têm vontade para tal e habilidade para competir, o que requer organização e recursos; e, sobretudo, em segundo lugar, um país só entra em guerra quando não é capaz de chegar a qualquer outra solução diplomática.

A ideia de que o liberalismo traz paz não é nova. Há, para ela, duas tradições explicativas diferentes: a política e a econômica. A tradição política atribui sua gênese a Immanuel Kant (2010) e à sua obra *A paz perpétua*, de 1795, e, basicamente, argumenta que países democráticos tendem a criar menos conflitos entre si. A estrutura democrática restringiria países de endossarem guerras custosas, especialmente contra outras democracias, e incentivaria os políticos a optarem por saídas diplomáticas e pacíficas (Bueno de Mesquita et al., 1999; Lake, 1992). Conforme o argumento,

> devido à complexidade do processo democrático e à exigência de garantir uma ampla base de apoio a políticas arriscadas, líderes democráticos relutam em travar guerras, exceto nos casos em que a guerra parece uma necessidade ou quando os objetivos da guerra justificam os custos de mobilização. (Maoz; Russett, 1993, p. 626, tradução nossa)

Além disso, haveria um elemento normativo ao aceitar a democracia como forma de governo, pois as nações perceberiam que (supostamente) têm valores parecidos, que julgam como preferidas algumas formas de resolver conflitos e que, ao adotarem um governo liberal, se oporiam às guerras contra os demais Estados (Owen, 1994).

Contudo, Gartzke (2007) mostra que, na verdade, a correlação entre democracia e paz é espúria[10], pois, na verdade, o capitalismo foi o responsável por trazer fim às guerras entre países democráticos. Segundo o autor, o capitalismo, ao tirar a ênfase econômica da terra e dos recursos minerais, reduz o uso da força entre os Estados. Isso porque o poder viria da condição de avanços na produtividade, e não mais da posse de matérias-primas (Gartzke; Rohner, 2011). Além disso, esse cenário diminuiria o peso da ação do Estado na economia (McDonald, 2010).

---

10   Retomando a descrição do significado de uma análise correlacional, correlação espúria significa que, ainda que dois fenômenos variem juntos, pode não haver qualquer relação entre eles. No exemplo, Gartzke (2007) mostra que países democráticos tendem a guerrear menos que países não democráticos, o que faz com que alguém possa pensar, ao bater os olhos, que há uma relação entre democracia e paz. Contudo, o autor, ao apontar a correlação espúria, alerta que a causa da paz não é necessariamente a democracia, pois há outros fatores envolvidos.

Gartzke (2007) testa sua teoria econômica de que o capitalismo – entendido aqui como livre mercado, desenvolvimento econômico e coordenação na política monetária – é o responsável pela paz e encontra evidências positivas. Não seria necessariamente o arranjo democrático, nem mesmo a filosofia liberal por si só, e sim o livre mercado e o desenvolvimento econômico possibilitado por ele que trazem a paz.

Por um lado, se Schumpeter (1991) pareceu errar ao afirmar que o imperialismo cessaria em breve, por outro pareceu correto ao apontar que o imperialismo talvez pudesse ser lido como um momento de transição para um sistema econômico que permite o livre comércio entre os países e que este viria a substituir o caro *business* imperialista.

> **Para saber mais**
>
> HARVEY, D. **The New Imperialism**. Oxford: Oxford University Press, 2003.
>
> Na contramão das tendências atuais dos estudos sobre o imperialismo, o geógrafo marxista inglês David Harvey apresenta-se como uma alternativa explicativa marxista importante nos estudos sobre o tema. Por meio do que chama de *materialismo histórico-geográfico*, Harvey buscou, no aclamado *O novo imperialismo* (2003), desenvolver uma abordagem teórica sobre o poder dos Estados Unidos à luz interpretativa do imperialismo.

Graziele Silotto

O autor retoma acontecimentos ligados aos eventos de 11 de setembro de 2001 e à intervenção militar dos Estados Unidos no Oriente Médio, que culminou na Guerra do Iraque, refletindo sobre o real significado dessas intervenções. Harvey questiona se tais intervenções seriam, como à época transparecia o discurso estadunidense, medidas contra o terrorismo e pela liberdade dos cidadãos, ou se as ações militares, na verdade, eram investidas imperialistas em seu sentido moderno.

Entrelaçando exemplos históricos de grandes impérios e a análise do contexto político-internacional da época (como a recusa de países europeus em apoiar intervenções), por meio de um ferramental teórico que articula as conflitantes lógicas de poder territorial e de poder capitalista, o autor coloca em questão a hipótese de que as ações estadunidenses eram, na verdade, investidas imperialistas pelo controle do petróleo no Oriente Médio.

Nesse sentido, segundo o autor, haveria um caráter geográfico envolvido, visto que a localização espacial consolidaria a vantagem monopolista, lógica comum à tendência de superacumulação do capitalismo. Além disso, esta seria como um recado preventivo aos demais países que têm interesse pelo petróleo do Oriente Médio, ou seja, uma forma de aumentar o controle monopolista do país em relação a um espaço geográfico privilegiado do ponto de vista do recurso visado.

> Harvey aproxima-se de outros marxistas, como Lenin e, sobretudo, Rosa Luxemburgo. Entretanto, em vez de compreender o imperialismo como o fim do sistema capitalista, o autor argumenta que processos imperialistas seriam, na verdade, um estágio inicial de dominação política e econômica da burguesia. Isso lhe permite refletir sobre o entrelaçamento de fenômenos atuais, como a globalização, o (neo)liberalismo financeiro, as chamadas *crises do capital* com processos de "acumulação por espoliação" e a forma pela qual eles todos estão, com base em lógicas de processos de acumulação capitalista e de geografia do capital, imbricados.

Síntese

Neste capítulo, abordamos a expansão dos Estados-nação. Por que a expansão era uma empreitada importante, mesmo que seus custos fossem altos? Porque o controle de um território conferia aos governantes a possibilidade de controle e extração de recursos desse local – mão de obra, taxação e matérias-primas –, o que compensaria os custos da guerra e da manutenção dos governos em territórios internacionais e, ainda, permitiria que Estados e exploradores lucrassem com aquilo que extraíam desses espaços.

Nesse sentido, explorar novos territórios possibilitava a tributação, o trabalho e a extração de matérias-primas. Essas motivações orientaram grande parte da literatura de história, geografia e ciência política ao tratar do imperialismo. Para essa questão, são oferecidas pelo menos três interpretações. A primeira delas é vinculada a uma tradição marxista, segundo a qual o imperialismo seria uma necessidade da suposta última fase do sistema político-econômico capitalista. Majoritariamente desenvolvida por figuras políticas e alguns intelectuais, essa é uma leitura também política e inconsistente sob as perspectivas tanto da economia capitalista quanto da história em si. Outra interpretação, desenvolvida por Schumpeter (1955), oferece uma explicação atavística do imperialismo. Esse fenômeno atavístico seria a consequência de um passado no qual a constituição e o desenvolvimento do Estado-nação ocorreram por meio de guerras. Teria sido essa herança que levou ao ímpeto da exploração alhures: um impulso expansionista de preservação, expansão e lucro. O autor, que faz críticas ferrenhas à leitura marxista, oferece um quadro teórico no qual o imperialismo pode, então, ser lido como uma etapa (nem necessária, nem suficiente) transitória entre a expansão estatal e o livre comércio.

Vinculada a essa formulação, surgem teorias que apontam a importância do caráter econômico do *business* imperialista: a adoção e a suspensão paulatina dessa política teriam acontecido em razão de elementos políticos (como a formação de maiorias legislativas para a aprovação de política a favor ou contra o imperialismo) e econômicos, como a diminuição do lucro extraído e o aumento dos custos.

Contudo, a expansão do Estado-nação por meio da conquista de territórios tornou-se obsoleta. Os países desenvolvidos, hoje, têm baixo interesse em ocupar e administrar outros países. No entanto, o que possibilitou a paz, em substituição às guerras imperialistas? O argumento é que o fim dessas guerras estaria relacionado à expansão do livre mercado, às políticas relacionadas a ele e ao desenvolvimento econômico. Juntos, estes seriam os responsáveis pela troca de uma política agressiva, violenta, custosa e cada vez menos lucrativa por outra que permitiu que países prosperassem e estabelecessem a paz diante de seu ímpeto pelo lucro.

Retomando Tilly (1985), se Estados conquistam o que almejam por meio ou da produção, ou da compra, ou do roubo, o imperialismo correspondeu a esta última alternativa, mas somente enquanto esta era a de melhor custo-benefício, isto é, aquela com menores custos e maiores lucros. Com o desenvolvimento do capitalismo, a alternativa do livre comércio teria se tornado a opção mais vantajosa e menos custosa, de modo que políticas imperialistas foram abandonadas paulatinamente.

A "alternativa comercial" depende de um equilíbrio fino, em que Estados ficariam distantes da economia e o mercado se autorregularia. É possível que esses dois elementos nem sempre funcionem bem. Contudo, ao menos por ora, essa parece ser uma explicação plausível para o fim de uma era de subjugação, violência e atrocidades de alguns países sobre outros em nome do lucro e do poder.

Questões para revisão

1. Discuta brevemente as noções de imperialismo comuns no século XIX e retratadas pelo trabalho Hobson.

2. Apresente a definição de imperialismo de Rosa Luxemburgo e compare-a com a sua resposta para a questão anterior.

3. Compare as definições de imperialismo referentes às tradições marxistas apresentadas neste capítulo.

4. Quais são as principais críticas ao entendimento marxista sobre a relação entre o imperialismo e o sistema capitalista?

5. Qual é o argumento de Schumpeter contrário à visão marxista? Apesar disso, quais as razões para que impérios europeus tenham mantido colônias por tanto tempo?

Graziele Silotto

6. Por que o liberalismo traria a paz internacional?
   a) Porque o liberalismo possibilita investimentos maiores e lucros consideráveis significam paz internacional.
   b) O liberalismo não levaria à paz internacional. Liberais são inerentemente imperialistas e almejam colonizar outros países para explorar as populações nativas e mais pobres.
   c) As nações formariam uma rede de comércio cada vez mais dependente para a sobrevivência e o bem-estar dos cidadãos que fizessem parte dos países que se envolvessem nessa rede. E, por serem democratas, os conflitos seriam resolvidos com a adoção de saídas diplomáticas e pacíficas. As nações perceberiam que têm valores similares, e isso evitaria que se envolvessem em novos conflitos.
   d) Porque os liberais se uniriam por laços de solidariedade e não lutariam entre si.

7. Assinale a afirmativa correta:
   a) Há um consenso segundo o qual o imperialismo seria inerente a formas específicas de capitalismo.
   b) Há um consenso entre autores marxistas segundo o qual o capitalismo seria uma etapa do desenvolvimento do capitalismo.
   c) Há um consenso de que o capitalismo não poderia viver sem o imperialismo, que seria a base estruturante desse sistema econômico.
   d) O imperialismo é uma investida exclusiva do sistema capitalista democrático, não existindo em quaisquer outros arranjos econômicos.

8. Há diversas teorias sobre o imperialismo, cada qual com seus fundamentos e interpretações. Entretanto, também se verificam críticas a tais teorias e propostas alternativas de compreender o fenômeno. Sobre o tema, analise as afirmativas a seguir e indique V para as verdadeiras e F para as falsas:

( ) Transformações econômicas criaram espaços de negociação política e liberdade de ação. Em conjunto com outras transformações, isso levou países e atores político-econômicos relevantes a voltarem-se para o desenvolvimento econômico interno, deixando de lado as investidas imperialistas.

( ) O imperialismo pode não ter sido exatamente um negócio lucrativo durante todo o período em que vigorou, ao menos para o caso britânico.

( ) Apesar de algumas evidências, é patente que o imperialismo foi um negócio lucrativo para países colonizadores, consistindo na forma pela qual esses países enriqueceram e sustentaram o desenvolvimento de seu setor financeiro.

( ) A diversificação do eleitorado incluiu outros atores no quadro partidário. Ao lado de outras questões, a modificação da retórica política com relação ao imperialismo cessarem as novas investidas.

Agora, assinale a alternativa que apresenta a sequência correta obtida:

a) V, V, F, V.
b) V, V, V, F.
c) F, F, F, V.
d) V, V, F, F.

Graziele Silotto

Questão para reflexão

1. Impérios podem ser formados mesmo a partir da existência de Estados-nação. Reflita a respeito dessa afirmação considerando as principais motivações para o surgimento de impérios.

CAPÍTULO 4
Do Estado-nação para dentro:
a representação e a participação

Conteúdos do capítulo:

- Fronteiras – elementos definidores da ação estatal.
- Federalismo – a divisão do poder dentro do Estado nacional.
- Representação política – o elemento territorial como definidor da representação moderna.
- Participação popular e suas dinâmicas territoriais.

Após o estudo deste capítulo, você será capaz de:

1. entender a relevância das fronteiras como definidoras da ação do Estado;
2. compreender como um Estado-nação pode ser subdividido (em particular o caso brasileiro) e como isso influencia as atividades desempenhadas por ele;
3. contextualizar a relação entre as divisões internas e a representação política;
4. reconhecer como o espaço contribui para a participação política, especialmente sua conexão com a deliberação entre os cidadãos.

Neste capítulo, voltaremos nosso olhar para o interior do Estado-nação. Começaremos nossa discussão pensando sobre o significado das fronteiras: O que elas dividem? Como elas organizam um território? Um dos elementos que as fronteiras definem é o compartilhamento de poder interno ao Estado-nação. Isso pode ser feito por uma forma de organização do Estado conhecida como *federalismo*. Como veremos, o Brasil é uma República Federativa, o que implica uma divisão de autoridade formal entre União, estados e municípios, cada qual com diferentes poderes sobre o território.

Em nosso país, definimos a representação política por meio dos estados e dos municípios. Nesse sentido, discutiremos, aqui, por que razão esses representantes são escolhidos com base nos territórios. Além disso, é preciso ter em mente que, no século XXI, as práticas políticas não se esgotam com o voto e a representação, pois envolvem também a ideia de participação política, bastante influenciada pela noção de espaço, como demonstraremos ao final deste capítulo.

(4.1)
FRONTEIRAS: ELEMENTOS DEFINIDORES DA AÇÃO ESTATAL

Para muitas pessoas, as fronteiras são uma mera constante da vida (Maier, 2016). Exceto pelos momentos em que elas se materializam na nossa frente, não costumamos pensar em sua existência. Na verdade, as fronteiras foram uma invenção sociopolítica extremamente importante. Tradicionalmente, elas são entendidas como elemento definidor do Estado-nação, uma vez que delimitam sua extensão territorial (Mountz, 2009), na qual ele exerce sua autoridade política (Maier,

2016). As pessoas sujeitam-se a esse Estado não por afinidade, fé ou outros motivos, senão, simplesmente, por compartilharem o mesmo espaço (Maier, 2016).

As fronteiras nacionais são uma criação recente, que remontam há poucos séculos, tendo sua origem marcada com a Paz de Westfália[1], ao término da Guerra dos Trinta Anos, em 1648 (Szary, 2015). A partir desses tratados, foram criadas linhas (conhecidas como *fronteiras*) para delimitar a extensão do poder de cada Estado. Anne-Laure A. Szary (2015) lembra que o traçado das primeiras fronteiras estava intimamente conectado aos mapas produzidos até aquele período, visto que forneciam as melhores informações para estabelecer essa delimitação. Por conta disso, os limites geralmente fundamentavam-se em elementos naturais, que, além de mais fáceis de serem desenhados (porque partiam dos locais já mapeados), faziam as fronteiras reforçarem a ideia de que os poderes dos reis eram naturais, divinos, pois coincidentes com a natureza (Szary, 2015).

> Não obstante a distinção feita por alguns autores entre fronteiras naturais e artificiais, ressaltamos que **todas são artificiais**, uma vez que foram criadas por decisões políticas – ainda que elementos naturais, como rios ou montanhas, tenham sido importantes na definição dos primeiros limites territoriais (Newman, 2003). Por mais que esses elementos ajudassem a formá-las, precisamos ter em mente que as fronteiras são frutos de decisões humanas e, portanto, traduzem-se em fenômenos sociais e políticos.

Como vários geógrafos apontam, as fronteiras têm um caráter duplo (Newman, 2003; Mountz, 2009). Ao mesmo tempo que são **estanques**, já que têm limites físicos (observáveis em postos de

---

1 *Maier (2016) aponta que, apesar do entendimento de que o conceito moderno de soberania surge com os tratados da Westfália, ideias relacionadas a ele já tinham lugar no direito internacional em meados do século XVI, na negociação entre o imperador Carlos V e os príncipes luteranos, que mantiveram seus reinos sob essa religião.*

fronteiras, placas ou muros), elas também são **porosas**, pois raramente governos conseguem criar barreiras físicas suficientemente grandes para impedir o fluxo de pessoas, mercadorias ou, até mesmo, de ideias (Newman, 2003; Mountz, 2009). São também lugares de encontro, onde pessoas se relacionam[2], apesar das diferenças simbólicas criadas por elas (Newman, 2003; Mountz, 2009).

As fronteiras ainda fazem com que cidadãos expressem suas identidades (Newman, 2003; Mountz, 2009; Maier, 2016). Ao cruzar uma fronteira, um indivíduo apresenta-se a um Estado-nação como cidadão, com uma identidade própria – geralmente, de nacional, ou seja, da nação com que se identifica, ou de estrangeiro (Mountz, 2009). Em estudos recentes, as fronteiras também são consideradas capazes de demarcar esses espaços de identidade, bem como de ser por eles demarcadas, como por meio de processos de segregação residencial em razão da gentrificação[3] (Newman, 2003).

Conforme ressaltamos, geógrafos evidenciaram que as fronteiras não são somente linhas que demarcam Estados-nação, mas também lugares de encontro, contato, formação de identidades, entre outros. Essa multiplicidade do conceito o conecta com outro importante tema de estudo da geografia: o **território**. Como esta é uma obra que aborda

---

2   Em livro recente, a antropóloga Ieva Jusionyte (2018) apresenta relatos etnográficos sobre como equipes de atendimento de emergência (policiais e bombeiros) se relacionam em cidades na fronteira dos Estados Unidos com o México. Ao contrário do imaginário de tensão e controle, principalmente com o acirramento das relações entre esses países nos últimos anos, emergem relações de parceria, cooperação e, até mesmo, de amizade entre os trabalhadores desses dois países, com equipes estadunidenses e mexicanas ajudando a atender chamados nos países vizinhos quando necessário.

3   "Em sua definição primeira, o termo [gentrificação] refere-se a processos de mudança das paisagens urbanas, aos usos e significados de zonas antigas e/ou populares das cidades que apresentam sinais de degradação física, passando a atrair moradores de rendas mais elevadas" (Alcântara, 2018).

Lucas Gelape

a geografia política sob o prisma da ciência política e das relações internacionais, não nos aprofundaremos no assunto. Entretanto, considerando sua centralidade na geografia, abordaremos algumas das ideias que o conformam, bem como aquela que mais se aproxima ao que adotamos neste capítulo. Anssi Paasi (2003, p. 110, tradução nossa) defende que territórios são "processos sociais nos quais espaço e ação social são inseparáveis. Territórios não são imagens congeladas nas quais a vida social acontece. Ao contrário, eles são feitos, são atribuídos de sentido e destruídos pela ação social e individual". Portanto, assim como as fronteiras, são frutos da ação humana e estão em constante transformação. Nesse sentido, em uma perspectiva crítica, pesquisadores da área apontam sua íntima relação com a noção de poder, que não se resume àquele do Estado, abrangendo também o econômico, por exemplo[4]. Teorias do Estado[5] comumente associam o território com um dos elementos constitutivos do Estado-nação, conceituando-o como uma área geograficamente delimitada com um enfoque privilegiado na ação estatal. É essa a concepção por nós adotada neste capítulo[6].

Como discutimos, as fronteiras são comumente entendidas nos termos do Estado-nação (Mountz, 2009). Porém, essa não é a única forma de as conceber (Newman, 2003). Neste capítulo, estamos interessados

---

4   Em português, o Capítulo 2 da tese de Adilar Antonio Cigolini (2009) apresenta um interessante panorama da discussão sobre território com base, principalmente, no trabalho de Jean Gottmann. Para os leitores também confortáveis com inglês, os capítulos de Paasi (2003) e Carl T. Dahlman (2009) expandem a discussão e incorporam exemplos de como geógrafos trabalham esse conceito.
5   Mais comumente ligadas à ciência política, às relações internacionais, ao direito e afins.
6   Ainda que não nos identifiquemos totalmente com ele, reconhecemos os ganhos analíticos que as abordagens propostas para a geografia podem trazer. Além disso, destacamos que vários trabalhos da ciência política incorporam atores não estatais e sua relação com o território, como veremos na seção sobre participação política.

em outras fronteiras, uma vez que pretendemos abordar aspectos internos do Estado-nação. Todas as fronteiras mencionadas também são encontradas dentro de um mesmo país. Se você já viajou de carro, deve lembrar-se de ver placas sinalizando quando cruzou limites estaduais ou municipais (limites físicos). Além disso, você também deve ter relacionado a ideia de identificação ao seu local de origem – como mineiro, goiano, gaúcho ou pernambucano (expressões de identidade).

Nas cidades, as fronteiras tornam-se muito mais percebidas do que reais (Newman, 2003). Se você mora em uma região metropolitana, muito provavelmente teve a experiência de cruzar limites municipais: em alguns deles, é bastante claro quando você sai da cidade-sede e adentra outra; em outros, porém, isso é quase imperceptível[7]. Dentro de um mesmo município, podemos ter diferentes normas de zoneamento urbano, gerando outras "fronteiras", que permitem a construção de variados tipos de edifícios. Ou, ainda, aquelas que emergem de desigualdades sociais, por vezes separando, em poucos quarteirões, regiões extremamente ricas da cidade, com ampla oferta de serviços públicos, de outras caracterizadas pela baixa renda e sérias deficiências na oferta desses serviços, como nas proximidades do Morumbi e de Paraisópolis em São Paulo (Figura 4.1).

---

7 *É comum assistirmos, em jornais locais, a reportagens sobre moradores em regiões fronteiriças que recebem cobranças de um mesmo imposto de duas cidades diferentes, como o Imposto Predial e Territorial Urbano (IPTU), que compete ao município (Moradores..., 2018). Recentemente, a reabertura do comércio no Estado de São Paulo durante a pandemia do novo coronavírus levou a um curioso caso: a administração de um shopping localizado entre duas cidades (sobrepondo-se às suas linhas de fronteira), Sorocaba e Votorantim, viu-se diante de duas regras diferentes. Ao passo que a cidade de Sorocaba determinava o fechamento do comércio, Votorantim permitia que as lojas mantivessem as portas abertas. Dessa forma, o shopping seguiu as normas de cada município e parte de suas lojas ficaram fechadas, enquanto outras permaneciam abertas (Shopping..., 2020).*

Figura 4.1 – A "fronteira" entre as regiões do Morumbi e de Paraisópolis, na cidade de São Paulo, 2014

Embora os estudos sobre fronteiras tenham privilegiado o Estado-nação, visto que elas delimitam a soberania nesse território, as fronteiras internas de um país acabam afetando muito mais a vida cotidiana das pessoas do que as internacionais (Newman, 2003). Apesar de elas não delimitarem a soberania nesses espaços, também conhecidos como *subnacionais*, o Estado-nação compartilha poderes de regulação e execução e isso ocorre, geralmente, por meio de uma forma de organização do Estado conhecida como *federalismo*, sobre a qual trataremos na próxima seção.

(4.2)
FEDERALISMO: DIVISÃO DO PODER DENTRO DO ESTADO NACIONAL

Nesta seção, vamos discutir o conceito de federalismo, que destaca a autoridade formal entre níveis de governo em um Estado-nação, apresentando aspectos relevantes para sua compreensão. Em seguida, explicaremos como se organiza o federalismo brasileiro, identificando as competências da União, dos estados e dos municípios. Por fim, abordaremos um tópico que muitas vezes passa despercebido: Por que um município é criado?

4.2.1 CONCEITO E PERSPECTIVAS TEÓRICAS

Celina Souza (2008) destaca a existência de diversas perspectivas teóricas por meio das quais podemos pensar sobre o federalismo – seja em razão da ausência de uma teoria fundante sobre o tema (em que o fenômeno ocorre antes de sua teorização), seja em virtude de seu caráter altamente instável, seja, ainda, por conta da imbricação de juízos normativos nesses estudos. Para a autora, o que há de comum entre elas é a ideia de que o federalismo é um sistema em que o Estado é "organizado em dois ou mais níveis de governo, que têm autoridade formal sobre o mesmo espaço territorial e sobre todos os cidadãos" (Souza, 2008, p. 36)[8]. Pablo Beramendi (2007) enfatiza a importância desse último aspecto. Segundo ele, não basta a existência de mais de um nível de governo para que o federalismo se configure. O que caracterizaria esse sistema – quando comparado a estados unitários, uniões ou confederações, que também podem apresentar dois ou mais níveis de governo – é a maneira como a hierarquia se organiza entre esses níveis, em que cada um apresenta a autoridade formal destacada por Souza (2008).

As várias teorias sobre o federalismo complementam o conceito inicialmente apresentado, pois ressaltam os diferentes aspectos que essa forma de organização do Estado pode adotar na gestão dos governos (Souza, 2008). Essa diversidade teórica permite que analistas se aproximem desse objeto por diferentes ângulos, viabilizando a análise da relevância do federalismo na explicação de determinados fenômenos sociais e políticos por meio de diversas variáveis, de modo a superar a ilusão federativa (*federal illusion*), que pondera principalmente os aspectos positivos do federalismo (Beramendi, 2007).

Trabalhos que analisam o federalismo sob uma perspectiva de **descentralização** das instituições políticas e das atividades econômicas, consideram-no "um sistema em que a distribuição da atividade política e econômica é espacialmente descentralizada no interior de um território nacional" (Souza, 2008, p. 29). Nessa linha, estudos apontam que a forma como as Constituições dos países dividem seu poder com entidades subnacionais é menos relevante, destacando que o federalismo é um sistema que favorece a competição entre esses

---

8   O *"federalismo é um sistema de soberania dividida e governos múltiplos com jurisdição parcialmente separada e parcialmente compartilhada" (Galligan, 2006, p. 263, tradução nossa).*

diferentes níveis, gerando maior eficiência (Souza, 2008). Beramendi (2007) demonstra, porém, que os modelos que preveem maior eficiência sob o federalismo são, muitas vezes, refutados pela realidade – ele aponta, por exemplo, a existência de estudos que revelam que, em países em desenvolvimento, tais virtudes econômicas não são encontradas. Além disso, resgatando outros autores, Souza (2008) esclarece que as decisões de como o poder se distribui no Estado ainda são essenciais para distinguirmos os Estados Federais de outros modelos de descentralização de poder.

Outra perspectiva, mais fundada nas regras que definem o compartilhamento de poder, é a do **federalismo como pacto** (Souza, 2008). Nela, o federalismo é concebido por meio da ideia de autogoverno e governo compartilhado – *self-rule* e *shared-rule*, nos termos de Daniel Judah Elazar (1991). Portanto, as unidades subnacionais podem exercer alguns poderes próprios sobre o território em que têm autoridade, compartilhando poder com um governo central em outros aspectos. A principal falha dessa perspectiva teórica é ocultar os conflitos e as disputas políticas que marcam as relações entre esses entes federativos e revelam o caráter muitas vezes instável dos elementos de uma Federação (Souza, 2008).

Alguns autores, por sua vez, associam **federalismo à ideia de democracia** (constitucional) (Souza, 2008; Galligan, 2006), uma vez que somente esta apresenta as características necessárias para resguardar que os poderes das unidades federativas não sejam violados. No entanto, ao trazerem essa associação, tais trabalhos abrem portas para que elementos estranhos sejam incluídos na definição de federalismo (tais como liberdade ou justiça) e também ignoram as forças políticas que estão em ação nesse contexto, conforme mencionamos (Souza, 2008). Beramendi (2007) ressalta que, historicamente, o federalismo foi associado à capacidade de integração de povos em um mesmo território.

Contudo, o autor destaca que a literatura recente é mais cética (ou moderadamente otimista) quanto à capacidade do federalismo de desenvolver integração étnica, linguística ou religiosa (Beramendi, 2007). Por fim, Souza (2008, p. 34) apresenta a perspectiva que diferencia federalismo de Federação: "O federalismo é concebido como conceito de valor – o valor da diversidade –, e é esse valor que dá base às federações". Essa distinção permite aos pesquisadores dar conta das nuances de princípios federativos existindo tanto nos Estados federais quanto nos unitários (Souza, 2008). Esses valores de diversidade são expressões de interesses dentro desses Estados, conformando uma perspectiva teórica que auxilia a compreender mudanças (ou permanências) nessas organizações (Souza, 2008).

4.2.2 O FEDERALISMO BRASILEIRO

Segundo Beramendi (2007, p. 754-755, tradução nossa), o federalismo impõe um dilema fundamental aos países que o adotam:

como criar um conjunto de instituições que conciliem a capacidade do governo central de criar economias de escala e superar problemas de ação coletiva, em algumas esferas, com a capacidade de lidar com as especificidades de problemas locais (e as assimetrias informacionais associadas a eles) em outras?

Não existem arranjos institucionais definitivos que caracterizem um Estado federal[9]. Ainda assim, nos diversos países que os adotam,

---

9 Não obstante, Brian Galligan (2006) enumera quatro instituições comumente encontradas em países federais: (1) Constituição escrita, caracterizada pela dificuldade de emendamento; (2) legislativo bicameral, em que uma das Casas existe para representar as unidades federativas; (3) corte superior ou constitucional que faça um controle de constitucionalidade por meio de judicial review; (4) instituições intergovernamentais que promovam a cooperação dos entes federados. Contudo, como ressalta o autor, nenhuma dessas instituições é exclusiva dos sistemas federais, podendo ser encontradas também em outros países.

podemos identificar as instituições que conformam essa estrutura, além de avaliar como elas desempenham as funções destacadas no dilema fundamental apontado por Beramendi (2007). A seguir, vamos discutir como o Brasil organizou sua Federação e como ela vem transformando-se ao longo das últimas décadas.

Como o federalismo brasileiro se organiza?

Apesar de concordamos com os alertas da literatura de que não podemos reduzir a análise do federalismo ao texto constitucional, ele é um bom ponto de partida para compreendermos como se organiza o federalismo brasileiro[10]. Em seu próprio nome, a *Constituição da República Federativa do Brasil* já afirma nossa identidade federalista. O compromisso federativo dos constituintes de 1988 é reforçado também pelo *caput* do art. 1º da Constituição Federal, que estabelece que nossa República é "formada pela **união indissolúvel** dos Estados e Municípios e do Distrito Federal", e pela previsão da "forma federativa de Estado", em seu art. 60, parágrafo 4º, como uma de suas cláusulas pétreas – isto é, aquelas disposições da Constituição de 1988 que não podem ser alteradas nem mesmo mediante emenda constitucional (Brasil, 1988, grifo nosso). Dessa forma, para que o Brasil deixasse de ser uma Federação, seria necessário elaborar e aprovar uma nova Constituição – ou seja, refundar a ordem política da nação.

É na Constituição que identificamos como as instituições federativas do nosso país se organizam e como a autoridade se distribui na formulação e na execução de políticas públicas (Galligan, 2006; Beramendi, 2007). Um elemento central refere-se à representação dos interesses regionais em âmbito nacional, geralmente traduzidos na

---

10   Afinal, como afirma Souza (2008, p. 33), *"embora concordando com Riker que a estrutura constitucional não prediz, por si só, o impacto causal das instituições federativas ou a dinâmica política interna das federações, a estrutura constitucional pode ajudar que se compreenda melhor as regras da barganha federativa".*

Lucas Gelape

existência de um bicameralismo (Galligan, 2006) – ainda que nem sempre seja assim (Beramendi, 2007). No Brasil, essa atribuição compete ao **Senado Federal**[11] (art. 46 da Constituição), composto por três representantes eleitos em cada uma das unidades federativas: os 26 estados e o Distrito Federal. Em contraposição a essa representação federativa, a **Câmara dos Deputados** foi idealizada para representar o povo (art. 45 da Constituição), ainda que a eleição dos deputados ocorra com base nos estados, como também veremos.

Em uma evidência clara de como não podemos nos esquecer de aspectos externos ao texto constitucional quando analisamos o federalismo, pesquisadores demonstraram que a lógica de funcionamento do Senado brasileiro é semelhante à da Câmara dos Deputados, caracterizada pela existência de uma coalizão organizada pelo Executivo nacional, pela disciplina partidária e pela baixa influência dos governadores nas votações – mesmo em projetos relacionados a temas federativos (Neiva; Soares, 2013). Aqui, vale mencionarmos a ressalva de Galligan (2006) em referência ao caso australiano: por mais que senadores possam representar prioritariamente os interesses partidários, eles também trazem questões estaduais para o legislativo nacional, além de darem maior representação aos estados menores dessa federação – mecanismos que também podem estar em operação em nosso país.

A literatura comparada também identifica que cortes superiores ou constitucionais podem desempenhar um papel de árbitro de conflitos federativos em diversos países (Galligan, 2006). No caso brasileiro, a Constituição de 1988 define o Supremo Tribunal Federal (STF) como um

---

11 Conforme dispõe explicitamente o art. 46 da Constituição de 1988: "O Senado Federal compõe-se **de representantes dos Estados e do Distrito Federal**, eleitos segundo o princípio majoritário" (Brasil, 1988, grifo nosso).

potencial árbitro central para a solução de conflitos federativos[12]. Entre as suas atribuições estão, por exemplo, julgar a constitucionalidade de um ato normativo federal ou estadual, quando provocado por ações diretas de inconstitucionalidade (art. 102, I, "a", da Constituição), ou "as causas e os conflitos entre a União e os Estados, a União e o Distrito Federal, ou entre uns e outros" (art. 102, I, "f", da Constituição) (Brasil, 1988). Como documenta a literatura sobre as ações diretas de inconstitucionalidade no STF, na maioria das vezes, essa Corte considera a União como vencedora de ações que trazem litígios entre diferentes entes federativos (Oliveira, 2009; Tomio; Robl Filho; Kanayama, 2017).

Outro elemento central para entender a organização de um estado federal é a forma como a autoridade em política pública se distribui (Beramendi, 2007). A Constituição brasileira define as **competências**, isto é, os poderes atribuídos, que cabem a cada ente federativo. Essas competências determinam os assuntos sobre os quais cada um desses entes pode legislar e/ou executar. De forma geral, a Constituição de 1988 organiza as competências segundo o **princípio da predominância do interesse** (Silva, 2011). Nesse sentido, certa competência é atribuída ao ente de acordo com o grau de relevância do assunto para ele: matérias de interesse nacional são de competência da União, aquelas de interesse regional cabem aos estados e as de interesse local competem aos municípios (Silva, 2011).

> Resumidamente, as competências constitucionais são divididas entre aqueles assuntos que o ente federativo pode legislar ou executar sozinho ou em conjunto com os demais.

---

12 *Vale destacar que o controle de constitucionalidade de leis (ou atos normativos) municipais ou estaduais perante as Constituições Estaduais (art. 125, § 2º, da Constituição) é feito pelos órgãos especiais dos respectivos Tribunais de Justiça Estaduais (art. 97 da Constituição) (Brasil, 1988).*

A classificação de Fernanda Dias Menezes de Almeida (2010) sistematiza esse conteúdo da Constituição Federal. Vejamos:

- Cada um dos entes federativos tem **competências próprias**, ou seja, aquelas que só eles podem utilizar: as da União estão dispostas nos arts. 21 e 22[13]; aos estados cabem algumas poucas competências, que se encontram no art. 25, parágrafos 2º e 3º, e no art. 18, parágrafo 4º, além de todas aquelas não estabelecidas explicitamente aos demais (as chamadas competências residuais não enumeradas, conforme dispõe o art. 25, parágrafo 1º); e as competências dos municípios encontram-se no art. 30, especialmente nos incisos I, III, IV, V e VIII[14].
- Há, ainda, as **competências comuns** aos três entes (arts. 23 e 24). No art. 23, estão aquelas áreas cujo cumprimento cabe a todos eles (Almeida, 2010). Já no art. 24, estão aquelas em que todos os entes podem legislar sobre (as chamadas competências legislativas concorrentes)[15].

Vale ressaltar, ainda, que as competências podem ser **delegadas** (isto é, cedidas) de um ente para outro, como prevê o parágrafo único do art. 22. A título ilustrativo, o Quadro 4.1, a seguir, apresenta algumas dessas competências[16].

---

13 *"o primeiro enumerando as matérias deferidas à atuação política e administrativa das autoridades federais, o segundo discriminando as matérias passíveis de disciplina normativa privativa por parte daquelas autoridades" (Almeida, 2010, p. 58).*

14 *"Art. 32 [...] § 1º Ao Distrito Federal são atribuídas as competências legislativas reservadas aos Estados e Municípios" (Brasil, 1988).*

15 *"Embora o artigo 24 não indique os Municípios entre os titulares da competência legislativa concorrente, não ficaram eles dela alijados. Deslocada, no inciso II do artigo 30, consta a competência dos Municípios de suplementar a legislação federal e estadual no que couber" (Almeida, 2010, p. 59).*

16 *Para encontrar todas as competências constitucionalmente listadas, sugerimos a leitura dos artigos da Constituição indicados nesta seção.*

Quadro 4.1 – Competências constitucionais

Ente	Tipo de competência	Competências
União	Competência privativa	• Explorar serviços de telecomunicações (art. 21, XI); • estabelecer diretrizes para o desenvolvimento urbano (art. 21, XX). • Organizar, manter e executar a inspeção do trabalho (art. 21, XXIV); • legislar sobre direito civil, comercial, penal, processual, eleitoral, agrário, do trabalho (art. 22, I); • legislar sobre nacionalidade, cidadania e naturalização (art. 22, XIII); • legislar sobre normas gerais de licitação e contratação no Poder Público (art. 22, XXVII).
Estados	Competência privativa	• Explorar serviços de gás canalizado (art. 25, § 2º); • instituir regiões metropolitanas, aglomerações urbanas e microrregiões (art. 25, § 3º); • regulamentar o procedimento para criação, incorporação, fusão e desmembramento de municípios (art. 18, § 4º).
Municípios	Competência privativa	• Legislar sobre temas de interesse local (art. 30, I); • instituir e arrecadar os tributos de sua competência (art. 30, III); • organizar e prestar os serviços públicos na sua área de atuação (art. 30, V); • promover o ordenamento territorial, por meio de instrumentos de uso e ocupação do solo urbano (art. 30, VIII).

(continua)

(Quadro 4.1 - conclusão)

Ente	Tipo de competência	Competências
União, estados e municípios	Competência comum	• Cuidar da saúde e assistência pública, da proteção e garantia das pessoas portadoras de deficiência (art. 23, II); • proteger o meio ambiente e combater a poluição (art. 23, VI); • efetuar programas de construção de moradias e melhoria de condições habitacionais e de saneamento básico (art. 23, IX); • combater as causas da pobreza e os fatores de marginalização, promovendo a integração social dos setores desfavorecidos (art de competência. 23, X).
União, estados e municípios	Competência legislativa concorrente	Legislar sobre: • direito tributário, financeiro, penitenciário, econômico e urbanístico (art. 24, I); • orçamento (art. 24, II); • florestas, conservação da natureza, defesa do solo e dos recursos naturais, proteção do meio ambiente e controle da poluição (art. 24, VI); • previdência social, proteção e defesa da saúde (art. 24, XII).

Fonte: Elaborado com base em Brasil, 1988.

A enumeração das competências permite abordar dois conceitos associados à ideia de federalismo e que ajudam a compreender sua trajetória recente no país, a saber: relações intergovernamentais e descentralização (Souza, 2008; Beramendi, 2007; Galligan, 2006). **Relações intergovernamentais** são aquelas que ocorrem entre diferentes níveis de governo, especialmente em programas que demandam essa interação (Souza, 2008). Já **descentralização** é a distribuição do poder que estava concentrado geralmente no nível nacional, abrangendo diversas áreas, como política ou economia (Souza, 2008). Apesar de esses conceitos se aproximarem ao de federalismo, Souza (2008) destaca que eles não se confundem, uma vez que o federalismo vai além das relações entre os diferentes níveis de governo, estabelecendo ideais normativos e regras constitucionais sobre esse assunto. As relações intergovernamentais, geralmente, limitam-se àquelas entre Executivos dos vários níveis, ao passo que o federalismo abrange diversos aspectos do sistema político. Além disso, Estados unitários também podem adotar diferentes formas de relações intergovernamentais ou descentralização.

Ao longo dos anos 1980, década em que o Brasil saía da ditadura civil-militar de 1964, incluindo o processo de elaboração e promulgação da Constituição de 1988, os defensores da descentralização argumentavam pela sua capacidade de ampliar a democracia e a eficiência do governo no país, uma vez que a atuação mais presente dos cidadãos implicaria sua influência na tomada de decisão e no exercício de controle sobre os governantes (Almeida, 2005). Não por acaso, a Constituição de 1988 destacou-se pela descentralização de recursos fiscais e pela atribuição de competências para estados e municípios, especialmente na área social (Almeida, 2005).

O curso desse aparente impulso descentralizador da década de 1980 foi alterado na década de 1990, principalmente com a crise fiscal enfrentada pelos estados (Almeida, 2005; Arretche, 2009). Nesse período, foram aprovados, por exemplo, a flexibilização de gastos da União – começando pelo Fundo Social de Emergência (FSE) até chegar à Desvinculação de Receitas da União (DRU), passando pelos governos de Itamar Franco até Luiz Inácio Lula da Silva – e a regulamentações de impostos estaduais e municipais, como a Lei Kandir, no governo de Fernando Henrique Cardoso (Arretche, 2009).

Como demonstrou Marta Arretche (2009), apesar da ruptura relativa ao modelo de autonomia de gastos dos entes subnacionais, a década de 1990 marcou uma continuidade no modelo, já previsto pela Constituição de 1988, que autorizava a União a regulamentar detalhadamente como esses entes poderiam arrecadar e gastar seus recursos. Portanto, o mesmo texto constitucional que registrou a descentralização da execução de políticas (sociais e tributárias, por exemplo) para estados e municípios, garantia amplos poderes para que a União regulamentasse fortemente essa execução (Arretche, 2009). Arretche (2009) também aponta que, no Brasil, não foram previstas algumas limitações encontradas em outras federações. Por exemplo, não existem proteções especiais na tramitação de projetos de lei que envolvem assuntos federativos e o número de emendas constitucionais em matérias desse assunto no período foi alto, mesmo com o quórum de 60% de deputados e senadores em dois turnos para aprovação de emendas constitucionais – mais baixo do que em outros países (Arretche, 2009; Galligan, 2006).

A descentralização, porém, não ocorre somente no âmbito fiscal. No que se refere à elaboração e à execução das políticas, Maria Hermínia Tavares de Almeida (2005) relata que ela ocorreu em intensidades diferentes a depender da política pública. O caso das políticas de assistência social é um bom exemplo, havendo o deslocamento da ampla descentralização decisória de formulação e execução para o âmbito municipal, na década de 1990, em direção à centralização de formulação de programas específicos de transferência direta de renda (como o Bolsa Família), embora a execução permanecesse a cargo dos municípios (Almeida, 2005).

A criação de municípios

Como assinalamos, para diversos pesquisadores, a Constituição de 1988 teve forte vocação municipalista. Não por acaso, os anos imediatamente posteriores à promulgação da Carta registraram um aumento substancial no número de municípios no Brasil. A criação dessas entidades aconteceu em todos os momentos históricos do país, em virtude de decisões políticas relacionadas com a dinâmica de ocupação do espaço: "à medida que o espaço foi sendo ocupado e densificado, ocorreu sua compartimentação" (Cigolini, 2009, p. 14)[17].

Para analisar a compartimentação do território brasileiro, Cigolini (2009) investigou a criação de municípios durante os momentos de Colônia, Império e República vividos pelo país. Sua pesquisa revela que durante os anos de **Colônia** (1500-1822), eles eram criados para a organização da vida local e como uma "estratégia de ocupação e de proteção do território brasileiro", inicialmente por meio da Coroa Portuguesa e dos donatários que exploravam as capitanias hereditárias e, posteriormente, por meio da autorização das autoridades que administravam a colônia (Cigolini, 2009, p. 109). Em ilustração do fenômeno, esse autor parte do esquema territorial produzido por Sérgio Buarque de Holanda, que enfatizava a ocupação litorânea e aquela pela calha do Amazonas, inserindo duas outras linhas: uma do norte ao sul na borda oeste do país e outra com indicação da ocupação a oeste do Rio Grande do Sul, encerrando o polígono definidor do território nacional (Cigolini, 2009).

Durante o **Império** (1822-1889), a dinâmica espacial da instalação dos municípios seguia o padrão advindo das colônias. Esse movimento se caracterizava pela ocupação de localidades litorâneas somada ao avanço em direção ao interior próximo às densidades populacionais que ali se encontravam (Cigolini, 2009). No entanto, aqueles criados em regiões distantes das ocupações preexistentes "tiveram suas origens de acampamentos, fortificações militares e de povoações desenvolvidas de sesmarias ou projetos de colonização, sendo, portanto,

---

17 Frequentemente, notamos o uso intercambiável das palavras município e cidade, os quais não têm o mesmo significado – ainda que seu uso intercambiável possa fazer sentido em determinados contextos. Cigolini (2009) ensina que a associação entre município e governo local ocorria durante o Brasil Colônia e o Império, referindo-se ao governo de cidades e vilas. Somente na década de 1930 (com o Decreto n. 311/1938), houve uma reformulação que definiu que as sedes dos municípios seriam denominadas cidades, e as vilas seriam as sedes dos distritos – perdendo seu status de sede de governo municipal, visto que os distritos não têm um governo dotado de autonomia (Cigolini, 2009).

formas oriundas de estratégias de ocupação estatais" (Cigolini, 2009, p. 129). No Mapa 4.1, a seguir, podemos observar as dinâmicas ocorridas durante os períodos colonial e imperial.

Mapa 4.1 – Municípios brasileiros até 1889, com os esquemas geométricos elaborados por Holanda e Cigolini

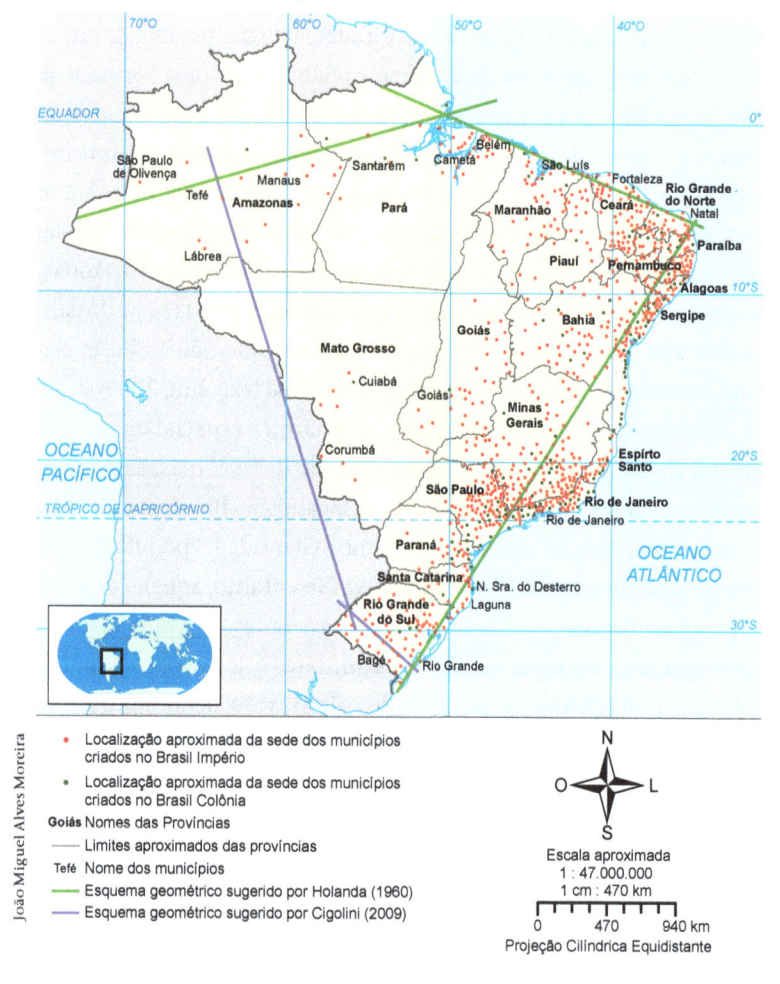

- Localização aproximada da sede dos municípios criados no Brasil Império
- Localização aproximada da sede dos municípios criados no Brasil Colônia
- Goiás Nomes das Províncias
- —— Limites aproximados das províncias
- Tefé Nome dos municípios
- —— Esquema geométrico sugerido por Holanda (1960)
- —— Esquema geométrico sugerido por Cigolini (2009)

Escala aproximada
1 : 47.000.000
1 cm : 470 km
0   470   940 km
Projeção Cilíndrica Equidistante

Fonte: Cigolini, 2009, p. 126.

Durante a **República** (1889 em diante), Cigolini (2009, p. 189-190) aponta que a malha municipal "reflete os processos de ocupação do território e densificação política e econômica". Até a década de 1960, o autor destaca que houve uma continuidade das emancipações[18] em áreas onde já se encontravam outros governos locais. Já o período da ditadura civil-militar (1964-1985), caracterizado por centralização política e redução da autonomia municipal, foi aquele com a menor média do número de novos municípios em todo o período republicano (Cigolini, 2009). É a partir de 1985, especialmente com a Constituição de 1988 e sua vocação municipalista, que Cigolini (2009) identifica um novo padrão: a criação de municípios em todo o território nacional.

O alto número de municípios criados a partir da Constituição de 1988 – de acordo com Fabricio Tomio (2002), o surgimento de cerca de um quarto do total de municípios existentes atualmente (5.570, em 2020) ocorreu entre 1988 e 2000 – suscita o interesse de vários especialistas acerca de suas causas e consequências. A principal contribuição da ciência política para a análise desse fenômeno vem dos trabalhos de Tomio (2002; 2005). Segundo esse autor, boa parte dos debates sobre a criação de municípios era feita sob um prisma normativo[19]: alguns autores consideravam o fenômeno de forma positiva, em razão das possibilidades de fortalecimento da democracia (em um argumento semelhante ao que veremos na última seção deste capítulo); outros

---

18 Criação de município cuja área estava contida em outro.

19 Cigolini (2009) realiza uma extensa revisão de estudos sobre esse fenômeno. Os trabalhos analisados pelo autor advêm de diferentes áreas do conhecimento (como geografia, ciência política e economia) e tomam como base diferentes escalas (estudos de caso de um único município, emancipações em todo estado e outros), bem como abordagens teóricas ou empíricas, refletindo a diversidade dessa temática. Nesta seção, optamos pelas análises de Tomio (2002; 2005), considerando seu exame sobre a proeminência de fatores políticos, além do potencial de generalização desse argumento para a explicação do fenômeno.

apontavam os desequilíbrios fiscais ou a fragilização de outros níveis de governo decorrentes desse processo (Tomio, 2002).

Como causas dessa ampla proliferação de municípios, Tomio (2002; 2005) identifica uma combinação de incentivos institucionais com interação entre atores políticos (estaduais e locais). Entre os **incentivos institucionais** estão as instituições delimitadoras, que definiram o número (estoque) de localidades que poderiam ser emancipadas (a cargo dos estados); a descentralização fiscal, que impulsionou a criação de novos municípios para obtenção de recursos; a transferência da competência de regulação do processo de emancipação para o nível estadual, gerando leis mais permissivas, em um contexto em que os atores políticos associavam as ideias de democratização e descentralização, e que transferiram boa parte do poder decisório para os deputados estaduais (Tomio, 2002). No que se refere à **interação entre atores**, Tomio (2002) destaca que o equilíbrio de forças entre os Executivos e Legislativos estaduais também é uma peça central, uma vez que um Executivo com sólida coalizão majoritária seria capaz de frear os impulsos de legisladores em atender a demandas assistencialistas e/ou de eleitores que buscassem, na criação de municípios, o acesso a novos recursos.

Dessa forma, encontramos uma variação significativa do número de municípios criados em cada estado brasileiro (Tomio, 2002). No período analisado, o estado que registrou a maior taxa de criação foi o Rio Grande do Sul (Tomio, 2005).

Esse fenômeno adquiriu grande importância, tal que resultou na Emenda Constitucional n. 15, de 12 de setembro de 1996, cujo objetivo foi dificultar esse processo, principalmente ao exigir estudos de viabilidade da criação de municípios e a realização de plebiscitos que envolvessem a população das localidades diretamente afetadas (Brasil, 1996). Ao final desse período de ampla criação de municípios, havia o temor de que tal fenômeno persistisse, especialmente em razão da manutenção de incentivos fiscais, sendo o mais importante o Fundo de Participação dos Municípios (FPM) (Tomio, 2002; 2005). O FPM distribui a renda gerada nos grandes e médios municípios para aqueles menores, o que, para alguns autores, reforça desequilíbrios regionais e prejudica os municípios médios e urbanos, pressionados pela maior demanda de serviços públicos (Tomio, 2005; Mendes, 2020). O Gráfico 4.1 apresenta o número de municípios brasileiros em cada faixa populacional, segundo a estimativa para 2019 da população de cada um realizada pelo Instituto Brasileiro de Geografia e Estatística (IBGE). Como é possível observar, a maior parte dos municípios brasileiros situa-se na faixa de até 20 mil habitantes (3.797, isto é 68,2% do total de 5.570)[20] e uma parte considerável deles (1.253) conta com 5 mil habitantes ou menos.

Gráfico 4.1 – Número de municípios brasileiros conforme a faixa populacional: estimativa do IBGE para o ano de 2019

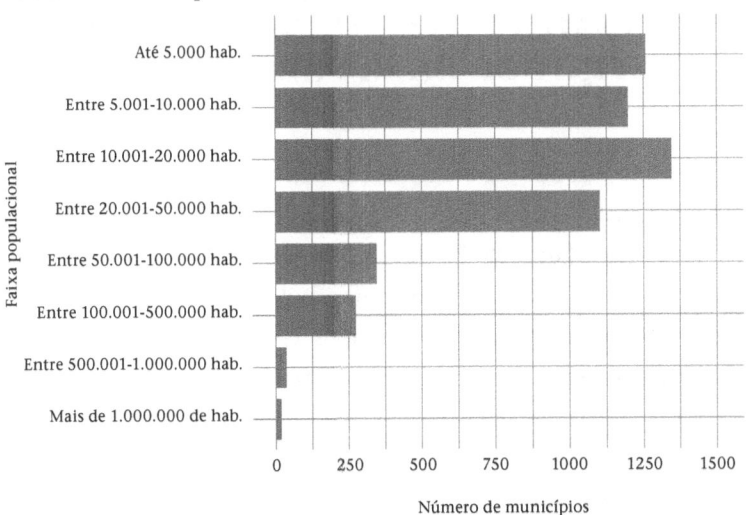

Fonte: Elaborado com base em IBGE, 2019.

---

[20] A mediana da estimativa populacional dos municípios brasileiros em 2019 é de 11.631 habitantes.

Lucas Gelape

Na realidade, somente cinco novos municípios foram criados desde o período abordado por Tomio (2002; 2005). Ainda assim, a viabilidade desses entes federativos permanece na pauta. Em 2019, foi proposta a chamada *PEC do Pacto Federativo*[21], que visa alterar diversos aspectos da organização do federalismo brasileiro (Brasil, 2019). Uma das medidas contidas nessa proposta de emenda constitucional (PEC) era a incorporação de municípios de até 5 mil habitantes – por algum município limítrofe – que não apresentem viabilidade financeira[22] (o que foi comumente tratado como *extinção de municípios*). Analistas apontam que por trás dessa proposta está novamente a discussão de como o FPM garante a existência dessas localidades (Mendes, 2020).

(4.3)
Representação política: o elemento territorial como definidor da representação moderna

A representação política é uma característica intrínseca da democracia moderna: não conseguimos pensar a ideia de democracia afastada da representação (Manin, 1997; Urbinati; Warren, 2008). Basicamente, ela traduz-se na existência de representantes políticos que têm o poder de agir em nome do povo (os eleitores), após serem eleitos para períodos determinados em que ocuparão seu cargo eletivo.

---
21   Proposta de Emenda Constitucional – PEC n. 188/2019 (Brasil, 2019).
22   Essa viabilidade financeira seria aferida pela comprovação de que a arrecadação de impostos municipais é responsável por pelo menos 10% da receita total do município. Segundo a Confederação Nacional dos Municípios, isso englobaria 1.220 desses municípios com menos de 5 mil habitantes (Resende, 2019).

Segundo Nadia Urbinati e Mark Warren (2008), a combinação entre democracias de massa e um constitucionalismo, que canalizou a representação eleitoral, gerou uma **estrutura-padrão** para o que entendemos como representação democrática. Essa estrutura-padrão seria composta por quatro características, quais sejam:

1. **Relação principal – agente:** trata-se de uma relação em que alguém, nesse caso os eleitores (os principais), elege agentes (seus representantes), que vão se colocar e agir politicamente em seu nome. Esses eleitores são conhecidos pelo seu termo em inglês *constituencies*[23] e estão delimitados a alguma área geográfica, territorial. A importância desse elemento consiste em separar a fonte do poder (os eleitores) daqueles que o exercem (os representantes).

2. **Espaço de soberania:** trata-se do espaço em que a representação eleitoral coincide com a soberania popular e o poder estatal. É dentro desse espaço territorial que a soberania está limitada.

---

23 *Não há uma tradução inequívoca para esse termo na língua portuguesa. Neste livro, adotamos a expressão* base eleitoral *como substituta. Para Andrew Rehfeld (2005, p. 36, tradução nossa), uma constituency eleitoral pode ser caracterizada tanto como "grupo de pessoas que são capazes de votar em certo representante (ou partido)" quanto como "o grupo de pessoas que votaram para certo representante (ou partido)". Em português, temos dois conceitos diferentes que responderiam a essas definições. A primeira definição aproxima-se de* distrito eleitoral: *"unidade territorial onde os votos são contabilizados para o efeito da distribuição em cadeiras" (Nicolau, 2004, p. 13). Já a segunda definição se relaciona com aquilo que costumamos chamar de* base eleitoral, *isto é, os eleitores identificáveis de algum candidato ou partido. Rehfeld (2005) adota a primeira definição, embora faça referência à segunda em passagens de seu livro. Para a explicação desenvolvida nesta seção, também adotaremos a primeira definição, traduzindo, nesses casos, o conceito de* constituency *como* distrito eleitoral.

3. **Responsividade**: a realização de eleições periódicas garante que representantes e partidos tenham de responder às suas bases eleitorais, uma vez que estas podem puni-los tirando-os desse lugar de representação.
4. **Igualdade política**: somada à garantia do voto universal, a representação eleitoral expressa um elemento de igualdade política entre os cidadãos de um Estado.

Para esses autores, a **territorialidade** é o elemento central dessa estrutura padrão (Urbinati; Warren, 2008), afinal os cidadãos só são representados como habitantes de alguma localidade (Rehfeld, 2005). Todavia, por que a territorialidade é um fator tão importante para delimitar o modo de escolha dos representantes? Afinal, ela não é o único critério possível. O Brasil, por exemplo, já adotou um modelo divergente (ainda que de forma complementar). Além da representação baseada na territorialidade, o Código Eleitoral de 1932, promulgado pelo Governo Provisório de Getúlio Vargas, abriu espaço para que associações profissionais tivessem espaço na Assembleia Constituinte a ser realizada (Barreto, 2016). Ao lado dos 214 representantes "territoriais", o Governo Provisório definiu que seriam dadas 40 vagas a associações profissionais, no caso aos sindicatos (divididos entre empregados e empregadores[24]) e às associações de profissionais liberais e de funcionários públicos (Barreto, 2016). Tais representantes foram eleitos e, de fato, atuaram na Assembleia Constituinte de 1934 (Gomes, 1978).

Andrew Rehfeld (2005) busca uma explicação para o fato de a territorialidade ser tão central para a representação política moderna

---

24 *Ou seja, havia, ainda, uma divisão classista (Barreto, 2016).*

no caso estadunidense[25]. Como o autor ressalta, a escolha da territorialidade parece "natural", sem motivos para questionamento (Rehfeld, 2005). Desde a Atenas Antiga, a territorialidade assumiu um papel importante na conformação da democracia. De acordo com Urbinati e Warren (2008), uma mudança fundamental do período foi a adoção do local de moradia como requisito para que um cidadão fosse considerado ateniense[26].

Rehfeld (2005) elenca cinco possíveis justificativas para o uso do território como critério definidor da representação política, e a pertinência de cada uma deveria ser avaliada no contexto estadunidense – no entanto, também podemos adotá-las para refletir sobre o contexto brasileiro:

1. **Representação de interesses**: em geral, pessoas vivem e trabalham dentro de regiões delimitadas, formando comunidades, como a região do Centro de São Paulo. Assim, essas comunidades têm interesses particulares que merecem a representação política (em nosso exemplo, deveríamos pensar na justificação da representação de interesses do Centro de São Paulo).
2. **Conexão com um corpo político** (polity): a conexão com um território específico pode facilitar que os cidadãos se sintam parte de um corpo político maior (geralmente nacional), cuja sede pode estar a milhares de quilômetros de distância.

---

25 *Ainda que o autor não busque uma explicação para o caso brasileiro, dada a importância dos desenhos institucionais estadunidenses e de outros países europeus para a conformação do sistema representativo do Brasil, a apresentação dessa reflexão sobre os Estados Unidos serve para elucidar elementos de criação da democracia representativa no Ocidente.*

26 *"De fato, o território teve uma importante relação histórica com a igualdade política que foi levada para os tempos modernos. Na Atenas Antiga, Clístenes alterou o requisito para a contagem como um cidadão ateniense, da identidade familiar ou de clã para a vila de residência. Dessa forma, Clístenes transformou o simples fato de moradia em uma condição suficiente para uma divisão de poder igualitária e que estabeleceu as bases para a concepção moderna de* constituency" *(Urbinati; Warren, 2008, p. 389, tradução nossa).*

Lucas Gelape

3. **Proteção da propriedade privada:** tendo em vista que a propriedade é geograficamente "localizável" e que o papel do Estado na proteção desta é frequentemente reafirmado na teoria política, esse tipo de representação poderia facilitar o alcance de tal objetivo.
4. **Proporcionar o consentimento dos cidadãos de serem governados:** como os cidadãos são livres para se deslocar dentro de um país, eles poderiam escolher onde morar, decidindo, assim, sob qual governo seriam jurisdicionados. Esse é um fenômeno muitas vezes verificado nos Estados Unidos, onde pessoas decidem residir em estados onde os impostos são mais baixos (como a Flórida ou o Texas) ou naqueles com maior oferta de serviços públicos (como a Califórnia).
5. **Incentivar o exercício de práticas democráticas:** a ideia por trás dessa justificativa é a de que a proximidade entre os cidadãos incentiva a participação política, uma vez que facilita a coleta de informações sobre o distrito eleitoral, a deliberação entre os eleitores daquele território, além da importância histórica do momento eleitoral como expressão de consentimento dos governados[27], ou seja, o voto é um reconhecimento de que o eleitor consente em ser governado por quem será eleito (Manin, 1997).

Por que é importante esclarecermos as justificativas por trás da adoção da territorialidade como critério para definição dos distritos eleitorais? Apesar de já ser um clichê entre cientistas políticos, a ideia de que os incentivos gerados por instituições importam na produção de resultados é verdadeira. No caso do distrito eleitoral, a fundamentação na territorialidade gera incentivos à ação de eleitores e políticos

---

27 *Não por acaso, veículos de imprensa frequentemente se referem às eleições como "festa da democracia".*

que tomem por base o espaço geográfico (como veremos no Capítulo 5) em vez de outras justificativas, como raça/cor, gênero ou profissão[28] (Rehfeld, 2005).

O surgimento de instituições representativas na Inglaterra do século XIII deu origem ao que se identificou como um distrito eleitoral com base no território (Rehfeld, 2005). Nesse cenário, a vida era essencialmente local: as comunidades eram pequenas e o deslocamento entre regiões era custoso e demorado, assim, as pessoas em geral viviam nos limites desses territórios (Rehfeld, 2005). A expansão do conselho real (com o objetivo de aumentar a arrecadação de impostos), no século XIII, levou à incorporação de representantes que eram escolhidos com base em suas comunidades de residência[29]. Esses "representantes" serviam de importante mecanismo de comunicação à Coroa sobre abusos cometidos em suas regiões, bem como agiam no interesse dessas comunidades (Rehfeld, 2005). Mesmo com a mudança no perfil do Parlamento inglês no século XVI, com maiores funções de elaborar legislações, essa representação se manteve fundada no território[30] (Rehfeld, 2005). Portanto, entre as cinco justificativas enumeradas por Rehfeld, esta seria a **representação de interesses**.

A vida política nos Estados Unidos colonial também era eminentemente local (Rehfeld, 2005). Os problemas para esse fundamento

---

28 Nas últimas décadas, diversos autores e autoras se dedicaram a discutir a importância de atentar às dimensões de gênero e raça na representação política. Bons exemplos estão em Iris Marion Young (2006) e em Luis Felipe Miguel e Flávia Biroli (2015).
29 Esse processo também é uma das origens remotas da própria ideia de representação política, como destaca Hanna Fenichel Pitkin (2006).
30 Leonardo Avritzer (2007, p. 448) destaca que "Os conceitos de monopólio e territorialidade não são inerentes à idéia de representação. Eles só foram associados a ela no decorrer do processo de consolidação do Estado moderno. [...] O processo através do qual a representação adquire o monopólio da capacidade de deliberação no interior do sistema político está ligado ao surgimento, fortalecimento e desenvolvimento do Estado moderno".

da representação começaram a surgir com a independência do país e a criação da Câmara de Representantes[31]. O compromisso de manutenção do tamanho populacional de cada distrito eleitoral combinado ao número reduzido de cadeiras nessa Casa Legislativa[32] fazia com que cada distrito englobasse uma população significativamente maior, não sendo possível que ela se limitasse a uma única comunidade (Rehfeld, 2005). Assim, a justificativa para a utilização de um distrito eleitoral fundado no território precisou ser reavaliada, uma vez que o fundamento da representação das comunidades não era mais aplicável, pois os distritos eleitorais passaram a abranger várias comunidades dentro de seus limites.

Ao avaliar as cinco justificativas que apresentamos anteriormente nos debates entre os Pais Fundadores da democracia estadunidense, Rehfeld (2005) conclui que as quatro primeiras não eram mais aplicáveis no contexto em que eles viviam. É importante notar que, no caso dessa democracia nascente, a principal justificativa que fundava a definição territorial dos distritos eleitorais – existência de "comunidades de interesse geograficamente definidas" (nos temos do professor Theodore Arrington, citado por Rehfeld, 2005) – não mais se sustentava. Ele argumenta, porém, que a última justificativa, o **incentivo a práticas democráticas**, era defendida nesses debates (Rehfeld, 2005).

Em primeiro lugar, os Pais Fundadores consideravam que ter informações locais era importante para aprimorar o trabalho da legislatura

---

31 No original, em inglês, House of Representatives, o equivalente estadunidense para a Câmara dos Deputados.
32 Nos Estados Unidos, cada distrito eleitoral elege um representante, que, em geral, precisa obter a maioria dos votos válidos na eleição, o que é conhecido como sistema eleitoral majoritário. Veremos mais informações sobre sistemas eleitorais no Capítulo 5, incluindo o caso estadunidense.

(Rehfeld, 2005). Além disso, por meio da deliberação, esses pensadores consideravam que seria possível selecionar e avaliar líderes políticos, que se distinguiriam entre os cidadãos e seriam eleitos como representantes (Rehfeld, 2005). Por fim, o autor aponta que a relevância simbólica da eleição é uma justificativa mais tênue, pois depende da sua realização em espaços públicos que envolvam a reunião de cidadãos. Isso obviamente seria facilitado caso os eleitores residissem próximos uns aos outros.

Tais justificativas são aplicáveis ao cenário contemporâneo? Rehfeld (2005) argumenta que, no contexto estadunidense atual, essa última justificativa (incentivo a práticas democráticas) ainda é possivelmente aplicável, caso os distritos eleitorais sejam pequenos. No entanto, com os avanços que marcaram o fim do século XX e o início do século XXI, outras tecnologias poderiam desempenhar melhor o papel que antes cabia ao território.

Além disso, o contexto atual envolve uma série de outros desafios à representação com base no território (Urbinati; Warren, 2008). O primeiro deles seria a identificação de dimensões relevantes para a representação política não necessariamente conectadas ao espaço, como gênero, etnia, religião, profissão ou nacionalismo (Urbinati; Warren, 2008). Esses temas podem estar conectados ao território (como regiões marcadamente vinculadas a uma profissão, a exemplo da região do ABC paulista e os trabalhadores da indústria; ou dos distritos eleitorais de maioria de população negra nos Estados Unidos), porém a representação permanece intermediada por ele.

Outro desafio imposto a esse formato de definição da representação é a criação de novas arenas decisórias internacionais, como as Nações Unidas ou a Organização Mundial de Saúde, com representantes que, em geral, não são eleitos diretamente pelos cidadãos de seus países, mas exercem um papel representativo nesses órgãos (Urbinati; Warren, 2008).

Lucas Gelape

Um último desafio à representação política é o surgimento de instituições participativas (IPs), cuja representação quebra as características fundamentais da estrutura-padrão descrita nesta seção, uma vez que não há mais monopólio territorial nem igualdade matemática entre os cidadãos que podem eleger esses representantes (Avritzer, 2007).

Analisamos algumas características fundamentais da representação política moderna e como sua justificativa está intimamente relacionada com o território. No próximo capítulo, descreveremos com mais detalhes vários aspectos em que as eleições estão ligadas à geografia. Contudo, antes, analisaremos outro aspecto fundamental da política contemporânea: a participação política em suas relações com o espaço.

(4.4)
Participação popular e suas dinâmicas territoriais

A partir da década de 1970, a teoria democrática foi incorporada por uma nova vertente de estudos, que propunha um modelo conhecido como *democracia participativa* (Held, 2006). Intuitivamente, poderíamos pensar que representação e participação seriam facetas opostas da democracia contemporânea. No entanto, teóricos da participação argumentam que ela não é um substituto à representação, mas uma forma de reforçá-la (Gaventa, 2004). Nos dizeres de David Plotke (1997), os opostos de representação e participação são, respectivamente, a exclusão e a abstenção, isto é, se ausente a representação, os cidadãos estão excluídos do corpo político; e, se não participam politicamente de sua comunidade, eles abstêm-se de fazê-lo.

Em uma das obras fundacionais desse campo, *Participação e teoria democrática*, a britânica Carole Pateman (1992) parte de uma análise de teóricos da democracia, como Jean-Jacques Rousseau e John Stuart

Mill, combinada a evidências sobre a participação de trabalhadores na gestão de seus espaços de trabalho (especialmente em fábricas) para construir seu argumento. Segundo ela, a participação contribui para fortalecer sentimentos de eficácia, de pertencimento à comunidade política e de aprendizado e preocupação com problemas coletivos (Held, 2006; Pateman, 1992). É impossível não relacionar tais argumentos com a ideia de incentivo a práticas democráticas, que discutimos na seção anterior deste capítulo.

Ainda assim, qual a relação da participação com o espaço? Como aponta Gaventa (2004), essa discussão pode ser ilustrada por um ponto simples: é no nível local, no território em que vivemos (ou trabalhamos), que as pessoas estão em contato mais frequente com políticos e políticas. Assim, as pessoas expõem-se mais aos temas ali trabalhados – são menos estranhas ao que é discutido (Pateman, 1992) –, portanto se envolvem mais. Além disso, os custos de participação são mais baixos, afinal ela ocorre perto de casa ou do local de trabalho.

Em termos semelhantes àqueles trazidos por Rehfeld (2005), é nesse território que as pessoas lidam com outros cidadãos no que se refere à deliberação sobre assuntos políticos. Sendo a participação um elemento em si de aprendizado e construção democrática, como ressaltado, ao construir espaços e oportunidades para tanto em áreas onde as pessoas podem circular mais facilmente (como na vizinhança de suas casas), estaríamos incentivando práticas democráticas. Por conseguinte, o nível local foi "historicamente compreendido como um lugar central para a construção democrática e participação cidadã" (Gaventa, 2004, p. 9, tradução nossa).

Nesse sentido, existem diversas iniciativas participativas em âmbito local pelo mundo. Entre elas, destacamos duas: (1) o novo localismo (*new localism*) na Inglaterra; e (2) o orçamento participativo, existente em várias cidades brasileiras, mas cujo modelo paradigmático é o de Porto Alegre. O **novo localismo** é um conjunto de iniciativas surgidas na Inglaterra ao longo dos anos 2000, que sugeriam a delegação (*devolution*, na expressão em inglês) de competências do governo central para os locais e destes para as populações[33] (Painter et al., 2011). O **orçamento participativo** é uma instância em que os moradores de uma região podem votar sobre a alocação de parte do orçamento público municipal para determinada obra. O caso de Porto Alegre gerou diversos estudos e foi paradigmático como iniciativa que propiciou participação e empoderamento de cidadãos pobres (Abers, 2000), tornando-se uma vitrine de iniciativas de governos do Partido dos Trabalhadores (PT) ao longo da década de 1990 (Bezerra, 2019).

Assim como a representação política, a participação também enfrenta uma série de desafios. Um dos pressupostos de trabalhos nesse campo postula que a participação leva a melhores decisões e resultados de políticas públicas, uma vez que recebem *inputs* dos cidadãos (Gaventa, 2004). Contudo, estudos vêm mostrando que essa relação não é unívoca como pode parecer (Gaventa, 2004). Além disso, Selen A. Ercan e Carolyn M. Hendriks (2013) elencam outras quatro críticas frequentemente feitas na literatura:

1. **Iniciativas de delegação de competências do poder central para estados e municípios podem não ser necessariamente reflexo de democratização**: essa delegação pode ter a fachada de democratização, mas significar somente sucateamento de serviços públicos ou mesmo governos livrando-se dessa responsabilidade.

---

33 "*Novo localismo pode ser caracterizado como uma estratégia focada em delegar (devolve) poder e recursos do governo central para administradores na linha de frente, estruturas democráticas locais e consumidores e comunidades locais, dentro de um enquadramento pré-acordado sobre padrões nacionais mínimos e políticas públicas*" (Stoker, 2004, p. 117, tradução nossa).

É de extrema importância, portanto, que a delegação venha acompanhada de ferramentais, tais como recursos e efetiva capacidade deliberativa, para que seja participativa.

2. **O localismo pode reforçar desigualdades de poder preexistentes**: desigualdades de renda, gênero ou raça podem afetar a capacidade dos cidadãos de participar de assuntos que lhe sejam concernentes. Dessa forma, os desenhos das iniciativas/instituições participativas precisam observar tais desigualdades para tentar atenuá-las, retirando obstáculos para que essas pessoas possam engajar-se nessas atividades.

3. **Iniciativas que implicam uma participação única não se equivalem à democracia participativa**: elas voltam-se a problemas singulares, por vezes desconectadas do contexto geral da política no país. Assim, Ercan e Hendriks (2013) argumentam que tais iniciativas devem ser acompanhadas de uma sociedade civil mobilizada e engajada nessas localidades.

4. **O localismo restringe o escopo, o espaço e os limites das práticas participativas**: inevitavelmente, boa parte dos assuntos discutidos nessas arenas são de interesse e alcance local, portanto estão desconectados de assuntos nacionais. Outra questão circunscrita a esse aspecto é o fato de que iniciativas locais são altamente dependentes dos contextos onde são implementadas. Como ressaltam os autores, trata-se de importantes problemas, mas que podem ser, ainda que parcialmente, solucionados. Por exemplo, é possível que assuntos locais tenham repercussões nacionais, pressionando por novas práticas e relações entre diferentes níveis de governo. Além disso, a mídia e a sociedade civil engajada também podem desempenhar papéis de reverberação de práticas locais. Além disso, como defendia Pateman (1992), a própria participação é capaz de mudar o contexto da política nacional (Held, 2006).

Lucas Gelape

Síntese

Neste capítulo, começamos a adentrar o Estado-nação, discutindo como a geografia se envolve em seus aspectos internos. Primeiramente, destacamos que fronteiras são frutos de decisões políticas e se expressam de diferentes formas. Dentro de um país, elas podem dividir os vários níveis de governo, uma das características de um sistema federalista.

O Brasil é um país federal, ou seja, organiza-se de acordo com o federalismo, forma de organização do Estado em que existem dois ou mais níveis de governo com a autoridade formal sobre determinados territórios. Dessa forma, abordamos algumas características do federalismo brasileiro, como sua divisão de poderes – o Senado como Casa Legislativa federal, e o STF como árbitro de conflitos federativos, por exemplo – e a delegação de competências, isto é, as questões que cabem à União, aos estados e aos municípios. Dedicamo-nos, ainda, à análise da criação de municípios, assunto que voltou à pauta recentemente no país.

Além disso, apresentamos as ideias de representação e participação, em suas conexões com o espaço. Esses dois conceitos não são oponentes, mas complementares, devendo reforçarem-se mutuamente. Ao examinarmos a representação política, refletimos sobre as causas do protagonismo da territorialidade em sua definição. Em uma abordagem histórica, Rehfeld (2005) indicou que, durante vários séculos, a justificativa para isso residia na representação de interesses das comunidades. Com o crescimento das cidades e o aumento no número de cidadãos por representante, essa justificativa deixa de ser aplicável. O novo fundamento, portanto, é a possibilidade de incentivo de práticas democráticas – mesmo assim, o autor sugere que outros instrumentos poderiam ser mais eficientes para isso.

Também evidenciamos que, na contemporaneidade, a associação entre representação e territorialidade enfrenta outros desafios, como as novas arenas decisórias nacionais e internacionais e a existência de outras dimensões relevantes, a exemplo de gênero e raça. Por fim, discutimos como a ideia de participação é estreitamente vinculada ao nível local, dado que facilita a realização de práticas democráticas, ao incluir assuntos de maior interesse dos cidadãos e diminuir os custos de participação. Nas últimas décadas, iniciativas como o novo localismo e o orçamento participativo são exemplos de implementação de práticas participativas. Ainda assim, tal como a representação, as iniciativas participativas enfrentam desafios para atingir seus objetivos.

Para saber mais

ARRETCHE, M. **Democracia, federalismo e centralização no Brasil.** Rio de Janeiro: Ed. FGV; Ed. Fiocruz, 2012.

Este texto, que é a tese de livre docência da professora Marta Arretche na Universidade de São Paulo (USP), traz uma excelente discussão sobre as características e as transformações do federalismo brasileiro após a promulgação da Constituição de 1988. A obra reúne análises aprofundadas sobre o federalismo, além de enfrentar outras questões correlatas ao tema.

Lucas Gelape

CIGOLINI, A. A. **Território e criação de municípios no Brasil**: uma abordagem histórico-geográfica sobre a compartimentação do espaço. 210 f. Tese (Doutorado em Geografia) – Universidade Federal de Santa Catarina, Florianópolis, 2009. Disponível em: <https://repositorio.ufsc.br/xmlui/bitstream/handle/123456789/92531/268885.pdf?sequence=1&isAllowed=y>. Acesso em: 26 jan. 2021.

Em sua tese de doutorado, Adilar Cigolini faz uma ampla revisão de trabalhos que abordam a criação de municípios no Brasil, bem como uma retomada histórica dos períodos do Brasil Colônia, Império e República, para descrever como ocorreu a compartimentação do território nacional, com base em conceitos e instrumentos da geografia.

ARAÚJO, C.; LAVALLE, A. G. (Org.) O futuro da representação. **Revista Lua Nova**, São Paulo, n. 67, 2006. Disponível em: <http://www.cedec.org.br/o-futuro-da-representacao---ano-2006---no-67>. Acesso em: 26 jan. 2021.

Publicado em 2006, o número 67 da revista acadêmica *Lua Nova* trouxe uma série de artigos assinados por alguns dos maiores especialistas em representação política na contemporaneidade. Trata-se de um excelente panorama sobre o estado da arte das discussões a respeito do tema.

Questões para revisão

1. Indique os elementos que formam o caráter duplo das fronteiras.

2. Por que a participação é fortemente ligada ao âmbito local?

3. Sobre o federalismo brasileiro, assinale a afirmativa **falsa**:
   a) Os três entes federativos do Estado brasileiro são a União, os estados e os municípios. No Poder Legislativo nacional, o Senado Federal representa os interesses dos estados e a Câmara dos Deputados representa o povo.
   b) O princípio que organiza a distribuição de competências entre os três entes federativos é o princípio da hierarquia: a União pode legislar sobre qualquer assunto e todas as decisões em âmbito nacional têm prevalência sobre o interesse local.
   c) O Supremo Tribunal Federal pode decidir alguns conflitos jurídicos entre entes federativos (como entre a União e algum estado, ou entre estados), exercendo a função de árbitro desses conflitos, caso seja provocado a decidir.
   d) Diversos autores argumentam que a Constituição de 1988 tem forte vocação municipalista. No período entre sua promulgação e o ano de 2000, houve uma intensa criação de municípios (totalizando cerca de 25% do total de municípios existentes na atualidade).

Lucas Gelape

4. Assinale a alterantiva que **não descreve** uma das características da estrutura padrão de representação democrática segundo o conceito proposto por Urbinati e Warren (2008):
   a) Espaço de soberania: a porção de território que delimita a soberania popular e o poder estatal – elemento que expressa a territorialidade da representação política.
   b) Igualdade política: garante que cada eleitor tenha peso equânime na decisão sobre os representantes.
   c) Responsividade: realização de eleições periódicas, para que os representantes possam ser substituídos.
   d) Mandato imperativo: o representante não tem liberdade para agir segundo suas convicções durante o exercício da representação, sendo obrigado a seguir rigidamente a orientação de seus eleitores.
   e) Relação principal-agente: define que eleitores elegem representantes que agirão em seu nome.

5. Acerca dos critérios utilizados historicamente para justificar a adoção do território como definidor da representação política, analise as afirmativas a seguir e indique V para as verdadeiras e F para as falsas.
   ( ) A ideia de representação de interesses sugere que coabitantes de uma região (por exemplo, de um bairro) formam comunidades que merecem representação política formal.

( ) A conexão com um corpo político transmite a ideia de que as pessoas só se sentiriam conectadas territorialmente caso estivessem próximas. A existência de países com grande extensão territorial, portanto, não se justificaria.

( ) A proteção da propriedade privada aponta que esta tem uma localização exata e clara, portanto a representação favorece sua proteção.

( ) A dimensão territorial da representação proporciona o consentimento dos cidadãos de serem governados, pois têm influência na elaboração de leis onde residem, e não porque podem deslocar-se pelo território em busca de regiões que lhes pareçam mais convergentes com suas posições políticas.

( ) Ao fundar a representação no território, incentiva-se o exercício de práticas democráticas, uma vez que a proximidade entre as pessoas propicia a participação política.

Agora, assinale a alternativa que apresenta a sequência correta obtida:

a) V, F, V, F, V.
b) F, F, V, F, V.
c) V, F, V, F, V.
d) V, V, V, V, V.
e) V, F, V, F, F.

Questão para reflexão

1. Os Estados-nação apresentam diversas formas de organização interna. Ainda assim, nações democráticas em sua ampla e absoluta maioria concretizam-se em sua forma representativa, e não em suas variações, como a participativa. Como a representação possibilita a tomada de decisões políticas? O que seria alterado se houvesse a participação direta dos cidadãos? Em cada uma dessas possibilidades, como a divisão territorial afetaria cada um dos arranjos para tomada de decisão?

Capítulo 5
Geografia eleitoral

Conteúdos do capítulo:

- Diferentes formas de representar.
- Consequências das diferentes formas de representar.
- Teorias do comportamento eleitoral.
- Ganhos de uma visão alternativa: geografia eleitoral.

Após o estudo deste capítulo, você será capaz de:

1. compreender questões sobre representação, seus alcances e seus limites;
2. entender como a representação é possível e as consequências das escolhas de cada sistema de representação;
3. discorrer sobre as principais escolas e teorias sobre o comportamento eleitoral;
4. reconhecer que a geografia eleitoral traz ganhos às interpretações sobre representação, eleição e território, bem como a respeito de fenômenos correlatos.

"A geografia não é um epifenômeno: ela provê a arena (em uma variedade de escalas) na qual decisões eleitorais são tomadas." (Johnston; Pattie, 2004, p. 53, tradução nossa)

O trabalho científico encarrega-se de oferecer explicações causais a fenômenos de diversos tipos. No caso da ciência política, especificamente, são os fenômenos político-sociais que ocupam o papel de interesse do campo. Neste capítulo, abordaremos as explicações para os fenômenos eleitorais – aqueles relacionados aos padrões de votação, à representação político-eleitoral e aos efeitos que derivam disso – e analisaremos de que forma parte dos trabalhos tem como foco os fatores político-institucionais e histórico-sociais como as principais variáveis de resposta. Para uma parcela das explicações, é pequeno ou inexistente o papel da geografia e da constituição do espaço como fatores relevantes para a interpretação de fenômenos eleitorais, como o voto e a representação política. Posto de outra forma, nessa perspectiva, a geografia seria apenas um epifenômeno de outros processos (como o próprio Estado-nação): algo que está lá, mas tem apenas uma influência residual sobre o processo e o resultado eleitorais e as variáveis políticas que ajudam a explicá-los.

Veremos como essa leitura impõe limitações às respostas que são oferecidas, porque, ao desconsiderar o espaço, ela ignora, também, os vieses e as influências que são impostas a políticos e eleitores por meio da geografia. Assim, reforçaremos que a geografia tem um papel relevante ao conformar as escolhas e, principalmente, ao influenciar as próprias variáveis políticas tão importantes a essa parte da literatura. Isso aconteceria seja por meio do contato social imediato entre pessoas – o voto daqueles que estão próximos influenciando nosso próprio voto –, seja por criar e propiciar a propagação de informações para determinados locais que variam de acordo com a constituição dos espaços – as informações que chegam a nós são enviesadas pelo local onde residimos. Entretanto, antes disso, a geografia influencia a própria conformação das instituições eleitorais, ou seja, o desenho dos distritos eleitorais. Essa influência incide, em boa medida, na questão de quais políticos terão maiores chances de serem eleitos e, ainda, tem impactos sobre a possibilidade de representação política aos eleitores.

Por fim, evidenciaremos como há um ganho explicativo nas análises e interpretações de voto e de comportamento eleitorais quando elas passam a incorporar o espaço e os processos político-sociais que derivam dele. Essas teorias, que dão corpo ao campo da geografia eleitoral, oferecem respostas mais claras e factíveis porque permitem incorporar nas análises elementos que impactam as variáveis políticas.

(5.1) AS DIFERENTES FORMAS DE REPRESENTAR

A representação política é um fenômeno multifacetado que pode acontecer de várias formas. No Capítulo 4, analisamos as possibilidades de representação, suas origens e algumas de suas implicações. Discutiremos, aqui, especificamente, a representação via eleições, ou seja, a maneira como escolhemos nossos representantes políticos. Sabemos que o resultado de uma eleição depende não só da vontade das pessoas, mas também das regras que sustentam o processo. A interação dessas regras com componentes geográficos tem peso significativo.

Diferentes sistemas eleitorais dão origem a diversas formas e padrões de representação política. É extensa a literatura que explora os efeitos e as consequências desses sistemas (André; Depauw, 2018; Canon; Posner, 1999; Carey; Shugart, 1995; Colomer, 2005; Cox, 1997; Duverger; Goguel, 2013; Farrell, 2011; Lijphart, 1990, 2003; Lublin, 1999; Norris, 2004; Overby; Cosgrove, 1996). A distinção básica entre os sistemas eleitorais ocorre entre três grandes tipos: majoritários, proporcionais e mistos, dos quais deriva uma série de outras possibilidades, conforme evidencia a Figura 5.1, a seguir.

Figura 5.1 – Tipos de sistemas eleitorais

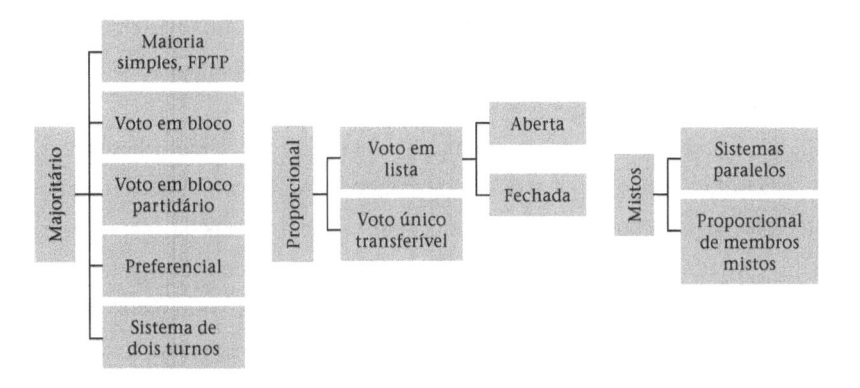

- Majoritário
  - Maioria simples, FPTP
  - Voto em bloco
  - Voto em bloco partidário
  - Preferencial
  - Sistema de dois turnos
- Proporcional
  - Voto em lista
    - Aberta
    - Fechada
  - Voto único transferível
- Mistos
  - Sistemas paralelos
  - Proporcional de membros mistos

O primeiro sistema eleitoral adotado – porque mais simples – foi o **sistema majoritário**. Sob esse sistema, um candidato precisa atingir determinada maioria para vencer uma cadeira. Maioria, nesse caso, pode significar maioria simples (*plurality*, FPTP), maioria relativa ou maioria absoluta.

Em sistemas que adotam a **maioria simples**, ou *plurality*, ou ainda *first-past-the-post* (FPTP), um candidato precisa obter mais votos que qualquer oponente para vencer. Isso significa que, nos casos em que há mais do que dois candidatos disputando uma mesma cadeira, o candidato vencedor ganhará com a minoria dos votos, ainda que, em comparação aos demais candidatos, ele seja o mais votado. Portanto, ele deve ser o mais votado entre todos, mesmo que não obtenha 50% dos votos. Para ilustrar, vamos tomar um distrito eleitoral no qual três candidatos concorrem a uma cadeira. O candidato vencedor, pela regra de maioria simples, precisa obter 33,3% dos votos mais um. Ele será eleito com menos da metade dos votos totais, porque, em relação aos demais candidatos, foi o mais votado.

Esse é o sistema adotado para a eleição de parlamentares nos Estados Unidos, por exemplo. Nesses sistemas, cada distrito eleitoral elege um representante. Esses distritos são baseados no tamanho da população, de forma que precisam ser redesenhados de acordo com a variação demográfica do país. Trataremos do redesenho dos distritos adiante, quando abordarmos o *gerrymandering*.

Para questões de representação, nesse sistema de maioria simples, conta a maioria dos assentos parlamentares, não a maioria do apoio da população ou do eleitorado. Assim, em sistemas parlamentares que adotam a maioria simples como fórmula para eleger legisladores, o chefe do Executivo, o Primeiro Ministro, pode ser eleito pelo partido majoritário sem apoio da maioria do eleitorado, por exemplo. Como consequência disso, o sistema de maioria é prejudicial aos partidos menores, que, sem um apoio mínimo, não conseguem ultrapassar outros partidos majoritários maiores e, portanto, se eleger. Não há, nesses sistemas de maioria, espaço para a representação de minorias.

Essa opção, de FPTP, também pode ocorrer em distritos que elegem múltiplos membros. Esse é o chamado *sistema de voto em bloco*. Nele, eleitores têm quantos votos quiserem conferir e podem votar em candidatos de quaisquer partidos – os mais votados são os eleitos. Esses sistemas eram utilizados em países como a Tailândia e as Filipinas até meados da década de 1990, mas foram substituídos por alternativas. No Brasil, esse sistema persiste nas eleições municipais para prefeito em que não há segundo turno, ou seja, no caso de municípios com menos de 200 mil eleitores. Nesses locais, o candidato mais votado vence. Uma variação desse mecanismo é o sistema de **voto em bloco partidário**, cuja única diferença reside no fato de o voto ser dado em uma lista partidária ordenada.

Sistemas majoritários podem, ainda, ser do tipo **preferencial**. Neste, os eleitores devem ordenar, literalmente, seus candidatos de preferência. Se, na contagem dos votos, nenhum dos candidatos obter maioria absoluta, os votos dos candidatos menos votados são distribuídos de acordo com a ordem de preferência até que algum tenha a maioria. O voto alternativo é utilizado na Austrália. Esse sistema também é bastante parecido com o sistema de contagem de borda, no qual o peso da ordenação (1º preferência, 2º preferência etc.) conta na distribuição dos votos.

Há, ainda, o sistema de **dois turnos**, que é bastante conhecido por nós, brasileiros, já que é adotado na eleição presidencial. Nesse caso, existe a possibilidade de dois turnos em uma eleição majoritária. Se um candidato, ainda no primeiro turno das eleições, conseguir mais que 50% dos votos, ele é eleito. Caso nenhum candidato consiga, um novo turno é realizado entre os dois mais votados, sendo eleito aquele que obter a maioria dos votos.

Uma crítica frequente aos sistemas de maioria, como já adiantamos, é a impossibilidade de representação de partidos minoritários, ou seja, de espaço para minorias políticas. Lijphart (2003), ao debater sobre o sistema majoritário, fala de sua melhor adequação a sociedades mais homogêneas. Segundo o autor, divisões sociais impõem questões que o sistema majoritário não dá conta de representar. Como alternativa, o autor alude aos sistemas de representação proporcional, que gera espaços para que grupos minoritários tenham representação política formal e tomem decisões políticas para seus eleitores. Nesses sistemas, a distribuição de cadeiras deve ser proporcional aos votos recebidos pelos partidos. A proposta é, justamente, oferecer uma alternativa às desproporcionalidades causadas pelo sistema majoritário e criar um corpo de representantes que, de alguma forma, reflita melhor a distribuição das opiniões e divisões do eleitorado. Nos sistemas proporcionais, os eleitores são distribuídos ao longo de distritos eleitorais, que podem corresponder às unidades federativas, como no caso brasileiro, ou não, como em Israel, onde só há um distrito nacional (ou seja, o país é um distrito).

A divisão em um ou mais distritos é um elemento central no **sistema proporcional**. No interior desses distritos, as vagas são preenchidas proporcionalmente. Isso significa que um partido com relativamente poucos votos – a depender de critérios do cálculo da tradução de votos em cadeiras e de barreiras mínimas de votação para eleição[1] – pode conseguir eleger seus candidatos. Contudo, isso também varia com a magnitude dos distritos eleitorais, ou seja, com o número possível de cadeiras que cada distrito pode eleger. Quanto maior for o número de cadeiras, mais proporcional tenderá a ser o resultado. Isso acontece porque, quanto maior for o número de candidatos que podem ser eleitos, maior será a possibilidade de representação de múltiplos partidos. A magnitude dos distritos brasileiros, por exemplo, varia de acordo com a sua população. Além disso, há um número mínimo e um número máximo de representantes, definidos constitucionalmente. Para a Câmara dos Deputados, o número mínimo é oito e o máximo, setenta – sendo este o número representantes eleitos no maior estado, São Paulo.

Há um debate sobre a desproporcionalidade que esses limites mínimo e máximo geram. Alguns estados menores, de magnitude oito, têm sua

---

1   As *chamadas* cláusulas de barreira, *ou* cláusulas de exclusão, *ou* cláusulas de desempenho *são normas que impedem ou restringem o funcionamento parlamentar ao partido que não alcançar determinado percentual de votos.*

população super-representada na Câmara dos Deputados, como é o caso de Roraima, que elege oito deputados e tem, de acordo com a estimativa populacional de julho de 2019, do IBGE, 605.761 habitantes. Portanto, cada deputado de Roraima representa, idealmente, 75.720 habitantes. São Paulo, por outro lado, com uma população de 45.919.049 habitantes e 70 deputados federais, seria subrepresentado, uma vez que cada deputado, nesse estado, representa 655.986 habitantes, número bastante diferente daquele de Roraima. Isso tem implicações para representação, na medida em que viola o princípio de que o voto de cada eleitor tem o mesmo valor em qualquer distrito em que esteja.

Com relação à oferta de candidatos aos eleitores, duas são as possibilidades. A primeira delas é o **sistema de listas**. Nele, os partidos são incumbidos de formar listas de candidatos, no interior de cada distrito, que devem ser oferecidas aos eleitores. Essas listas podem ser abertas ou fechadas. Nas **fechadas**, os partidos ordenam os candidatos que concorrem de forma que ao eleitor cabe votar nas listas fornecidas, apenas. Assim, a escolha é diretamente partidária (Carey; Shugart, 1995): o eleitor escolhe o partido que mais o agrada, com os candidatos que mais o agradam. Não há qualquer agência popular sobre quais candidatos estarão nas listas. Com a soma de votos dos eleitores para determinado partido é calculado um quociente que estabelece quantos candidatos este tem o direito de eleger. Os candidatos eleitos serão aqueles do topo de cada lista partidária no interior de cada distrito. Adotam listas fechadas países como África do Sul, Argentina, Islândia, Hong Kong, Portugal, Rússia, Espanha e Uruguai.

Nos sistemas de listas **abertas**, os partidos também criam suas listas de candidatos, porém estas não são previamente ordenadas. Isso significa que cabe aos eleitores escolherem os candidatos que preferem. O voto, nesse sentido, expressa duas preferências: uma pelo candidato em si e outra pelo seu partido. O cômputo dos votos acontece por partido e, depois de totalizados, outro cálculo é feito para definir quantas cadeiras cada um tem direito. Com base nisso, a distribuição de cadeiras é feita para os candidatos mais votados de cada lista partidária.

Nos sistemas de lista fechada, a importância do partido é central: os eleitores escolhem um partido, e não candidatos. Por outro lado, nas listas abertas, os eleitores escolhem os candidatos e os partidos. Ainda que haja uma relevância dos partidos nessa escolha, importa também a reputação do candidato (Carey; Shugart, 1995), afinal é por ele que cada eleitor opta na urna, nominalmente. Adotam esse sistema diversos países, como Finlândia, Bélgica, Holanda, Israel, Luxemburgo, Suécia, Suíça, Dinamarca, Chile, Colômbia, Brasil, e alguns estados da Alemanha, como Hamburgo e Bavária.

Além dos sistemas de representação proporcional de lista, há a possibilidade da adoção do **voto único transferível**. Os princípios desse sistema, inventado por Thomas Hare no século XIX, indicam que, no interior de cada distrito, os eleitores ranqueiem listas de candidatos de acordo com sua preferência. Eleitores podem ranquear todos os candidatos que competem naquela eleição ou, ainda, elencar apenas um. Após a votação, é calculada uma cota de votos necessária para a eleição. O resultado final é determinado por uma série de rodadas, nas quais é definido o número de votos para a eleição de candidatos votados como primeira preferência. Todos que atingirem esse limite são eleitos na primeira rodada. Nas rodadas seguintes, os votos excedentes dos candidatos eleitos anteriormente são redistribuídos para a eleição daqueles com a segunda preferência, e assim sucessivamente. Adotam esse sistema Irlanda, Malta e o senado da Austrália.

Por fim, há, ainda, os **sistemas mistos**, que apresentam duas formas: os sistemas paralelos e os sistemas proporcionais de membros mistos. Nos **sistemas proporcionais de membros mistos**, a proporção de votos que os partidos recebem é dada pela regra proporcional, mas a definição de quem ocupa as vagas é dada pelo princípio majoritário no interior de cada distrito. Já nos **sistemas paralelos**, parte das vagas é alocada de acordo com um princípio majoritário e a outra, de acordo com o princípio proporcional. Por adotarem métodos diferentes para a eleição de um mesmo corpo de governo, críticos apontam que esses sistemas podem gerar uma divisão entre aqueles eleitos por um sistema e aqueles eleitos por outro.

Gerrymandering

Gerrymandering é o nome dado ao desenho de distritos eleitorais com o intuito de garantir vantagens para um partido em detrimento de outro. Esse fenômeno não acontece no Brasil, porém, nos Estados Unidos, há um grande debate sobre o desenho dos distritos eleitorais, bem como em relação ao seu redesenho: tanto a forma presente quanto as formas possíveis podem gerar vantagens para o partido dos políticos que desenham tais distritos. A Figura 5.2, a seguir, exibe um exemplo retirado do portal social Reddit.

Figura 5.2 – Diferentes formas de dividir 50 pessoas em cinco distritos

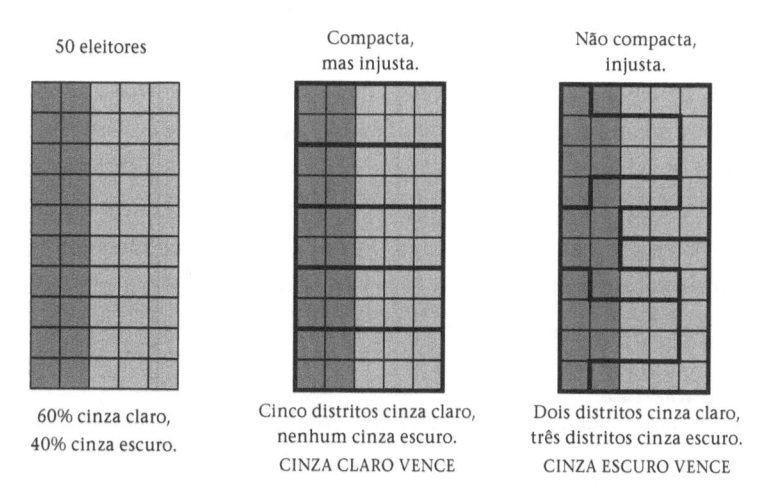

50 eleitores	Compacta, mas injusta.	Não compacta, injusta.
60% cinza claro, 40% cinza escuro.	Cinco distritos cinza claro, nenhum cinza escuro. CINZA CLARO VENCE	Dois distritos cinza claro, três distritos cinza escuro. CINZA ESCURO VENCE

Fonte: Reddit, 2015, tradução nossa.

Graziele Silotto

Suponha um estado com 50 eleitores. Destes, 60% apoiam o partido cinza claro e os demais, o partido cinza escuro. Suponha, ainda, que os apoiadores de um partido vivem de um lado do estado e os apoiadores do outro vivem de outro lado.

Há, sem dúvidas, inúmeras formas de criar, com base nessa divisão, distritos eleitorais no interior desse estado. Vamos supor que pretendemos criar cinco distritos e cada um deles elegerá um representante para a Câmara dos Deputados. Uma das possibilidades seria dividi-los de forma proporcional às preferências do eleitorado, como seria caso cada coluna fosse um distrito.

Entretanto, existem outras possibilidades. Digamos que o partido governante seja o cinza claro, e cabe a seus líderes a função de redesenhar distritos. Eles podem, por exemplo, criar distritos como os do segundo retângulo da Figura 5.2. Nesse desenho, em uma próxima eleição, não há possibilidade alguma de que o partido opositor vença, pois os eleitores do partido cinza claro serão sempre maioria em qualquer um dos cinco distritos. Por outro lado, se o partido cinza escuro for o governante e redesenhar os distritos, ele pode fazê-lo como no terceiro retângulo, tal que será o vencedor na maioria dos distritos.

Colocando de uma forma tão simples, parece caricatural. Mas vejamos apenas um exemplo do Estado de Maryland nos Estados Unidos[2]. Maryland tem oito distritos eleitorais, e cada um deles elege um parlamentar. O Mapa 5.1, a seguir, representa os oito distritos de Maryland na configuração atual (desde 2013). Vale lembrar que a Suprema Corte Americana decidiu[3] que cabe a cada um dos estados legislar sobre as fronteiras de seus distritos eleitorais. Isso cria a possibilidade de que legisladores partidários decidam sobre o formato de distrito que mais os agrada.

---

2   *Para mais informações estado a estado e conteúdo sobre o assunto, ver: The Gerrymandering Project (2021).*

3   *Ver mais em: Ingraham (2019).*

Mapa 5.1 – Distritos eleitorais de Maryland, nos Estados Unidos

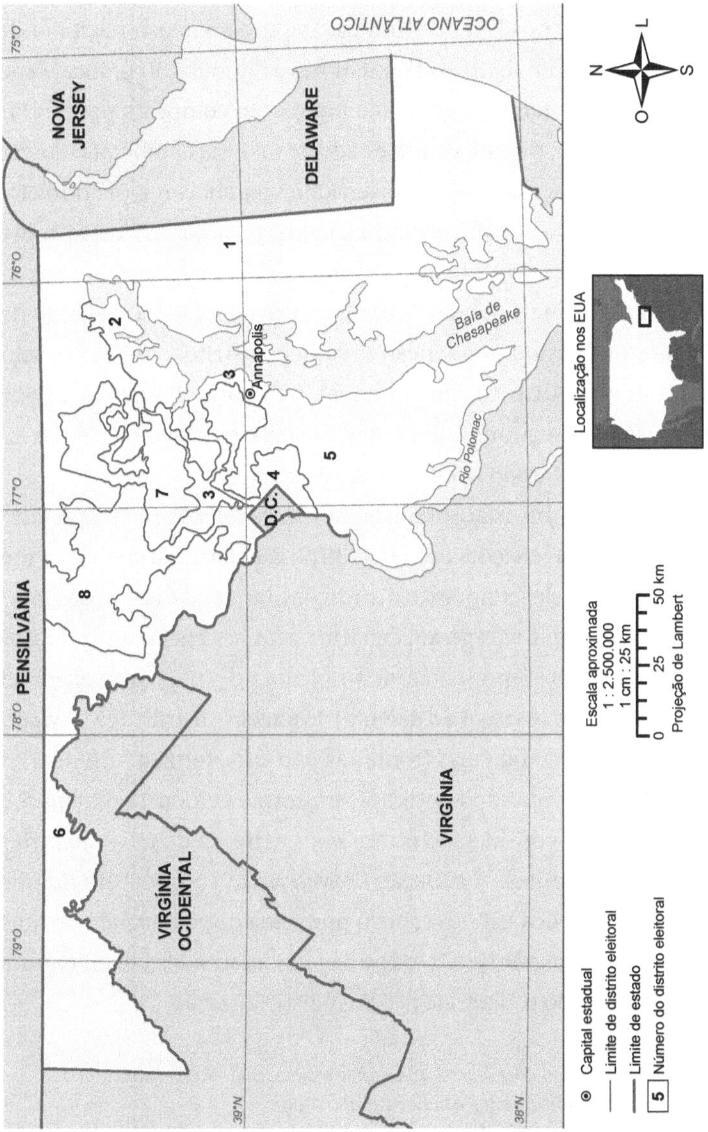

João Miguel Alves Moreira

Fonte: Maryland's..., 2014.

Maryland é considerado um dos estados em que há mais *gerrymandering* nos Estados Unidos. Segundo o censo nacional de 2010, seis dos oito distritos têm maioria da população branca e apenas dois têm a maior parte de sua população composta por negros. Historicamente, trata-se de um estado de maioria democrata. Porém, à época do redesenho, havia dois senadores republicanos (no primeiro e no sexto distritos). O plano era forçar uma nova configuração, sobretudo com relação ao sexto distrito, originando um eleitorado de composição ainda mais liberal e, com isso, prejudicando a reeleição do senador do Partido Republicano naquele distrito. O plano funcionou, um novo distrito com ainda mais eleitores liberais foi criado e, nas eleições seguintes, um senador democrata levou a eleição no sexto distrito, tirando o republicano de cena[4].

Nate Silver, um estatístico estadunidense famoso por ter previsto os resultados das eleições de 2008 e 2012, calcula que a chance de um republicano se eleger no sexto distrito de Maryland é de apenas 16%[5]. Uma vez que políticos geram cenários para beneficiar a si próprios, o *gerrymandering* representa um problema no país. Outro exemplo possível e bastante visual é o desenho do terceiro distrito de Maryland, também democrata, cujas fronteiras não caracterizam um distrito compacto nem mesmo contíguo[6], conforme evidencia o Mapa 5.2, a seguir. Esse é considerado o caso mais extremo de *gerrymandering* nos Estados Unidos. A situação de Maryland suscitou um grande debate nos Estados Unidos sobre o problema do *gerrymandering*, que perdura até hoje. Vários são os problemas apontados pela literatura que decorrem do uso estratégico da redistritalização.

---

4   Para mais informações sobre o caso, recomendamos: Guo (2012) e Davis (2011).
5   Para mais detalhes, recomendamos: Bycoffe (2018).
6   Para mais sobre redistritalização, gerrymandering e distritos compactos, ver: Corcoran; Saxe (2012).

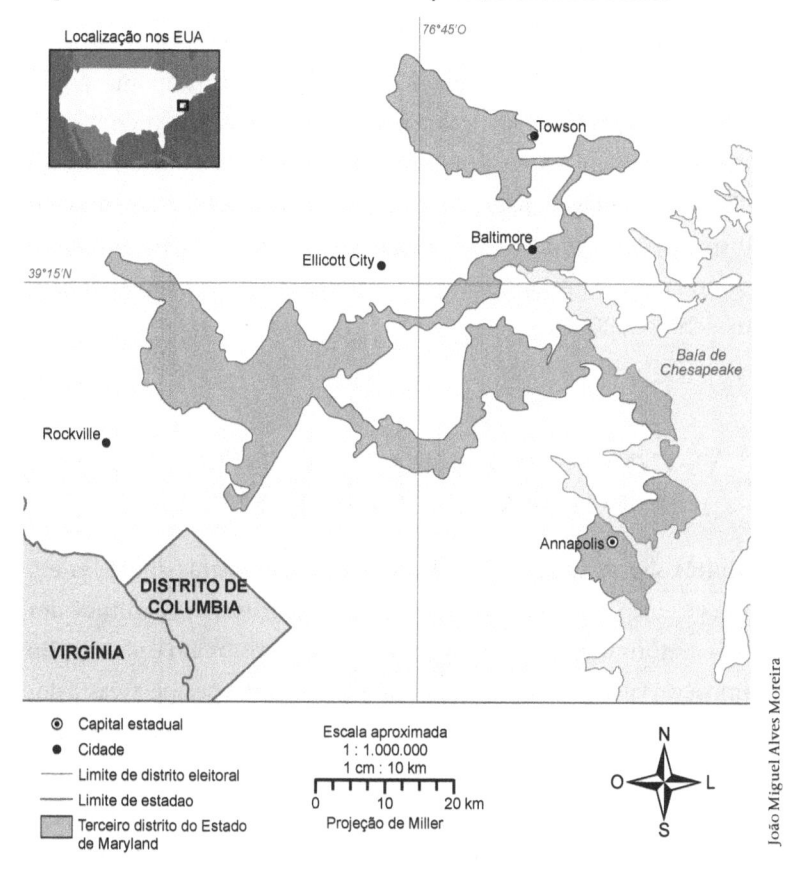

Mapa 5.2 – Terceiro distrito do Estado de Maryland, nos Estados Unidos

- ◎ Capital estadual
- ● Cidade
- — Limite de distrito eleitoral
- — Limite de estadao
- ▨ Terceiro distrito do Estado de Maryland

Escala aproximada
1 : 1.000.000
1 cm : 10 km
0   10   20 km
Projeção de Miller

Fonte: Boundaries..., 2014.

Naturalmente, esse processo acarreta consequências para o eleitorado. Overby e Cosgrove (1996) apontam para um problema de menor responsividade às minorias. Os autores mostram como a comunidade negra perde com a redistritalização nos Estados Unidos, conclusão à qual Lublin (1999) também chega. Canon e Posner (1999) afirmam que representantes dos negros, que sempre faziam campanhas voltadas aos interesses dessa população, com a redistritatlização, passam a dar ênfase também para a população branca. A literatura aponta, ainda, implicações para a competição política (Ansolabehere; Snyder; Stewart, 2000; Carson; Crespin, 2004; Hill, 1995), de forma que o processo viria a dar vantagem para o partido que decidisse sobre o desenho dos distritos, por exemplo (McKee; Teigen; Turgeon, 2006), prejudicando o outro partido e gerando a possibilidade de criação de cartéis políticos (Issacharoff, 2002).

(5.2) As consequências das diferentes formas de representar

Muitas são as implicações de cada uma das regras adotadas em uma eleição. O sistema eleitoral, os seus distritos, a magnitude destes e as fórmulas eleitorais para transformar votos em cadeiras têm impactos variados. Nesta seção, enfocaremos duas perspectivas: a dos atores políticos (partidos e candidatos) e a dos eleitores. Verificaremos, adiante, como elas são uma função da outra.

Para começar, vale notar que, a cada diferente regra, altera-se a forma pela qual eleitores se informam sobre os candidatos, ou o que os leva a escolher um político em detrimento de outro. Alguns sistemas eleitorais têm regras que centram a escolha do eleitor no partido, outros focalizam a pessoa do candidato, como discutimos ao tratarmos da representação proporcional de lista aberta, da de lista fechada e dos sistemas em que a escolha ocorre pela maioria (Carey; Shugart, 1995; Shugart; Valdini; Suominen, 2005).

Nosso primeiro exemplo consiste na escolha majoritária pelo candidato à presidência no Brasil. No geral, nesse sistema multipartidário e de dois turnos, a escolha acontece entre diferentes partidos que apresentam um candidato cada um. Em 2014, a disputa no primeiro turno ocorreu entre o Partido dos Trabalhadores (PT), com Dilma Rousseff, o Partido da Social Democracia Brasileira (PSDB), com Aécio Neves, o Partido Socialista Brasileiro (PSB), que apresentou Marina Silva após a morte do ex-candidato Eduardo Campos, e outros oito partidos menores. Já no segundo turno, a escolha recaiu entre os dois candidatos mais votados no turno anterior, tendo sido travada, então, entre PT e PSDB. A literatura da ciência política, inclusive, apostava no funcionamento de um bipartidarismo informal no segundo turno, dado que as disputas, desde 1994, sempre foram entre PT e PSDB (Limongi; Cortez, 2010). Contudo, 2018 mudou esse padrão, elegendo um candidato do Partido Social Liberal (PSL), Jair Bolsonaro, em disputa com o candidato do PT, Fernando Haddad, no segundo turno.

Portanto, no primeiro turno das eleições brasileiras, havia espaço para que os vários partidos que participaram do pleito pudessem disputar os eleitores com suas plataformas eleitorais. De todas as possibilidades existentes na corrida, duas delas foram para o segundo turno. E, mais uma vez, a escolha ocorreu entre um partido ou outro: entre o PT e o PSDB em 2014, e entre o PT e o PSL em 2018.

Não é difícil recordar desses partidos: todos sabemos que o PT é simbolizado por uma estrela vermelha, o PSDB é associado à cor azul e a seu tucano, e o PSL remete ao verde e amarelo. Isso ocorre porque essas campanhas são ancoradas por esses partidos, que lançam um candidato cada um. A informação do partido – o que ele defende, quem está por trás dele, o que ele critica – é relevante na hora de escolher

Graziele Silotto

o candidato a votar em sistemas majoritários: cada candidato tem um partido, e cada partido tem apenas um candidato. O mesmo exemplo acontece, por exemplo, nas eleições americanas: ou pelo vermelho e azul do Partido Democrata (e seu burrinho), ou pelo vermelho do Partido Republicano (e seu elefante). Já a escolha para os cargos legislativos no Brasil acontece de forma bastante diferente. Tanto para vereador quanto para deputado federal ou estadual, cada partido lança mais do que um candidato[7]. Assim, a escolha não pode ser travada entre diferentes identidades partidárias, uma vez que estas não são suficientes para distinguir os candidatos. Dessa forma, a decisão do eleitor é feita justamente com base no próprio candidato. Isso não significa que não é possível haver uma escolha partidária envolvida – "eu prefiro o candidato João do Partido A" –, porém, a despeito de ela existir ou não, a palavra final recai sobre uma escolha por um candidato específico[8].

Por exemplo, em 2018, no Estado de São Paulo, foram lançados 1.686 candidatos a deputado federal por 35 diferentes partidos. Destes, 81 candidatos foram lançados apenas pelo PT, 67 pelo PSL e 64 pelo Movimento Democrático Brasileiro (MDB). Assim, ainda que um eleitor quisesse escolher de acordo com um desses, ele precisaria escolher em qual dos vários candidatos lançados pelo partido em questão ele gostaria de votar.

---

7   O número máximo de candidatos lançados varia com a magnitude do distrito em questão. A regra brasileira é que cada partido pode lançar 1.5x a magnitude do distrito, exceto se coligado, caso em que esse número se torna 2x a magnitude, ou se a magnitude exceder 20, então esse número é 2x a magnitude.

8   Existe a possibilidade, no caso brasileiro, de votar na legenda do partido. Nesse caso, a escolha é essencialmente partidária.

> Essas características – se um sistema é centrado na competição por partidos ou candidatos – têm implicações fundamentais para o tipo de campanha eleitoral e para o tipo de representação que dela deriva. Isso significa que a escolha de um candidato para uma eleição majoritária, por exemplo, envolve consideravelmente o rótulo do partido, o que não necessariamente ocorre em eleições proporcionais em distritos que elegem mais que um candidato.

Disso derivam outras questões, como aquelas relacionadas à *accountability* eleitoral, isto é, a quem responsabilizamos a presença de uma política boa ou ruim, ou simplesmente a ausência de uma política necessária[9].

Ainda que a literatura aponte que reformas eleitorais – sobretudo em países da terceira onda da democracia, como os da América Latina e do Leste Europeu – têm privilegiado sistemas eleitorais cujo enfoque se centra nos candidatos, em vez dos partidos (Carey, 2008), também há quem aponte que a *accountability*, nesses casos, está condicionada à magnitude dos distritos eleitorais. Somada às evidências do tamanho das listas de candidatos brasileiras utilizadas como exemplo, Samuels (1999) aponta que o fenômeno, longe de ser uma característica nacional, acontece em sistemas de listas abertas no mundo todo, o que dificulta o processo de identificação do responsável por alguma política – a *accountability* eleitoral por parte do eleitor. Todavia, o mesmo é dito sobre os demais tipos de sistema de representação proporcional, nos quais o limite para se eleger é menor do que em sistemas de maioria (Persson; Tabellini, 2009).

Consequentemente, como operam de forma contrária, sistemas que elegem um só representante por distrito e sistemas de maioria seriam aqueles que mais oferecem possibilidade de *accountability*.

---

9   *Para saber mais sobre accountability eleitoral (e voto retrospectivo), ver a discussão sistematizada por Vicente de Castro (2018).*

Isso aconteceria porque atingir a maioria necessária para a eleição exige um amplo esforço, maior do que em sistemas proporcionais. Uma consequência desse maior esforço se traduziria em fortes incentivos para o bom comportamento político (Persson; Tabellini, 2009), recompensado, mais tarde, pelo voto do eleitor. Assim, sistemas majoritários são conhecidos como aqueles que oferecem menor percepção de corrupção aos eleitores (Persson; Tabellini; Trebbi, 2003).

Outra questão que deve ser mencionada diz respeito à prática de *"rent seeking"*, ou extração de "aluguéis", clientelismo e corrupção. A literatura aponta que, em sistemas nos quais é mais fácil ser representado na arena legislativa – como ocorre com a representação proporcional –, o funcionamento dos governos acontece por meio de amplas coalizões. Nesses cenários, menor é a probabilidade de o eleitor saber a quem responsabilizar. Essa dificuldade abre caminhos para que políticos tenham comportamentos desviantes.

Nessa perspectiva, em sistemas de representação proporcional, como os pleitos são mais incertos, dada a multiplicidade de candidatos, e há grande dependência dos esforços do candidato em si para vencer, haveria maiores incentivos a comportamentos corruptos – por exemplo, para financiar campanhas –, sobretudo em distritos de magnitude maior. Além disso, com a dificuldade no processo de *accountability*, haveria mais incentivos para maus comportamentos dos políticos (Chang, 2005; Chang; Golden, 2007), que são cientes da dificuldade de atribuir culpa em um sistema no qual a responsabilidade pelas políticas (ou pela ausência delas) é opaca (Persson; Tabellini, 2009).

A regra seria a mesma para relações clientelistas. Em distritos de membro único, como aqueles eleitos pela regra majoritária (Mayhew, 1974), quando um eleitor precisa de alguma política, uma estrada nova, por exemplo, eles recorrem ao parlamentar de seu distrito para solicitar tal benesse. É fácil saber quem procurar, já que só há um parlamentar representando-o no distrito em que vive. Então, se o parlamentar for bom para o distrito, se o eleitor puder "confiar" em seu legislador, ele tem boas chances de ser recompensado pelo seu eleitorado e, portanto, de ser reeleito (Kramer, 1971; Popkin et al., 1976; Powell; Whitten, 1993); caso contrário, outro vencerá em seu lugar.

Por outro lado, em sistemas de representação proporcional, em que há mais de um candidato por distrito, o eleitor não saberia quem buscar. Isso geraria incentivos para que esses políticos se comportassem de forma desviante e, em vez de prover bens necessários ao seu eleitorado, baseariam a relação de confiança a ser construída com o eleitor em relações de tipo clientelista (Ames, 1995; 2003). Definimos clientelismo, aqui, como uma combinação de direcionamento particularista de benesses com base na troca por apoio político (Hicken, 2011; Stokes, 2011)[10]. Assim, em sistemas de representação proporcional haveria mais incentivos para políticas clientelistas, em detrimento do que aconteceria em sistemas majoritários. Vale notar que essas explicações são frequentemente contestadas, já que são derivações teóricas do sistema institucional adotado. Quando confrontadas com testes empíricos, os resultados são, ainda, bastante controversos (Hagopian, 2009), sobretudo com relação ao caso brasileiro – há estudos sobre o uso de emendas individuais ao orçamento público em contraposição a Ames (2003), como os de Figueiredo e Limongi (2002) e de Mesquita et al. (2014).

---

10 O contraste verifica-se em comparação a políticas distributivas e o chamado pork barrel estadunidense – descrito, inclusive, por Mayhew (1974) – segundo os quais os custos de uma política são difusos e os benefícios, concentrados para determinados grupos ou distritos. A diferença fica por conta do critério: para estes, o critério seria definido institucionalmente, com base em alguma regra ou política pública; e, para casos de políticas clientelistas, os benefícios são distribuídos a depender de um só critério: "você votará em mim?" (Stokes, 2011).

Esses estudos, no geral, são exemplos de impactos que os diferentes sistemas eleitorais têm sobre eleitores e políticos. Como vimos, incentivos institucionais – a exemplo daqueles que derivam das regras eleitorais – impactam o resultado recebido pelos eleitores. Estes podem ter percepções mais ou menos fortes sobre corrupção, ou ter políticos preferidos com um comportamento mais voltado ao seu distrito ou apenas a um determinado eleitorado (até mesmo em troca de votos), a depender da configuração do sistema eleitoral adotado.

De maneira geral, esse entendimento sobre a representação enfoca as relações entre variáveis eminentemente políticas: o sistema eleitoral, a magnitude dos distritos, o desenho dos distritos etc. Porém, todos esses fenômenos, vale lembrar, ocorrem no **espaço geográfico**. Nesse sentido, esse espaço, por permear o mundo político, tem alguma importância na medida em que interage com essas variáveis. Na próxima seção, esclareceremos o papel da geografia no que se refere tanto à sua ausência quanto à sua presença, incorporando, propriamente, a geografia eleitoral a tais análises.

(5.3)
Mas e a geografia? I – Teorias do comportamento eleitoral

Até este ponto tratamos da importância das diferenças entre os sistemas eleitorais, dos elementos que decorrem da escolha de um ou outro sistema e dos impactos disso para questões de representação. Bom, mas e a geografia eleitoral?

É sintomático que não tenhamos introduzido, ainda, qualquer argumento diretamente sobre a geografia eleitoral. Abordamos o sistema majoritário e o proporcional, os distritos e a representação. Como a maior parte da literatura, assumimos até aqui que esses fatores bastam para ter alguma compreensão sobre fenômenos eleitorais. Afinal, a ciência política preocupa-se, essencialmente, com variáveis de explicações políticas, ou seja, importam as escolhas feitas pelos atores políticos, assim como suas decisões, estratégias e preferências. A geografia, nesse sentido, é exógena a esse sistema. Desse modo, se não decidimos – eleitores, partidos, políticos e candidatos – sobre ela, qual é, da perspectiva da ciência política, o sentido de a incluir?

Antes de tentar delinear respostas a essas questões, vejamos sobre como a ciência política conceitualizou e lidou com o fenômeno do comportamento eleitoral, desde as primeiras escolas que se propunham a compreender o voto. Com base nisso, analisaremos a alternativa oferecida pela geografia eleitoral – ou, ainda, a inclusão de variáveis espaciais em teorias eleitorais – como uma alternativa explicativa capaz de contribuir para respostas mais completas ao fenômeno do comportamento eleitoral.

5.3.1 Escola de Columbia

As teorias do comportamento eleitoral começaram a ganhar relevância, sobretudo, na década de 1940. Estudiosos concentrados na Universidade de Columbia, liderados por Paul Lazarsfeld, foram pioneiros na aplicação de um *survey* para compreender o comportamento eleitoral, especialmente o impacto da persuasão das campanhas nas mídias de massa, como a televisão. Lazarsfeld e sua equipe entrevistaram centenas de eleitores repetidamente, bem como conduziram entrevistas com eles, a fim de compreender os determinantes de suas escolhas eleitorais nas eleições presidenciais ao longo do tempo (Berelson et al., 1954; Lazarsfeld; Berelson; Gaudet, 1948).

Influenciados pelos estudos de comportamento do consumidor, a ideia era captar flutuações nas opiniões eleitorais ao longo da propaganda empregada em mídias de massa, ou seja, alterações de curto prazo que poderiam estruturar o voto, como primeiramente acreditavam os pesquisadores. Os resultados, entretanto, indicaram um caminho diferente do esperado: eleitores não apresentavam mudanças repentinas em suas escolhas eleitorais. Em vez de incentivar novas crenças, as campanhas apenas estimulavam as crenças preexistentes nesses eleitores, reforçando essas predisposições latentes.

Os pesquisadores não avaliaram o impacto das campanhas, mas a importância de características sociais dos eleitores, como sua posição socioeconômica, sua religião ou seu local de residência e suas relações interpessoais. Conhecida como modelo sociológico, essa vertente da teoria do comportamento eleitoral distanciava-se da lógica do eleitor-consumidor. As evidências apontavam que a escolha se baseava em questões como

> uma analogia aos gostos culturais – na música, literatura, atividades de lazer, vestimenta, ética, fala, comportamento social... Ambos [escolha do eleitor e gostos culturais] têm sua origem em tradições étnicas, seccionais, de classe e com base em tradições familiares. Ambos exibem estabilidade e resistência a mudanças, mas são flexíveis ao longo de gerações. [...] Elas são relativamente invulneráveis à argumentação direta e vulneráveis a influências sociais indiretas. Ambos são mais caracterizados pela fé que pela convicção, pelas expectativas em vez da análise cuidadosa das consequências. (Berelson et al., 1954, p. 310, tradução nossa)

Nesse sentido, importa para a escolha o contexto social em que um eleitor está inserido, isto é, onde e como ele foi criado. Esse contexto seria responsável pela grande estabilidade do comportamento eleitoral dos grupos, evidenciada pelo baixo número de eleitores que mudam de opinião durante as campanhas eleitorais. Inclusive, os efeitos das campanhas, os autores constataram, eram filtrados pelo contexto social por meio da comunicação interpessoal, o que reforçava ainda mais o comportamento do grupo social ao qual eleitores pertencem. Todavia, nada disso significa que nenhum eleitor se mostrou suscetível a campanhas em meios de comunicação de massa como os autores primeiro esperavam. Eleitores que sofrem pressões cruzadas, como aqueles influenciados por grupos diferentes, por exemplo, eleitores rurais e eleitores católicos, são impactados por essas campanhas midiatizadas. Esse é, também, o caso dos eleitores desinteressados em política, influenciados pela opinião dos mais interessados – como formadores de opiniões eleitorais – e pelas informações de campanha que circulam na mídia de massa.

Além dessas inferências sobre o comportamento do eleitor estadunidense, o resultado do trabalho mostrou a importância e o potencial das pesquisas de *survey* para o campo.

5.3.2 O MODELO DE MICHIGAN

Emergindo como um complemento aos achados do modelo de Columbia, estudiosos de Michigan também avançaram por meio da aplicação de *surveys* ao longo do tempo. Esses trabalhos levaram os principais pesquisadores, Angus Campbell, Warren Miller, Philip Converse e Donald Stokes, à escrita da obra seminal *The American Voter* (Campbell et al., 1960).

Diferentemente dos trabalhos feitos na Universidade de Columbia, os pesquisadores de Michigan coletaram dados nacionalmente durante a década de 1950. Sem descartar a importância de fatores macrossociológicos, os autores apontaram para a relevância das atitudes que eleitores têm com relação à política, dando ênfase aos laços afetivos em relação à identidade construída ao redor dos partidos políticos.

Essa ênfase deu origem aos trabalhos que consideram a **identificação partidária** um fator decisivo na escolha eleitoral.

Assim, os pesquisadores apontaram que a identificação partidária seria fruto da internalização de símbolos e seus significados, aos quais eleitores são expostos ao longo da vida, desde cedo, durante sua fase de aprendizado. Esses símbolos decorrem dos contextos e dos ambientes familiares, culturais e históricos de socialização de cada um. Porém, segundo os autores, diversamente da escola da Columbia, seriam esses laços afetivos e a identificação partidária gerada por eles que explicariam o comportamento eleitoral estável a longo prazo, e não as condições sociológicas, como classe social e fatores culturais, diretamente.

Outra implicação dos trabalhos da escola de Michigan foi a confirmação das hipóteses sobre a desinformação política dos eleitores. Os pesquisadores constataram que eleitores não têm familiaridade com temas ideológicos. Evidência disso seria a baixa correlação entre a estabilidade da identificação partidária e as opiniões dos eleitores sobre políticas específicas. Segundo os autores, não haveria, ainda, um padrão de crenças consistente e coerente na análise da opinião pública, mas somente associação entre as opiniões do eleitor e elementos que remetem à sua vida, como o seu desenvolvimento na infância, as opiniões políticas de sua família e o meio em que cresceu.

No entanto, junto ao novo paradigma que se instalava na ciência política – a escola da escolha racional –, novas teses sobre o comportamento eleitoral começaram a surgir. Não se instalou na disciplina um consenso sobre a sofisticação dos eleitores, tal que o campo continuou a buscar novas teorias.

5.3.3 Escolha racional, teoria espacial e voto retrospectivo

Com o paradigma da escolha racional, novas perguntas passaram a ser feitas com relação ao eleitor e às motivações que o levam a escolher. Se antes ele era lido como um reflexo de seu contexto, restava pouco espaço longe disso para uma escolha baseada em outras questões. É justamente a partir da instauração do paradigma da escolha racional que o eleitor adquire agência, isto é, escolhe de forma ativa, e não como reflexo de seu passado ou de seu contexto.

A **escolha racional** vê eleitores como atores que têm preferências individuais. Suas ações seriam baseadas em estratégias cujo objetivo é a maximização de suas preferências. Nessa perspectiva, o eleitor é dotado de uma racionalidade econômica e escolhe seus políticos com base nela e o voto é instrumental, ou seja, um meio para atingir algum objetivo. Assim, o voto de um eleitor para um candidato estaria relacionado a seu julgamento a propósito do potencial de esse candidato agir de forma a mais lhe beneficiar, ou seja, promover interesses e políticas públicas do interesse do eleitor.

Um primeiro expoente dessa leitura é o artigo de Downs (1957) "Uma teoria econômica da democracia". Esse autor argumenta que, da perspectiva do eleitor, adquirir informações sobre um candidato em uma eleição e analisar e processar essas informações são práticas extremamente custosas. São muitos candidatos, muitas plataformas e muitas propostas, e isso tudo em um mundo descolado da realidade cotidiana das pessoas. Além disso, o voto de um eleitor apenas conta pouco – no que se relaciona a um cálculo matemático: um voto sozinho não elege um candidato. Contudo, considerando seus objetivos, votar pode ser algo desejável, ainda que custoso.

Por isso, para tomar alguma decisão, esses atores racionais buscariam atalhos informacionais. Um destes seria uma avaliação retrospectiva dos resultados de políticas (*policy*). Os eleitores estariam atentos e recompensariam políticos pela sua *performance* em relação às políticas que esperavam deles. Ou, no caso contrário, puniriam esses políticos por uma conduta diferente do que eles esperavam. Dessa ideia deriva a escola do **voto retrospectivo** (Fiorina, 1981; Kramer, 1971; Tufte, 1975), da qual tratamos um pouco anteriormente.

Outra possibilidade, ainda relacionada ao voto retrospectivo, diz respeito ao papel de um eleitor menos ativo, mas que ainda é capaz de absorver informações sobre a *performance* do governo. Informações relevantes sobre o desempenho do governo estão disponíveis no cotidiano dos cidadãos, como aquela que pode ser feita mensurando o nível de inflação, o preço dos produtos no mercado etc. Essa ideia dá origem aos trabalhos da escola chamada de ***voto econômico*** (Barberia; Whitten, 2015; Duch; Stevenson, 2008; Lewis-Beck, 1986; Lewis-Beck; Stegmaier, 2000; Lewis-Beck; Whitten, 2013).

Há, ainda, uma possibilidade mais passiva da perspectiva do eleitor e ativa da perspectiva dos partidos ou candidatos. Essa é a ideologia dos atores políticos. Nesse cenário, no qual eleitores se preocupam com políticas, importa também o sentido para o qual uma política pode caminhar. Por exemplo, para um eleitor preocupado com distribuição de renda isso pode significar posições mais distributivas da perspectiva do governo. Desse modo, a escolha seria pelo partido ou candidato que se mostrasse mais próximo à essa posição, como um partido que se propagandeia como um partido de esquerda ou que defende bandeiras pró-distribuição de renda. Assim sendo, podemos pensar nas preferências políticas como um *continuum* no qual, em um extremo, está a mais favorável à distribuição de renda e, no outro extremo, a menos favorável. Dessa forma especializada de ler preferências políticas deriva a **teoria espacial** do voto (Downs, 1957).

Há um ganho claro proveniente dessas abordagens derivadas de Downs para as explicações do comportamento eleitoral. Com base nessas noções, é possível explicar um fenômeno que as escolas anteriores têm dificuldade de explorar, a saber: a mudança no comportamento dos eleitores. É limitado o alcance de teorias que tomam as preferências do eleitorado como expressões de sua vida, ou do contexto em que vivem, apenas, porque essas são características imutáveis. Ora, nascemos onde nascemos e, se formamos nossas opiniões políticas nesse contexto, elas deveriam ser fixas ao longo de nossa vida. No entanto, empiricamente, sabemos que eleitores mudam de opinião ao longo do tempo – e, às vezes, em períodos muito curtos.

Abrir a possibilidade de explicar mudanças no comportamento eleitoral como a expressão de mudanças nas preferências dos eleitores – ora preferem políticas redistributivas, ora preferem políticas pró-concentração de renda, por exemplo – dá espaço para explicações mais flexíveis e realistas sobre o fenômeno da alternância de governos e plataformas políticas que verificamos no dia a dia.

As escolas que se preocupam em observar e analisar o comportamento eleitoral centraram-se em fatores sociológicos, como classe social, ou, mais recentemente, aspectos políticos e/ou econômicos, como preferências partidárias, proximidade ideológica, avaliação positiva de governo ou preferências individuais resultantes de cálculos estratégicos. Vale ressaltar a importância e o impacto da vertente da escolha racional nas conclusões e nos estudos que lemos e fazemos em ciência política até hoje (nosso paradigma vigente). Mas e a geografia?

Graziele Silotto

(5.4)
Mas e a geografia? II – Os ganhos de uma visão alternativa: geografia eleitoral

Até aqui, quanto ao comportamento eleitoral, pouco aludimos à geografia, ou à geografia eleitoral. Porém, antes de qualquer coisa, cabe indagar: Por que deveríamos? Nesta seção, além de analisarmos as respostas para essa pergunta, contextualizaremos o campo da geografia eleitoral e apresentaremos seu desenvolvimento.

As teorias do comportamento eleitoral incorporaram o espaço ao adicionar às explicações de fenômenos políticos uma dimensão de contexto socioespacial, que seria responsável por mediar e influenciar processos do mundo social, como o comportamento político, seja de eleitores, seja de políticos. Afinal, nós todos ocupamos um mesmo espaço geográfico e somos influenciados por ele de alguma forma.

Mas de que forma? Como isso acontece? Em uma preocupação com a disciplina da geografia eleitoral, Johnston (1979) elencou uma sequência de pontos que o campo eleitoral abordava. Estes foram, um pouco mais tarde, reelaborados em cinco principais tópicos: (1) a organização espacial das eleições; (2) as variações espaciais em padrões de votações; (3) a influência do ambiente e do espaço em padrões de votação; (4) os padrões espaciais de representação; e (5) as variações espaciais de poder e implementação de políticas (Johnston, 1981). Foi Agnew (1990), contudo, quem apontou outra sistematização, que dialoga com mais clareza com o quadro teórico delineado. Segundo o autor quatro eram as preocupações do campo:

1. A geografia do comportamento eleitoral;
2. o efeito da geografia dos fluxos interpessoais de informação no comportamento eleitoral;
3. a geografia dos sistemas eleitorais;
4. a geografia da organização e da mobilização por partidos políticos.

Os primeiros debates sobre a geografia do comportamento eleitoral surgiram no final da década de 1940. Key (1949), em estudo sobre o eleitorado do sul dos Estados Unidos, mostrou que as decisões dos eleitores eram influenciadas pelos seus vizinhos, ou seja, por seu local de moradia ou de origem. Ele chamou esse fenômeno de *efeito da vizinhança* (*friends and neighbors effect*). A justificativa dessa preferência reside na suposição de que os candidatos locais conhecem e promovem as demandas locais, aumentando sua representação no Congresso. Segundo o autor (Key, 1949), esses eleitores vizinhos seriam responsáveis pelo núcleo eleitoral que elegeria um candidato local.

O estudo de Key (1949) pode ser considerado um marco porque, como podemos ver no gráfico *ngram*[11] (Gráfico 5.1), o termo entra em ascensão por volta de 1950 e assim permanece, ainda que com flutuações, até a década de 1990, a partir da qual se inicia um declínio que permanece ao menos até 2008, com uma relevante saliência até meados dos anos de 2010. Discutiremos, adiante, quais elementos da geografia são cada vez mais adotados nas análises da ciência política.

---

11 Um ngram *mapeia uma palavra, ou um conjunto de palavras, nos corpos dos textos em um intervalo determinado de tempo. No caso do ngram gerado pelo Google, como o do Gráfico 5.1, as palavras são buscadas nos livros disponíveis no GoogleBooks entre 1880 e 2008 (a escolha dessas datas se deu porque não há qualquer ocorrência do termo antes de 1900 e o limite máximo de busca do Google Ngram Viewer é 2008).*

Gráfico 5.1 – Ngram para *"electoral geography"* no Google Books entre 1880 e 2008[12]

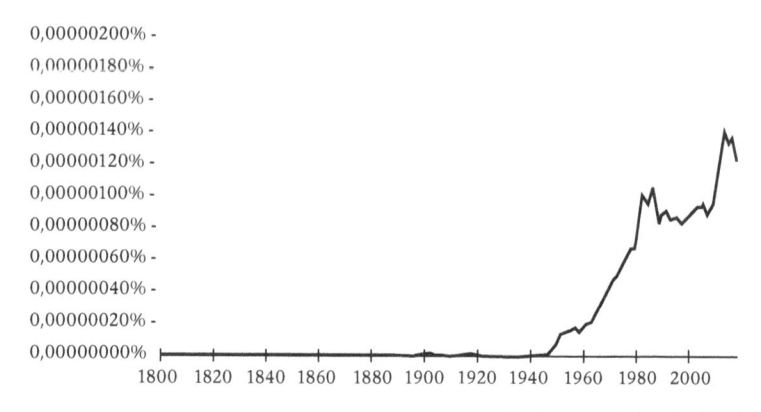

0,00000200% -
0,00000180% -
0,00000160% -
0,00000140% -
0,00000120% -
0,00000100% -
0,00000080% -
0,00000060% -
0,00000040% -
0,00000020% -
0,00000000%
1800 1820 1840 1860 1880 1900 1920 1940 1960 1980 2000

Fonte: Google Books, 2021.

Depois de Key, outros autores também apontaram para a importância do espaço na configuração das opiniões política. Por exemplo, McPhee, Ferguson e Smith (1972) reforçam que essas preferências, bem como todas as interações sociais, estão entrelaçadas pelo meio em que ocorrem. Assim, a preferência de seu vizinho está relacionada com a sua e ambas se relacionam com o contexto em que estão inseridos – a vizinhança onde vocês vivem, suas condições sociais etc.

Essa noção que de "aqueles que estão juntos votam juntos" (Pattie; Johnston, 2000) foi, então, aprimorada por meio da noção de contexto. O **contexto** seria o mecanismo pelo qual o espaço teria a capacidade de nos influenciar a depender da nossa localização. Pelo contexto – que varia de local para local, de vizinhança para vizinhança – seria possível explicar os padrões de votos e opiniões daqueles que estão próximos entre si. Isso seria a consequência da dinâmica política possibilitada

---

12 *Buscamos o termo em inglês, visto que a grande maioria dos trabalhos do campo é em língua inglesa.*

pelo ambiente (*environment*), que expõe atores a contextos específicos que variam conforme o local (Huckfeldt; Sprague, 1987).

> Assim, o universo político, que abarca eleitores, partidos, políticos e candidatos, seria, na verdade, um reflexo da **estrutura sociogeográfica**, por meio da qual fluem informações, inclusive de cunho político, relevantes para a conformação da opinião política dos eleitores. Contudo, esses fluxos de informação não se propagam de maneira homogênea ou aleatória pelo território, senão de acordo com sua dinâmica social e geográfica.

Em outras palavras, é mais provável que uma informação que surgiu perto de você atinja seus vizinhos do que uma propagada por uma pessoa qualquer que more a 500 km de distância. Essa maior probabilidade se relaciona com a proximidade e com outros fatores que esta cria, como a relevância de uma informação, a maior intensidade de relações entre pessoas próximas do que entre pessoas distantes e a alta correlação das características de indivíduos que vivem perto (por exemplo, ricos tendem a morar em bairros ricos). Conforme a fluidez das informações, esse "viés local" é responsável por enviesar todos que variam com as localidades e, portanto, o comportamento político de maneira geral (Huckfeldt; Sprague, 1987; Silva; Silotto, 2018b).

Esse ambiente, articulado pelo **localismo**, forma, assim, o contexto responsável pela propagação de informações sobre candidatos e partidos, alterando o que chega ao eleitor de acordo com o local.

Contexto refere-se ao afunilamento hierárquico de estímulos através de escalas ou níveis geográficos para produzir efeitos na política e no comportamento político. Esses efeitos podem ser pensados como uma junção de lugares onde os processos de estruturação social micro (ou localizado) e macro (de amplo alcance) são conjuntamente mediados [...]. Ele canaliza o fluxo de interesses, influencia e identifica a atividade política que emana.
(Agnew, 1996a, p. 132, tradução nossa)

Graziele Silotto

De acordo com tal definição, as preferências e o comportamento político dos eleitores seriam expressões reverberadas do contexto local (Agnew, 1996a; Burbank, 1997). Contexto esse que influenciaria a vida cotidiana de todas as pessoas, diariamente. Essa influência independe, em certa medida, da arena política ou de constrangimentos institucionais.

Isso fica claro quando pensamos sobre "o candidato da cidade", ou da cidade mais próxima. Provavelmente, eleitores de Curitiba, no Paraná, lembram-se com facilidade do ex-parlamentar Aníbal Khury ou, ainda, de Roberto Requião. Entretanto, também é bastante provável que um eleitor de Santos, em São Paulo, não conheça Khury, mas esteja muito familiarizado com Márcio França. Da mesma forma, eleitores recifenses conhecem mais Eduardo Campos do que Khury, Requião ou França.

Trata-se aqui, vale ressaltar, de **probabilidades**. É mais provável que conheçamos mais um político do qual somos próximos, ainda que apenas geograficamente, do que outros. Isso porque as informações que nós, eleitores, obtemos vêm dos ambientes sociais nos quais vivemos (Burbank, 1997). Assim, tendemos a conhecer aquilo que está mais perto, uma vez que

> *informação eleitoral relevante flui através de redes sociais e estimula respostas na forma de decisões partidárias: se a informação atingindo um indivíduo através de suas conversas favorece um determinado partido, então esse indivíduo é mais propenso a votar (por ele), a despeito de suas predisposições anteriores, ou se a informação fosse enviesada em outra direção, ou por outro partido.* (Pattie; Johnston, 2000, p. 42, tradução nossa)

Assistimos aos candidatos mais próximos na televisão, ouvimos sobre eles nas rádios, suas propagandas chegam a nós com mais frequência, lemos a respeito de seus feitos nos jornais e vemos mais seus "santinhos" eleitorais. Ainda mais do que isso: é bem provável que encontremos com eles mais facilmente, inclusive pessoalmente, em comícios, eventos ou mesmo durante as campanhas, pedindo votos nas eleições. Esse fenômeno é chamado pela literatura de *canvassing*, ou seja, a busca por voto face a face, "pelo aperto de mão" (Górecki; Marsh, 2012).

Todavia, não é só a proximidade que explica tal fenômeno, mas a informação que flui com mais facilidade para locais próximos do que para os mais distantes (Silva; Silotto, 2018b), já que votar demanda informações sobre em quem votar (Lau; Redlawsk, 2006), mesmo que isso signifique muito pouco: um pequeno atalho, um "folheto-santinho" na rua, um candidato conhecido por todos ao nosso redor, ou aqueles cujas trajetórias políticas conhecemos, e o que eles fizeram durante o governo. Trabalhos que conectam esses fatores à geografia e aos padrões de votação são abundantes na ciência política.

No Brasil, por exemplo, principalmente nos anos 2000, surgiram trabalhos ligados ao "efeito da vizinhança" de Key (1949) que analisam, sobretudo, resultados de eleições presidenciais e o impacto de políticas distributivas nos padrões de votação. Exemplo disso são os estudos de Terron e Soares (2008; 2010), que fazem uso de correlações e do índice de Moran (a ser detalhado no Capítulo 6 desta obra) para compreender a relação entre as votações do PT e os beneficiados pelos programas sociais durante os anos de governo Lula. É extensa a lista de trabalhos que fazem avaliações desse tipo relacionando o Brasil e programas de distribuição de renda, com o cuidado de avaliar separadamente um eleitorado geograficamente localizado e carente, supostamente responsável pela reeleição do PT, bem como seus questionamentos (Bohn, 2011; Corrêa, 2015; Licio; Rennó; Castro, 2009; Silva et al., 2014; Simoni Júnior, 2015a; 2015b; 2016; 2017; Zucco; Power, 2013).

Explorando a questão por outra perspectiva, não apenas sabemos mais daqueles que estão próximos. Pela proximidade e pela construção de laços com aqueles com quem temos maior familiaridade – com políticos, com pessoas próximas a eles, com seus cabos eleitorais etc. –, criamos relações de confiança: mesmo que não saibamos muito sobre a política, ou sobre um candidato, sabemos onde ele mora, de onde ele é, ou, ainda, as pessoas que conhecemos também o conhecem. Se, para a teoria downsiana do eleitor racional, a ideologia bastava para escolher um candidato, nesse cenário, substitui-se a ideologia por uma informação de *localness* – isto é, uma informação que remete ao local (de residência, de nascimento, de atuação) do eleitor e do político, sua localidade.

Trabalhos que articulam o *localness* têm apontado que candidatos locais conseguem mais votos que os de locais distantes, sobretudo em sistemas de representação proporcional de listas abertas, e, ainda, que políticos levam o espaço em consideração ao lançar mão de estratégias eleitorais, como a formação das listas de candidatos nas eleições (Gelape, 2017; Jankowski, 2016; Latner; McGann, 2005; Silotto, 2016, 2019; Silva; Silotto, 2018b). Outros estudos afirmam, ainda, que essa votação tende a diminuir com a distância e/ou que está relacionada à campanha ativa e pessoal, face a face (Górecki; Marsh, 2012, 2014; Potter; Olivella, 2015; Put; Smulders; Maddens, 2018), de forma que a geografia enviesa também a conformação e as estratégias de campanhas eleitorais.

Além dos trabalhos citados, há outros, por exemplo, que se aproveitam de cortes, descontinuidades e/ou fronteiras geográficas para inferir os efeitos de políticas sobre os eleitores próximos a essas fronteiras. Nestes, um dos grupos serve de tratamento e outro de controle, para situações em que há uma política presente de um lado, mas não de outro, ou, ainda, um fenômeno que afeta um lado, mas não o outro.

Fronteiras no continente africano têm sido largamente utilizadas para explicar fenômenos relacionados à governança, às relações entre diferentes grupos étnicos, entre outros (Miguel, 2004; Posner, 2004; Prewitt; Von Der Muhll; Court, 1970), mas também há estudos sobre outros países (Krasno; Green, 2008; Lavy, 2010).

> Todos esses trabalhos utilizam o conceito primordial da geografia eleitoral – o espaço – sem, contudo, utilizar o termo em si. Com movimentos sutis – ao observar diferentes estratégias de campanha de candidatos na tentativa de mensurar seu impacto em políticas públicas e na atuação de políticos ou dos eleitores –, a literatura da ciência política incorporou variáveis geográficas em suas análises.

Assim, apesar do resultado do *ngram* do Gráfico 5.1, na verdade, justamente entre o fim da década de 1980 e, sobretudo, após os anos 2000, cada vez mais variáveis geográficas se tornaram utilizadas pela ciência política para tratar da compreensão de fenômenos eleitorais, como o voto dos eleitores e o comportamento dos políticos. Descolados do termo *geografia eleitoral*, estudos que incorporam o meio geográfico têm-se multiplicado, especialmente com o objetivo de testar outros fenômenos.

A inclusão de variáveis geográficas, como a distância, a vizinhança ou apenas o uso de elementos espaciais como *proxies*[13] de outros fenômenos – a exemplo de regiões ricas, regiões pobres, regiões desiguais, regiões com maior concentração de determinadas etnias etc. –, permite fazer inferências sobre determinados fenômenos, as quais, sem o espaço, seriam enviesadas ou incompletas.

---

13   Uma proxy *é uma variável que, em si, pode não ser relevante, mas que é adotada no lugar de uma variável de difícil mensuração. Um exemplo de* proxy *é o produto interno bruto per capita de um país, o PIB per capita, que, frequentemente, é adotado como forma de medir a qualidade de vida. Ou, de forma mais simples, podemos inferir o quão feliz uma pessoa é pelo número de vezes que ela ri; assim, rir é uma proxy de felicidade.*

Assim, o contexto, o espaço e a geografia importam, não porque, sozinhos, dão conta de explicar fenômenos políticos, mas porque influenciam e enviesam o comportamento das pessoas quando estas tomam decisões políticas, como votar. O voto do meu vizinho impacta mais a minha decisão de voto do que o voto de alguém que mora a quilômetros de distância de mim, com quem, provavelmente, eu não tenho contato nem relações.

Para saber mais

CASTRO, P. E. V. de. **Representação política e accountability eleitoral**: genealogia e crítica. 168 f. Dissertação (Mestrado em Ciência Política) – Universidade de São Paulo, 2018. Disponível em: <http://www.teses.usp.br/teses/disponiveis/8/8131/tde-12072018-131343/>. Acesso em: 27 jan. 2021.

Essa dissertação, elaborada pelo também autor deste livro Pedro Ernesto Vicente de Castro, sintetiza o tema das teorias de *accountability* eleitoral. O autor oferece uma sistematização, inclusive, das teorias de voto econômico e voto retrospectivo, da teoria espacial do voto, entre outras. Além disso, tece críticas aos modelos dessas escolas.

FIGUEIREDO, M. F. **A decisão do voto**: democracia e racionalidade. São Paulo: Anpocs, 1991.

Esse trabalho clássico de Marcus Figueiredo reúne informações sobre as teorias do comportamento eleitoral. O autor oferece uma explicação clara de cada uma das escolas que analisam o comportamento eleitoral abordado neste capítulo, além de apresentar uma revisão crítica sobre elas e a discussão do paradoxo do voto.

WARF, B.; LEIB, J. **Revitalizing Electoral Geography.** Routledge, 2016.

Para uma discussão sobre o uso da geografia eleitoral, bem como sua baixa popularidade atual entre geógrafos, recomendamos a obra de Barney Warf e Jonathan Leib.

ENOS, R. D. **The Space Between us**: Social Geography and Politics. Cambridge, UK: Cambridge University Press, 2017.

A propósito de uma discussão contemporânea a respeito da geografia eleitoral, indicamos o livro de Ryan Enos. Da perspectiva da ciência política, Enos mostra, com base em dados e experimentos, como nossas percepções sobre raça, etnia, religião, bem como a política e o que pensamos uns sobre os outros, são influenciadas pelo espaço e pela geografia.

Síntese

A resposta para a pergunta: "Por que deveríamos falar de geografia quando analisamos política e eleições?" encontra, assim, sua resposta. Por que falar de espaço em ciência política, já que, por definição, essa área se preocupa com variáveis políticas? Porque variáveis espaciais e geográficas impactam variáveis políticas, de forma que fenômenos políticos são geograficamente verificáveis. Sabemos, no geral, apontar em um mapa do país agrupamentos ou *clusters* de eleitores do PT, por exemplo. Da mesma forma que estadunidenses sabem distinguir estados democratas de estados republicanos. Fenômenos políticos podem ser conferidos geograficamente. Todavia, mais do que isso, fenômenos políticos são impactados por fenômenos geográficos. O voto do meu vizinho impacta o meu. Se há uma montanha me separando de outras pessoas, é pouco provável que a opinião destas, com as quais tenho parcas relações, influencie a minha própria.

A geografia, nesse sentido, deixa de ser um mero epifenômeno, um mero acidente, ou "algo que apenas está lá", passando a ser interpretada como um fator que condiciona fenômenos e processos políticos. Isso fica claro na forma como tratamos do espaço ao examinarmos as consequências das formas de representar ou dos padrões de votação em relação à geografia eleitoral.

Ainda que o cerne da preocupação da ciência política esteja nas variáveis e nas instituições políticas, outras dimensões também importam e impactam o comportamento dos eleitores. Houve ganhos interpretativos com relação ao comportamento eleitoral que as escolas de Columbia e Michigan trouxeram, principalmente ao acrescentarem a importância de variáveis sociais e psicológicas (afeto) à dimensão da escolha do eleitor. Também houve ganhos ao se pensar esse eleitor como um agente dotado de racionalidade. Contudo, considerando apenas esses elementos, há uma limitação explicativa, relacionada ao fato de que o comportamento eleitoral apresenta padrões espaciais. Assim, fazer uma inferência sobre mim diz algo a respeito do meu comportamento, mas, ao considerar que fatores que me afetam também afetam meus vizinhos ou aqueles que estão próximos, obtemos uma maior latitude em relação a um fenômeno mais amplo. A informação que chega a mim para avaliar um político muito provavelmente chega àqueles que estão próximos (pense, por exemplo, no jornal de sua cidade), mas é pouco provável que chegue àqueles que estão distantes.

A geografia, nesse sentido, não é um elemento residual, senão a malha em que nossas relações acontecem e comportamentos políticos acontecem. Essa malha permeia a vida e o cotidiano de todos e enviesa o comportamento de eleitores, partidos, políticos e candidatos. Contudo, como fazer inferências com a geografia? Como pensar o espaço como uma variável explicativa para fenômenos políticos como as eleições? Responderemos a essas questões no próximo capítulo.

Questões para revisão

1. Explique brevemente quais são os três grandes tipos de sistemas eleitorais. Elenque os subtipos de cada um e suas diferenças.

2. Indique o número de deputados federais e deputados estaduais que são eleitos em seu estado, bem como o número de vereadores que são eleitos em sua cidade. Qual é o conceito associado ao número de representantes eleitos em um distrito eleitoral?

Graziele Silotto

3. O que é *gerrymandering*? Qual é sua importância para o resultado de uma eleição?

4. Explique a importância do partido para que um eleitor brasileiro escolha em qual candidato votar em uma eleição para prefeito e em uma eleição para vereador.

5. Quais são as três teorias sobre o comportamento eleitoral? Apresente suas principais características.

6. Explique os conceitos de *efeito vizinhança*, de *contexto* e de *localness*. Qual é a importância deles para a decisão do eleitor?

7. Indique o tipo de sistema eleitoral para os seguintes cargos disputados no Brasil:
   a) Prefeito: _____
   b) Vereador: _____
   c) Deputado federal: _____
   d) Senador: _____
   e) Presidente: _____

8. Assinale a alternativa correta:
   a) O efeito vizinhança é responsável por determinar o voto das pessoas. Se sabemos como a vizinhança vota, saberemos como votará uma pessoa em particular.
   b) O ambiente é responsável por influenciar o voto. Os fluxos de informação tendem a fluir de forma diferente, levando informações diferentes às pessoas e conformando seu comportamento político.

c) Variáveis e instituições políticas não têm qualquer relação com o espaço.

d) Conforme as conclusões da escola de Columbia, a estabilidade do voto deve-se ao fato de que eleitores querem sempre votar nos mesmos partidos e candidatos.

9. Assinale a alternativa **incorreta**:

a) A geografia importa porque nela estão contidas a vida cotidiana das pessoas, as suas escolhas políticas, as instituições políticas e o contexto que influencia decisões políticas como um todo.

b) Variáveis geográficas passaram a ser adotadas pela ciência política para a compreensão de fenômenos políticos, porque, sem elas, quaisquer inferências seriam enviesadas por variáveis que permaneceriam omitidas.

c) Preferências políticas estão entrelaçadas ao meio, ao ambiente. A geografia, nesse sentido, não é um epifenômeno, mas parte essencial que influencia e enviesa informações e decisões.

d) A geografia importa porque ela explica o voto e o comportamento político como um todo. Análises que não incluam o espaço estarão equivocadas em todas as suas conclusões porque não consideram o principal.

Questão para reflexão

1. Se a representação é a forma de organização democrática da maior parte dos países e está vinculada ao território de maneira direta, este último se torna importante na qualificação da representação observada em qualquer democracia contemporânea. Quais são os efeitos sobre a representação se um território for muito ou pouco extenso e se for subdividido em muitas áreas ou em nenhuma?

Capítulo 6
Possibilidades de pesquisa empírica: teorias e ferramentas para análises espaciais

Conteúdos do capítulo:

- A investigação de John Snow sobre o surto de cólera em Londres (1854).
- A importância teórica do mapeamento para um estudo empírico.
- A geografia como variável de fenômenos políticos.
- Representação de dados no espaço.
- Técnicas de análise espacial.
- Cuidados na produção de inferências com base em dados e análises espaciais.
- Visualização de dados espaciais – mapas temáticos.
- Ferramentas para análise de dados espaciais.

Após o estudo deste capítulo, você será capaz de:

1. compreender a relação entre teoria e empiria;
2. entender a relevância da espacialização dos fenômenos políticos;
3. discorrer sobre diferentes técnicas de análise espacial de dados e cuidados a serem tomados nessas análises;
4. reconhecer as várias formas de apresentar/visualizar dados considerando um espaço;
5. identificar instrumentos que permitem a realização de análises empíricas.

Como você deve ter percebido, o número de estudos que se apropriam da geografia para analisar a política aumentou, substancialmente, nos últimos anos, principalmente em razão do aumento na oferta de dados e instrumentos para tanto (Terron, 2012). Neste capítulo final, discutiremos como realizar pesquisas empíricas que incorporem o espaço geográfico.

Iniciaremos mostrando a importância da esfera teórica para um estudo empírico, ressaltando que teorias devem ser integradas às explicações. Em seguida, examinaremos as diferenças entre explicações espaciais e fenômenos espacializáveis e apresentaremos algumas características de dados espaciais. Na sequência, abordaremos algumas técnicas que podem ser utilizadas para analisar esses dados, bem como algumas cautelas a serem tomadas nesses casos. Por fim, trataremos das diferentes formas de apresentar essas informações e algumas ferramentas que estão à disposição de usuários em todo o mundo. Também reunimos, neste capítulo, exemplos de como pesquisas recentes vêm utilizando esses conceitos e essas ferramentas.

Primeiramente, vamos dar um passo atrás e verificar como, ainda no século XIX, o espaço foi essencial para a detecção da causa de um surto de cólera em Londres. Esse episódio se tornou um marco no uso de técnicas e visualizações espaciais para a análise de fenômenos sociais.

(6.1)
UM PONTO DE PARTIDA: A INVESTIGAÇÃO DE JOHN SNOW SOBRE O SURTO DE CÓLERA EM LONDRES[1]

No verão de 1854, um surto de cólera, que levou a mais de 600 mortes na região central de Londres, tornou-se um caso paradigmático no uso do espaço e de mapas para a construção de explicações científicas. O alto número de mortes decorrentes desse surto levou a diversas investigações sobre as causas da ocorrência da doença. Uma delas foi conduzida por um médico, John Snow, convidado para integrar um comitê organizado pela paróquia local, St. James, para a análise do caso.

    Em contatos prévios com ocorrências da doença, Snow desenvolveu uma teoria segundo a qual a cólera era transmissível por via fecal-oral, e não pelo ar, como postulavam teorias alternativas que apontavam para os miasmas como transmissores da doença. O surto de 1854 e sua participação em uma das investigações revelaram-se uma oportunidade única para que ele testasse sua teoria. Em sua pesquisa, o médico focou, inicialmente, no serviço de saneamento básico da região. Ele descobriu que as duas companhias que prestavam esse serviço retiravam água de locais diferentes. Enquanto uma buscava água em uma parte do Rio Tâmisa que havia se contaminado em uma epidemia de cólera entre 1848-1849, a outra recorria a uma parte superior, não contaminada. As duas fontes distintas permitiam que o médico testasse sua hipótese ao comparar o número de mortes em residências de uma mesma região, baseando-se na diferença da empresa que oferecia serviço de saneamento. Ao analisar esses dados, Snow verificou um maior número de óbitos nas casas que recebiam

---

1   Esta seção foi elaborada com base em Brody et al. (2000) e Johnson (2006).

a água da parte contaminada do rio, especialmente aquelas próximas à bomba na Broad Street.

Como o espaço entra nessa história? Ele participa de duas formas: (1) no famoso mapa que o médico produziu para seu relatório (Mapa 6.1) e (2) em sua monografia sobre o assunto. Para fortalecer seu argumento sobre a causa do surto, Snow produziu um mapa de "pontos" (que, na verdade, eram barras), no qual ele representava o número de mortes ocorridas em cada residência e a posição das bombas de água daquela região (onde as pessoas buscavam água para seu uso diário).

Mapa 6.1 – Mapa produzido por John Snow representando as mortes por cólera (1854)

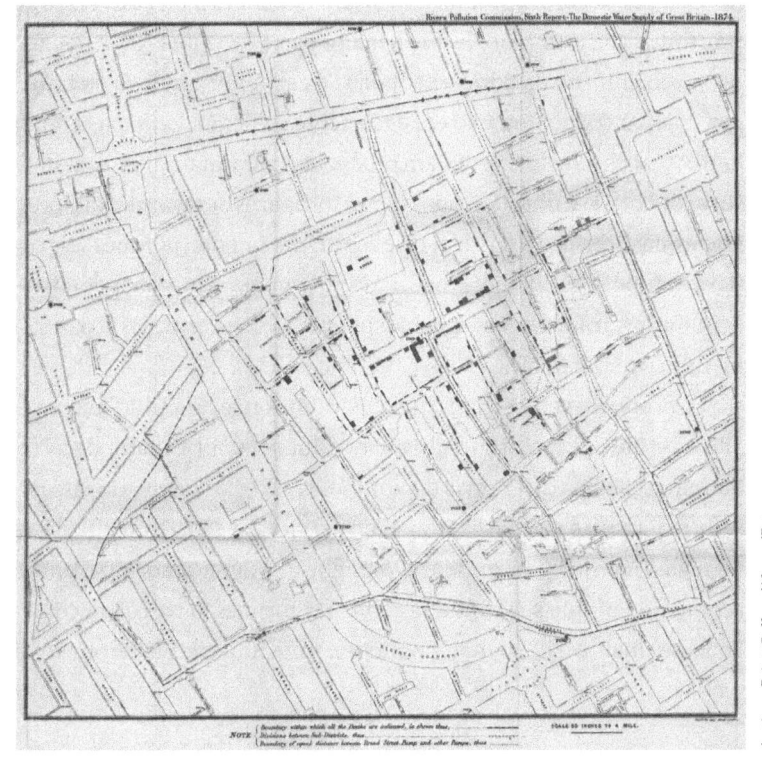

Pouco tempo depois, em uma revisão da figura, ele fez uma importante adição: linhas pontilhadas que dividiam o mapa entre áreas que conteriam cada uma das bombas. Os limites dessas áreas deixariam todos os pontos dentro de uma delas mais próximos da bomba contida nela do que em relação às demais. Não só isso, Snow mediu essa distância em tempo, não em metros, pois seu argumento era de que essas áreas seriam ilustrativas de qual bomba os moradores utilizavam para obter água. Esse tipo de mapa, hoje conhecido como *diagrama de Voronoi*, vem de uma técnica matemática antiga, mas foi, nesse episódio, utilizado pela primeira vez para retratar a distribuição de doenças no espaço.

O mapa de John Snow tornou-se um excelente instrumento para transmitir a informação de que a maior parte das mortes ocorreu na região do entorno da bomba na Broad Street. A importância do trabalho do médico, porém, não era decorrente somente do mapa. Afinal, outros mapas semelhantes foram produzidos para analisar esse mesmo surto de cólera. Contudo, todos foram incapazes de levar seus autores às mesmas conclusões. Isso ocorreu, principalmente, porque eles partiam de hipóteses diferentes ou, ainda, porque eram mapas "poluídos", com muitas informações que não permitiram reconhecer o padrão identificado por Snow.

Segundo Steven Berlin Johnson (2006), a relevância do mapa de Snow reside em sua originalidade e influência. A primeira decorre da utilização dos diagramas de Voronoi e, especialmente, do fato de ser uma análise possibilitada pela colaboração estrita de cidadãos da região, como o padre Henry Whitehead. Além disso, a partir do momento em que sua hipótese sobre a transmissão da cólera começou a ser mais aceita, o mapa tornou-se uma importante ferramenta de divulgação da teoria, por conta de sua clareza na transmissão da informação. O mapa ganhou ainda mais destaque com a popularização de técnicas de análise espacial nos últimos anos, quando esse caso é sempre citado como paradigmático para a utilização do espaço na explicação de fenômenos humanos e para a transmissão de informação. Como lembram Howard Brody et al. (2000), ainda que o mapa não tenha sido essencial para a investigação de John Snow, o médico inglês precisou utilizar o espaço para entender os motivos do surgimento do surto de cólera. Dessa forma, trata-se de um excelente exemplo do modo pelo qual a ciência utilizou o espaço como fator explicativo e um mapa como meio de transmissão de uma informação para uma teoria empiricamente testada.

(6.2)
MAPEAR PARA PENSAR OU PENSAR PARA MAPEAR? A IMPORTÂNCIA DA TEORIA PARA UM ESTUDO EMPÍRICO

Uma das funções essenciais da ciência é o desenvolvimento e os testes de teorias (King; Keohane; Verba, 1994), as quais são o ponto de partida para a elaboração de uma pergunta de pesquisa e das hipóteses e para a escolha dos métodos a serem utilizados. Como lembram Natália Guimarães Duarte Sátyro e Bruno Pinheiro Wanderley Reis (2014, p. 27), "sem teoria, o método é vazio". Elas são também um ponto de chegada: por meio dos resultados dos trabalhos, contribui-se para as teorias com as quais se dialoga. Assim, todo trabalho científico envolve um diálogo constante entre teorias e dados (Gschwend; Schimmelfennig, 2007). Contudo, o que são teorias?

> Entre os diversos usos identificados para esse conceito na pesquisa empírica em ciência política, podemos afirmar que teorias são proposições gerais acerca da relação entre variáveis de forma a explicar um fenômeno social, proporcionando *insights* sobre esse objeto (Abend, 2008).

Teorias, portanto, permitem organizar o conhecimento sobre um fenômeno, de forma a explicar suas regularidades empíricas, além de formular hipóteses sobre ele (Silva, 2018).

Boa parte do que fazemos em trabalhos científicos é testar hipóteses desenvolvidas com base em teorias, com técnicas desenvolvidas para avaliar sua plausibilidade, contribuindo para a construção desse corpo teórico. Contudo, diante da ausência de teorias que deem conta de fenômenos que analisamos, também é possível utilizar o trabalho científico para criar novas (Creswell, 2014).

Uma maneira de refletir sobre a inclusão da geografia em teorias que explicam fenômenos políticos está na distinção entre **"mapear para pensar"** ou **"pensar para mapear"**, levantada por Rodrigo Rodrigues-Silveira (2013, p. 21). Quando não temos muitas expectativas teóricas sobre a influência do espaço nos objetos, "mapeamos para pensar". Mapear, portanto, pode auxiliar a pensar indutivamente sobre a construção de teorias ou a identificar dinâmicas sociais ou mecanismos causais – não dependentes do espaço – que teorias já existentes sobre o fenômeno em questão ainda não vislumbraram (Rodrigues-Silveira, 2013). Ao "pensar para mapear", fazemos o caminho inverso: partimos de teorias que sugerem a incorporação do espaço/geografia na explicação do fenômeno para, então, usarmos dados espaciais em seu estudo (Rodrigues-Silveira, 2013).

(6.3)
FENÔMENOS ESPACIALIZÁVEIS OU EXPLICAÇÕES ESPACIALIZÁVEIS: A GEOGRAFIA COMO VARIÁVEL DE FENÔMENOS POLÍTICOS

Se o espaço pode estar relacionado com fenômenos sociais, como podemos começar a pensar sobre essa relação? Rodrigues-Silveira (2013) sugere quatro conceitos centrais para pensarmos a "geografia política": (1) território, (2) escala, (3) lugar e (4) contexto, que podem ser definidos da seguinte forma:

1. O **território** é tradicionalmente confundido com o Estado-nação, unidade de análise de uma porção significativa dos trabalhos de ciências sociais – em procedimento conhecido como *nacionalismo metodológico* (Rodrigues-Silveira, 2013). Segundo a definição de Rodrigues-Silveira (2013), *território* é a síntese da interação entre diversos atores durante um longo arco temporal em uma área legalmente delimitada (mas cuja existência não necessariamente está ligada a uma organização política num Estado), divisível em múltiplas escalas, onde são criadas fronteiras, identidades simbólicas e instituições para administração desse espaço[2].

2. Inicialmente, a expressão *escala* remete a um dos atributos básicos de um mapa: a escala cartográfica, uma comparação da dimensão entre a unidade representada no mapa e seu tamanho real – por exemplo: 1 cm equivale a 1 km (Monmonier, 2018; Rodrigues-Silveira, 2013). Nessa discussão, porém, tratamos da **escala geográfica**, que dá novos contornos a essa ideia ao se referir às diversas formas como o poder político se constitui

---
[2] Na primeira seção do Capítulo 4, também abordamos o conceito de território.

no espaço, como no Estado-nação, nas instituições transnacionais, ou nos governos locais (Jonas, 2015). Dadas as características de diversos fenômenos sociais, eles podem (e/ou devem) ser analisados sob diferentes escalas, pois a alteração dessa propriedade pode revelar a heterogeneidade interna em determinado nível (Rodrigues-Silveira, 2013). Geralmente, elas são predeterminadas, como as divisões político-administrativas. Contudo, certos fenômenos não são definidos por esses elementos predeterminados e exigem do pesquisador uma reflexão, teórica e empírica, sobre como definir a melhor unidade espacial ao estudo de seu objeto (Rodrigues-Silveira, 2013).

3. O **lugar** é definido pelas identidades físicas e simbólicas, construídas por meio de relações sociais cotidianas em determinada área, onde se expressarão fenômenos sociais[3] (Rodrigues-Silveira, 2013). Apesar de espacialmente definidos, eles são objetos de disputas e conflitos, que se relacionam com os vizinhos, mas compõem-se por identidades próprias (Rodrigues-Silveira, 2013).

4. Por fim, por meio da ideia de lugar, conseguimos observar a relevância do **contexto**. Segundo Rodrigues-Silveira (2013), este pode ser definido de duas formas: (1) como o conjunto de características do espaço em que atores sociais atuam e (2) pela quantidade e qualidade das conexões entre lugares.

---

3 *Del Biaggio (2015) afirma que é com o conceito de lugar que geógrafos anglófonos foram capazes de incorporar dimensões sociais, culturais e políticas do espaço à ideia mais rígida de território.*

Sabemos que dados podem ser representados no espaço (veremos mais sobre isso na próxima seção), mas isso significa que eles resultam necessariamente em explicações espacializáveis? Isto é, ao tentarmos explicar certo fenômeno político-social espacialmente localizável, há fundamento em alguma característica espacial? Em geral, explicações espacializáveis embasam-se na ideia de proximidade, bem exemplificada pela **primeira lei da geografia**: "todas as coisas estão relacionadas com as demais, porém aquelas próximas estarão mais relacionadas entre si do que com aquelas que estão distantes" (Tobler, 1970, p. 236, tradução nossa).

Entre as teorias que estabelecem explicações espacializáveis na ciência política, aquelas que argumentam pela existência de **efeitos contextuais** são extremamente importantes, ainda que não esvaziadas de polêmicas. Para essas teorias, comportamentos ou atitudes variam conforme o contexto em que os indivíduos estão imersos (Agnew, 1996a, 1996b; Rodrigues-Silveira, 2013; Enos, 2017). Seus opositores argumentam que a ideia de contexto raramente explica o fenômeno a ser estudado, recomendando que os pesquisadores se centrem na explicação dos motivos pelos quais o contexto não importaria (King, 1996). Defendem, portanto, que tais estudos deveriam concentrar-se mais em identificar as dinâmicas sociais ou os mecanismos causais, ainda não descobertos, que melhor explicassem esses fenômenos (King, 1996). Contudo, como ressalta Enos (2017), o contexto não deve ser visto somente como uma "caixa" em que os fenômenos sociais acontecem, senão como uma das suas causas. Com base nessa perspectiva, o contexto pode ser um conceito poderoso para explicar diversos fenômenos políticos e sociais.

(6.4)
Representação de dados no espaço

A palavra *dados* parece ter um significado autoevidente: uma informação que já se encontra no mundo e só precisa ser retirada pelos seres humanos. Todavia, como ressalta Nick Barrowman (2018), os dados são construídos por meio de uma série de decisões humanas, que envolve diversos aspectos, por exemplo, o local ou a forma de medir o fenômeno. Nesse sentido, os dados espaciais apresentam dois formatos primários: o *raster* e o vetorial (Rodrigues-Silveira, 2013, p. 26).

Os dados em formato **raster** são organizados em uma grade de *pixels*, em linhas e colunas. Geralmente derivam de imagens de satélite – com grande aplicação em estudos de topografia ou ecologia, por exemplo (Monmonier, 2018; Rodrigues-Silveira, 2013).

Os dados **vetoriais** derivam de dados organizados por uma lista de pontos – podendo resultar em um produto final de pontos, linhas ou polígonos –, que constitui um modelo simbólico ou geométrico do espaço representado (Monmonier, 2018; Rodrigues-Silveira, 2013). Nas ciências sociais, normalmente utilizamos os mapas vetoriais. Podemos observar as distinções entre esses dois tipos nos Mapas 6.2 e 6.3 a seguir.

Mapa 6.2 – Exemplo de um mapa com dados no formato *raster* –
Área entre os estados de Goiás, Minas Gerais e São Paulo

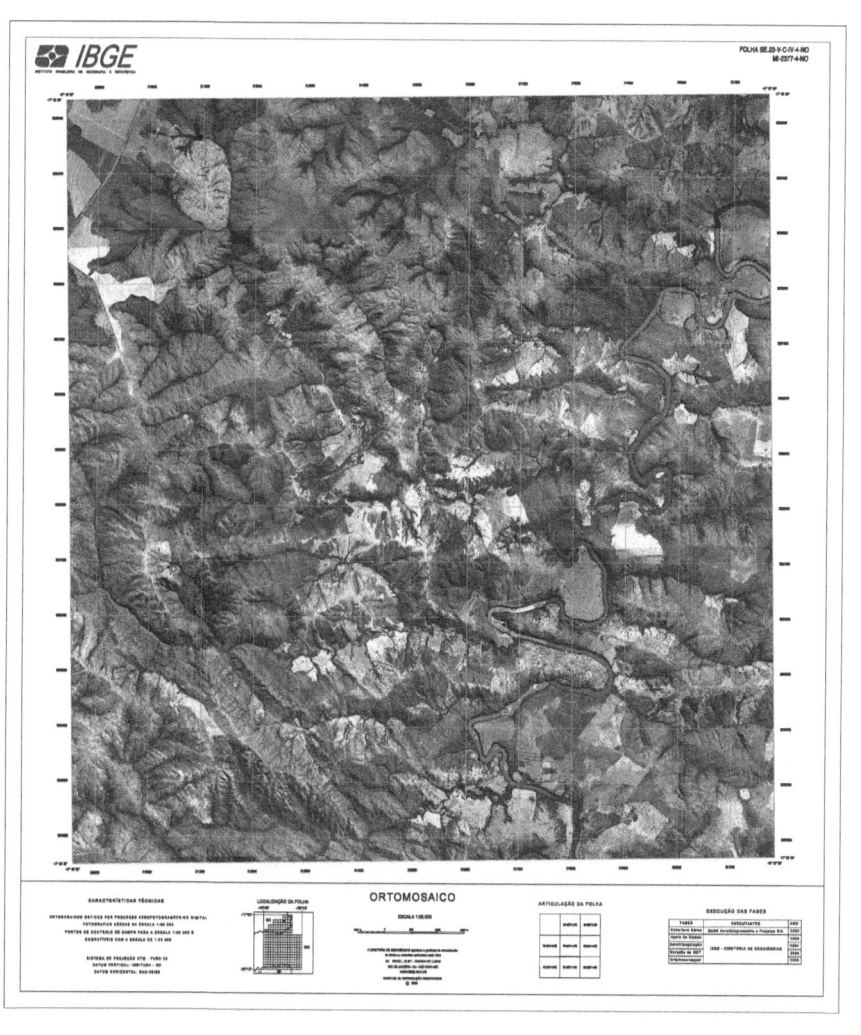

Fonte: IBGE, 2021c.

Mapa 6.3 – Exemplo de um mapa com dados vetoriais – Distritos administrativos da cidade de São Paulo

Lucas Gelape

Fonte: Elaborado com base em IBGE, 2010b.

Nestes mapas, podemos apresentar tanto dados espaciais quanto dados não espaciais:

- **Dados espaciais** são aqueles que trazem características físicas do espaço geográfico, como área, distância ou relevo, bem como atividades humanas associadas ao território, como a localização de edifícios (Rodrigues-Silveira, 2013).
- **Dados não espaciais** são características que, a princípio, independem do espaço em que se encontram (Rodrigues-Silveira, 2013). A maior parte dos dados políticos, econômicos ou sociais com os quais trabalhamos corresponde a dados não espaciais, tais como o número de votos, o custo de vida ou a implementação de uma política pública.

Assim, dados espaciais são aqueles que *prima facie* têm elementos do espaço geográfico entre suas características. Os dados não espaciais, em um primeiro momento, podem não conter essa característica. Contudo, podemos atribuir características espaciais a dados não espaciais para que seja possível analisá-los com base no espaço. Por exemplo, podemos agregar os votos de uma eleição desde a urna até o nível municipal ou estadual, ou, ainda, calcular o custo de vida em uma região da cidade ou no município inteiro. Cientistas sociais trabalham diariamente com esse tipo de transformação nos dados.

6.4.1 Projeções e sistemas de referência de coordenadas

Como sabemos, a Terra não é plana. Na verdade, nosso planeta não é sequer uma esfera, formato em que é frequentemente representado. Para reproduzirmos a superfície terrestre em um plano de duas dimensões, é necessário, então, que façamos uma adaptação de suas três dimensões. Essas adaptações podem ser feitas de diferentes formas, conhecidas como *projeções cartográficas*.

Você possivelmente se lembra de que, em algum momento do ensino médio ou superior, algum professor de Geografia lhe mostrou como mapas produzidos por meio da projeção de Mercator distorciam a área dos países, fazendo com que a Groenlândia fosse retratada com um tamanho praticamente equivalente ao da América do Sul. Isso ocorre porque quaisquer adaptações da Terra a um formato bidimensional resultam em distorções nas características desses territórios.

Mais especificamente, as distorções podem ser de: (1) área, (2) ângulos, (3) formas, (4) distâncias e (5) direções (Monmonier, 2018). Assim, os mapas são soluções de compromisso sobre quais dessas características devem ser priorizadas para nossos objetivos. Portanto, precisamos prestar atenção em quais propriedades são mais úteis ao nosso trabalho, seja como pesquisadores, seja como consumidores de informação. Por exemplo, se o interesse maior é em determinada área, é importante buscar uma projeção **equivalente** (também conhecida como de *igual área*), pois esta preserva as áreas a serem analisadas. Por sua vez, uma projeção **azimutal** (que conhecemos da bandeira das Nações Unidas) é centrada em determinado ponto do planeta e preserva todas as distâncias em relação àquele ponto. Outra projeção bastante útil é a **conforme**, que preserva os ângulos da região retratada e, portanto, oferece imagens menos distorcidas das formas se comparada a outras projeções.

Um sistema de referência de coordenadas (SRC, ou *CRS* – sigla em inglês) projetado expressa o modelo com base no qual a Terra foi representada no plano, associado a determinado ponto de origem, a uma elipse e a um *datum* (Bivand; Pebesma; Gómez-Rubio, 2013). Quando utilizamos dados geográficos, devemos estar atentos ao SRC em que estes foram produzidos – geralmente essas informações se encontram nos metadados dos arquivos disponibilizados. Atualmente, o *datum* WGS84 é o mais popular no mundo, visto que se trata de um padrão mundial, utilizado, por exemplo, em aparelhos de GPS. Todavia, como ressaltamos anteriormente, qualquer projeção traz distorções. Nesse contexto, o Brasil estabelece a adoção oficial de outro *datum* que nos provê com dados mais acurados sobre o território nacional. Trata-se do Sirgas 2000 (Sistema de Referência Geocêntrico para as Américas, produzido no ano 2000), que substituiu os *data* SAD69 e Córrego Alegre, os quais ainda são encontrados – visto que muitos dados foram produzidos por meio deles –, embora todas as informações oficiais atualmente sejam produzidas por meio do Sirgas 2000.

6.4.2 Polígonos, linhas e pontos

Como destacamos, as listas de pontos de um mapa vetorial podem resultar em três tipos diferentes de primitivas gráficas: polígonos, linhas ou pontos. Cada um deles é mais adequado para representar certas características dos fenômenos do espaço em que estamos interessados em dada escala cartográfica (Cairo, 2016; Rodrigues-Silveira, 2013):

- **Polígonos:** são úteis para a representação de áreas, como os estados brasileiros ou unidades de conservação na Amazônia;
- **Linhas:** representam deslocamentos ou fluxos, como ruas, estradas, fluxos de imigração ou de tráfego;
- **Pontos:** são indicados para a representação da localização de fenômenos, como a existência de escolas ou hospitais.

Mapa 6.4 – Exemplos de mapas de polígonos (áreas dos estados), linhas (estradas) e pontos (sedes municipais)

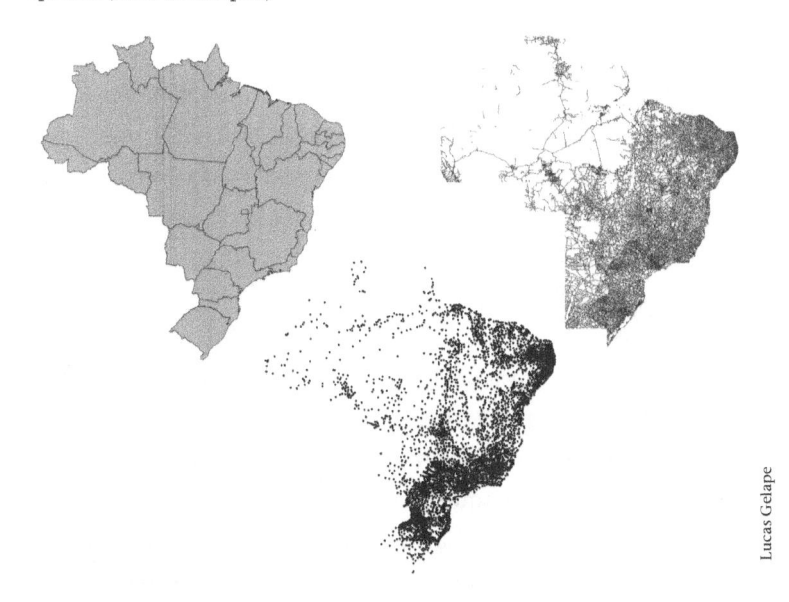

Fonte: Elaborado com base em USP, 2021; IBGE, 2021b.

Lucas Gelape

(6.5)
Técnicas de análise espacial

A visualização de dados espaciais auxilia a identificar padrões, tendências e ilustrar teorias. No entanto, muitas vezes, elas podem induzir a erros. Conforme lembram diversos autores, como David Darmofal (2015), seres humanos têm tendência a encontrar padrões em dados que são, na verdade, aleatórios (um fenômeno conhecido como *apofenia*). No caso dos mapas, isso se traduz em localizar padrões espaciais onde eles não existem. Para evitar que isso aconteça, temos à disposição uma série de técnicas que facilitam a identificação de regularidades nessas informações. Nesta seção, apresentaremos um panorama de técnicas simples, como os cálculos de distância ou georreferenciamento, até outras mais complexas, como as de autocorrelação ou regressão espacial, enumerando pesquisas que tenham utilizado essas ferramentas a título de ilustração.

6.5.1 Cálculos de distância

Uma operação fácil de ser realizada em *softwares* que lidam com dados espaciais é o cálculo da distância entre áreas, linhas e pontos – essa operação é mais comumente utilizada para identificar a distância entre pontos. Ela está claramente ligada à primeira lei da geografia, citada anteriormente, segundo a qual objetos mais próximos estão mais relacionados entre si (Rodrigues-Silveira, 2013).

Ao analisar a expansão da Justiça do Trabalho no Brasil entre 2003 e 2010, Eduardo Matos de Oliveira (2018) empregou um modelo de regressão logística para estimar o efeito de uma série de fatores sobre a criação ou não de uma vara trabalhista em municípios brasileiros. Entre esses fatores, o pesquisador incluiu duas variáveis relacionadas à distância: (1) a distância do município para a vara do trabalho mais próxima; e (2) a distância do município para a capital de seu estado (Oliveira, 2018). Segundo o autor, uma vez incluídas outras variáveis que poderiam influenciar a criação de varas trabalhistas (como a estrutura judicial e o perfil de ocupação, educação e renda do município) – as chamadas *variáveis de controle* – constatou-se uma maior tendência de criação de varas nas cidades que estavam mais longe das varas já existentes (Oliveira, 2018). Essa explicação vai de encontro à ideia de que objetos mais próximos estão mais relacionados entre si, afinal o fenômeno estudado (criação de varas trabalhistas) ocorre com maior frequência em localidades mais distantes de onde ele já existia. O resultado, porém, corrobora uma explicação em que a criação de varas trabalhistas ocorre com objetivos de acesso à Justiça, na qual o Poder Judiciário alcança áreas previamente distantes de sua cobertura.

6.5.2 Georreferenciamento

Denomina-se *georreferenciamento* (ou *geocodificação*) o processo de atribuir um conjunto de coordenadas para um conjunto de dados por meio de informações que podem ser obtidas nesse formato, como o endereço de alguma localidade. De forma manual ou automatizada, um dos meios mais utilizados para buscar essas informações é o Google Maps. Além disso, outros portais disponíveis *on-line* também fornecem esse serviço[4]. Portanto, por meio do georreferenciamento, somos capazes de atribuir informações geográficas a dados que não continham tais informações anteriormente. Isso abre diversas possibilidades para análises e pesquisas que seriam extremamente custosas (ou, por vezes, impossíveis) em um passado próximo, em termos tanto de custos financeiros quanto de tempo empregado na coleta de dados.

---

4   Como exemplo, temos o site *Here*: <https://www.here.com/>.

Mapa 6.5 – Exemplo de informações georreferenciadas – Locais de votação na cidade de Belo Horizonte nas eleições de 2012, plotados sobre um mapa de bairros desse município

Fonte: Elaborado com base em Gelape, 2017; IBGE, 2010a.

Essa técnica vem sendo amplamente utilizada em trabalhos de geografia eleitoral. A forma mais desagregada de resultados eleitorais no Brasil são os quantificados por urnas (seções eleitorais). Esses dados não espaciais podem ser agregados de acordo com dimensões espaciais, como as cidades ou os estados. Graças ao georreferenciamento, podemos agregar a votação por urna aos respectivos locais de votação e obter as coordenadas geográficas. Autores deste livro, por exemplo, utilizaram coletas automatizadas de coordenadas na API do Google Maps com base em endereços fornecidos pelo Tribunal Superior Eleitoral (TSE) para georreferenciar os locais de votação em capitais brasileiras, produzindo diversos trabalhos[5].

6.5.3 Autocorrelação espacial

Uma vez que os seres humanos têm uma inclinação em detectar padrões em lugares nos quais estes não necessariamente existem (apofenia), algumas técnicas permitem identificá-los no espaço. Uma destas é a autocorrelação espacial.

Testes de autocorrelação espacial buscam verificar se dados agregados em área apresentam **dependência espacial** (Darmofal, 2015), ou seja, avaliam em que medida os valores para uma variável em determinada área estão relacionados espacialmente com os seus vizinhos. Esses testes se dividem em duas espécies (Darmofal, 2015):

1. **Autocorrelação espacial global**: verifica em que medida o conjunto de dados, como um todo, apresenta dependência espacial.
2. **Autocorrelação espacial local**: mede quanto cada observação (cada área) está autocorrelacionada com seus vizinhos na variável de interesse.

---

5 *Alguns exemplos desses trabalhos são: Gelape (2017); Silotto (2017); e Silva e Silotto (2018a).*

Eles consistem em um teste de hipóteses: verificamos se os resultados da estatística calculada permitem rejeitar a hipótese nula (H0) de inexistência de autocorrelação espacial. Isto é, se rejeitamos a hipótese nula, encontramos evidência de que os dados apresentam dependência espacial.

Ao utilizarmos variáveis contínuas, dois testes são comumente empregados: o I de Moran e o C de Geary. A diferença entre os dois está em como é calculada a semelhança entre uma área e seus vizinhos: o **I de Moran** utiliza desvios em relação à média da variável de interesse, ao passo que o **C de Geary** utiliza o quadrado da diferença entre os valores de uma variável e seus vizinhos (Darmofal, 2015). Em razão dessa diferença, os valores das estatísticas desses dois testes divergem, com o C de Geary dando maior peso a *outliers*[6] da amostra (Darmofal, 2015).

O I de Moran costuma ser mais utilizado. Assemelha-se a um teste de correlação e por isso pode ter uma interpretação mais intuitiva do que o C de Geary. Em amostras grandes, a hipótese nula tende a zero[7] (assim como testes de correlação, a H0 do I de Moran = 0). Além disso, os resultados da estatística desse teste também variam entre valores próximos a +1 ou -1.

Como interpretamos os resultados do I de Moran? Resultados positivos do I de Moran indicam a existência de autocorrelação espacial global: no geral, a variável de interesse nas observações em análise está associada positivamente com seus vizinhos. Valores negativos, porém, sugerem que as observações estão circundadas por valores não semelhantes – ou seja, áreas com valores altos envoltas por outras com valores baixos, e vice-versa (Darmofal, 2015; Terron; Ribeiro; Lucas, 2012).

---

6   Valores altamente desviantes em um conjunto de dados.
7   A hipótese nula desse teste é igual a -1/n-1, sendo n o número de observações.

A interpretação dos resultados do C de Geary é um pouco menos intuitiva. Esse teste tem uma hipótese nula igual a 1. Valores maiores que 1 indicam autocorrelação espacial negativa; já valores menores indicam autocorrelação espacial positiva (Darmofal, 2015).

Pesquisas sobre a distribuição geográfica de votos no Brasil têm usado o I de Moran como indicador da dispersão dos votos (Ames, 2003; Terron, 2009; Terron; Ribeiro; Lucas, 2012). Como podemos deduzir da interpretação do teste, valores altos e positivos do I de Moran sugerem votações concentradas em partes do território – já que votações substantivas estariam circundadas de boas votações e baixas votações também seriam vizinhas de áreas com votação fraca –, e valores próximos a zero indicam votações dispersas, visto que baixas votações estariam espalhadas pelo território.

Contudo, como ressaltamos no início desta seção, os índices de autocorrelação global não são os únicos existentes. Apesar de nos proporcionarem uma medida sobre a caracterização quanto à dependência espacial de nosso conjunto de dados, eles não possibilitam a identificação de como áreas específicas se relacionam com seus vizinhos.

Para isso, existem os chamados *indicadores locais de associação espacial* (também conhecidos como Lisa, sigla derivada de seu nome em inglês, *local indicator of spatial association*). Os Lisa são proporcionais ao indicador global que pode ser calculado para nosso conjunto de dados e são úteis para ajudar a decompor esse resultado, seja encontrando *outliers* que estejam afetando o resultado desse conjunto, seja identificando observações que desviem do padrão global (Darmofal, 2015) – situações que podem oferecer *insights* interessantes de análise.

Assim como para o indicador global, podemos calcular os Lisa utilizando o I de Moran ou o C de Geary. Com base em uma interpretação semelhante dos testes, os resultados classificam cada unidade espacial em uma de cinco possibilidades: (1) **alto-alto**, quando o valor da variável de interesse na unidade e em seus vizinhos é alto; (2) **alto-baixo**, quando a unidade tem um valor alto da variável de interesse, mas é circundada por unidades com valor baixo; (3) **baixo-alto**, quando a unidade tem um valor baixo da variável de interesse, mas é circundada por unidades com valor alto; (4) **baixo-baixo**, quando o valor da variável de interesse na unidade e em seus vizinhos é baixo; e (5) **sem significância estatística**, quando a relação entre a unidade e seus vizinhos não é estatisticamente significante.

Em análise sobre geografia eleitoral de vereadores cariocas, Sonia Terron, Andrezza Ribeiro e Joyce Fonseca Lucas (2012) utilizaram o I de Moran local para corrigir a categorização que o indicador global sugeria para a distribuição de votos dos candidatos. Esses indicadores também são úteis em outras áreas da ciência política. Natália Sátyro, Eleonora Schettini Martins Cunha e Járvis Campos (2016) utilizaram o I de Moran local para análise da autocorrelação espacial do IGD-Suas – um índice utilizado para avaliar a qualidade da gestão de programas e serviços socioassistenciais, além do Sistema Único de Assistência Social (Suas) nos municípios brasileiros, e que tem grande importância para o valor repassado pelo Governo Federal a estados e municípios –, bem como para a análise da taxa de execução dos recursos federais nessa área por município. Os autores encontraram uma relação alta-alta nos valores do IGD-Suas no Nordeste e em algumas áreas do Centro-Oeste, além de predominância de relações baixo-baixo na região Sul (Sátyro; Cunha; Campos, 2016); e, ainda, valores alto-alto, no Nordeste e Norte, e valores baixo-baixo, no Sul, para a taxa de execução de recursos federais (Sátyro; Cunha; Campos, 2016). São resultados que sugerem forte relação entre a demanda de serviços de assistência social e sua execução.

Até o momento, trabalhamos somente com a análise de dependência espacial de uma única variável pelo espaço. Contudo, esses mesmos indicadores (globais e locais) podem ser utilizados para investigar a relação entre duas variáveis no espaço. Mais especificamente, testamos como o valor de uma variável se relaciona espacialmente com os valores de outra variável em sua vizinhança.

O trabalho de Raquel D'Albuquerque (2017) utiliza os Lisa para uma série de testes sobre a relação entre a execução do Serviço de Proteção e Atendimento Integral à Família (conhecido como Paif) e indicadores de níveis de desenvolvimento socioeconômico e maior demanda potencial dos municípios. Seus resultados são semelhantes aos encontrados por Sátyro, Cunha e Campos (2016): relações de vizinhança alto-alto no Norte e no Nordeste, além de baixo-baixo na região Sul; resultados que indicam uma forte relação entre a execução dessa política e a demanda potencial nos municípios (D'Albuquerque, 2017).

Em toda a discussão sobre os indicadores de dependência espacial, fizemos referências à **vizinhança**. Porém, o que estamos chamando de *vizinhos* nessas análises? Trata-se de um elemento importante para compreender como avaliamos empiricamente a relação entre fenômenos políticos e sociais no espaço, ele será abordado na seção sobre os cuidados na realização de inferências com análises de dados espaciais.

6.5.4 MODELOS DE REGRESSÃO ESPACIAL

Nesta seção, abordaremos brevemente como integrar o espaço em modelos de regressão. Resumidamente, modelos de regressão linear fornecem uma estimativa acerca da relação existente entre uma variável independente (também conhecida como *explicativa*) e uma variável dependente – além de eventuais variáveis de controle – em um conjunto de dados (Kellstedt; Whitten, 2015). Por meio desses modelos, é possível estimar o efeito dessa variável explicativa sobre a variável dependente para esses dados, assumindo que elas estão associadas linearmente.

Apesar da popularidade desses modelos nas ciências sociais, eles não vão às últimas consequências quando se trata de levar o espaço em consideração. Isso porque, na maioria das vezes, o espaço é incluído por meio de variáveis que identifiquem o estado ou o país da observação. Contudo, como vimos, a melhor inclusão do espaço em explicações de fenômenos sociais e políticos depende da ideia de *vizinhança*, e esse tipo de variável não consegue distinguir entre as duas abordagens possíveis da influência do espaço sobre esses fenômenos (Darmofal, 2015).

A ideia que fundamenta a utilização de modelos de regressão que levem em consideração o espaço foi lançada, ainda no século XIX, por Sir Francis Galton – posteriormente, ficou conhecida como o *problema de Galton*. Em 1888, em resposta a uma apresentação no Instituto Real de Antropologia, Galton levantou a possibilidade de duas explicações diferentes para fenômenos espacialmente dependentes (Darmofal, 2015).

Uma das explicações coloca a possibilidade de um efeito de **difusão** do fenômeno em análise, que ocorreria de forma mais intensa entre os vizinhos – novamente, uma ideia que remete à primeira lei da geografia, de Waldo Tobler (1970). Na segunda explicação possível, áreas vizinhas apresentariam comportamentos semelhantes não em razão da difusão entre elas, senão porque teriam algumas características semelhantes que influenciariam esse fenômeno – como o perfil socioeconômico da população que afetaria a votação em um candidato (Darmofal, 2015).

Com base nessas ideias, pesquisadores desenvolveram técnicas econométricas que permitem modelar a dependência espacial, incluindo-a na estimação desses modelos de regressão (Darmofal, 2015; Ward; Gleditsch, 2008). Existem dois modelos básicos que desempenham essa função: os modelos de defasagens espaciais na **variável dependente** (*spatially lagged y model*) ou no **erro** (*spatially error model*) (Darmofal, 2015; Ward; Gleditsch, 2008).

A principal diferença entre esses dois é teórica. Se a teoria informa a existência de efeitos *feedback*, isto é, efeitos de difusão em que territórios próximos afetam a variável dependente de outros territórios próximos, o modelo de defasagem espacial na variável dependente é mais adequado. Nesse caso, acredita-se na existência de um efeito de difusão, enfraquecido à medida que a distância aumenta. Caso a teoria não suporte tal ideia, pode-se procurar por uma correlação espacial nos termos de erro da regressão[8].

Ward e Gleditsch (2008) indicam que, em geral, modelos de erro espacial são menos interessantes para as explicações de fenômenos sociais, pois têm maior aplicação em situações nas quais analistas creem que exista alguma dependência espacial no erro, mas cuja origem eles não conseguem identificar para corrigi-la – caso de uma variável omitida do modelo, por exemplo. Para esses autores, como os fenômenos sociais e políticos ainda não incluíram devidamente o **contexto** em suas explicações, existem várias aplicações em que isso poderia ser feito de forma mais sistemática, revelando o potencial desses modelos de defasagem espacial na variável dependente (Ward; Gleditsch, 2008). De toda forma, eles afirmam que modelos de erro ainda podem auxiliar bastante na obtenção de estimativas mais precisas dos efeitos estudados em ciências sociais, tendo em vista a pouca atenção que modelos de regressão linear dão a esse fator (Ward; Gleditsch, 2008).

Como exemplo da aplicação desses modelos, Ward e Gledistch (2008) apresentam análises sobre como modelos de regressão linear (mínimos quadrados ordinários) do efeito do PIB *per capita* sobre

---

[8] Na ausência de teoria (ou em caso de controvérsia) sobre a relação estudada, existem testes de diagnóstico que possibilitam escolher entre um dos dois modelos básicos. Os interessados podem procurar o rico material sobre econometria espacial. Em inglês, os livros de David Darmofal (2015) e de Michael D. Ward e Kristian Skrede Gleditsch (2008) são excelentes manuais aplicados às ciências sociais.

Lucas Gelape

o nível de democracia podem ser afetados pela existência de dependência espacial. Em testes de diagnóstico, os autores identificam que esse é um fenômeno que apresenta dependência espacial nos termos de erro dessa regressão. Ao estimarem um modelo de defasagem espacial na variável dependente, o efeito do PIB *per capita* reduz-se substantivamente, revelando que a difusão era potencialmente uma variável que havia sido omitida do modelo original.

(6.6) Cuidados na produção de inferências baseadas em dados e análises espaciais

Por trás de todo empreendimento científico que discutimos neste capítulo está a ideia de produção de inferências, isto é, "o processo de usar fatos que sabemos para aprender sobre fatos que não sabemos" (King; Keohane; Verba, 1994, p. 46, tradução nossa). Nesse processo, em que partimos de nossas perguntas, teorias e hipóteses (os fatos que não sabemos) para aprender com os dados (fatos que sabemos), estes requerem algumas cautelas especiais (King; Keohane; Verba, 1994). Nesta seção, vamos discutir algumas delas.

Rodrigues-Silveira (2013) aponta três importantes cuidados que devem ser tomados na realização de inferências:

1. **Falácia ecológica**: seria "inferir um comportamento individual a partir de características compiladas em um nível de grupo" (Rodrigues-Silveira, 2013, p. 43, tradução nossa).
2. **Falácia atomista/composição**: é o oposto da ecológica, que incorre em inferir sobre o comportamento geral com base no individual (Rodrigues-Silveira, 2013).

3. **Problema da unidade de área modificável:** mais conhecido por sua sigla em inglês *Maup*, advinda de *modifiable areal unity problem*, é encontrado quando, com base em um mesmo conjunto de dados, produzimos inferências divergentes, em razão da adoção de variados níveis de agregação das mesmas informações ou de diferentes recortes de unidades mantida a agregação (Ávila; Monasterio, 2008; Gonçalves, 2016).

Além desses três problemas, também vamos discutir, nesta seção, como definir os critérios de vizinhança em análises de dados espaciais, uma vez que estes podem levar a resultados divergentes e, até mesmo, contraditórios no estudo das mesmas variáveis pelo espaço.

6.6.1 Falácia ecológica

Muitas vezes, nas ciências sociais, encontramos a necessidade de utilizar dados agregados para produzir inferências sobre fenômenos em nível individual, em um processo conhecido como *inferência ecológica* (King, 1997). Contudo, essa tentativa pode levar a erros na tradução desses dados agregados para o nível individual, naquilo que é conhecido como *falácia ecológica*. Basicamente, é possível compreendê-la como um alerta de que padrões encontrados em nível agregado podem não ser aplicáveis ao nível individual[9].

A falácia ecológica é um problema muito apontado em análises de geografia eleitoral. O fato de um deputado ou um vereador ser bem votado em uma região rica de uma cidade não garante que seus eleitores sejam dessa mesma faixa de renda. Eles podem ser eleitores pobres que votam naquela região – pelos mais diversos motivos, como a não

---

9   Vale destacar que existem técnicas estatísticas que permitem a produção de inferências ecológicas com maior validade (King, 1997; Calvo; Escolar, 2003).

atualização do cadastro eleitoral ou a existência de pequenos bolsões de pobreza em regiões ricas.

Outro bom exemplo para evidenciar como podemos incorrer em falácias ecológicas em análises da ciência política é apresentado por Sergio Simoni Júnior (2017), que desdobra análises apresentadas previamente por Fernando Limongi e Fernando Guarnieri (2014; 2015; 2018). Em sua tese de doutorado, o autor avalia o que ficou conhecido como o realinhamento eleitoral petista na eleição presidencial de 2006: em resumo, o deslocamento da base eleitoral petista de um eleitorado de classe média concentrado no Sudeste, em 2002, para uma base concentrada principalmente no eleitorado pobre do Nordeste, em 2006. Ao utilizar dados do perfil de escolaridade em cada seção eleitoral (o nível mais desagregado de votação disponibilizado no país, como assinalamos), esses estudos revelam que o Partido dos Trabalhadores (PT) já tinha considerável suporte em áreas menos escolarizadas – um indicador ainda fortemente correlacionado com renda no Brasil – e no Nordeste. Dessa forma, os achados desses trabalhos relativizam a força do "realinhamento": é inegável o crescimento do PT nessa região e nessa faixa de renda em 2006 (e, portanto, um realinhamento de fato ocorre), mas sua força deve ser mitigada ao analisarmos a força prévia do partido nessas regiões com base nos dados apresentados.

6.6.2 FALÁCIA ATOMISTA/COMPOSIÇÃO

A falácia atomista, também conhecida como *de composição*, é o lado inverso da falácia ecológica. Ela apresenta os riscos de inferir sobre o comportamento geral com base no comportamento individual (Rodrigues-Silveira, 2013). O exemplo mais evidente ocorre quando apresentamos o comportamento de um indivíduo desviante como indício de que tal comportamento não seria generalizável.

Ainda em sua tese de doutorado, Simoni Júnior (2017) também analisa o efeito do Programa Bolsa Família (PBF) sobre os votos a Lula em 2006. Diante de evidências distintas baseadas no uso de *surveys* (pesquisas realizadas com indivíduos, permitindo observar comportamentos e características nesse nível) e no resultado da votação por municípios (dados agregados), o autor sugere que o nível individual pode ocultar efeitos indiretos e contextuais observados em nível local, os quais são capturados por dados agregados. Sua principal crítica à literatura que estima os efeitos do PBF utilizando dados agregados reside no fato de que este cairia no que ele chama de *falácia distrital*: ao calcular o efeito do PBF sobre a votação percentual no candidato petista, e não na votação absoluta, deixa-se de ponderar a população de cada município, superestimando o efeito do PBF para a eleição. Uma de suas conclusões, muito útil para termos em mente ao considerarmos tanto a falácia ecológica quanto a de composição, é a de que, com os devidos cuidados, dados agregados e individuais devem ser vistos como complementares para a produção de inferências (Simoni Júnior, 2017).

6.6.3 Problema da unidade de área modificável (Maup)

Ao longo de todo o capítulo, você deve ter reparado que a escala em que utilizamos nossos dados é essencial para o que podemos dizer sobre ele. O Problema da Unidade de Área Modificável (Maup) apresenta os riscos de chegarmos a mais de uma conclusão se agregarmos os dados em diferentes escalas. Esse problema pode advir de duas fontes: (1) da **escala**, quando alteramos o nível de agregação dos dados (por exemplo, considerar a votação para presidente em municípios, em microrregiões ou na unidade federativa como um todo); ou (2) da **partição**, decorrente da forma como se definem as fronteiras (por exemplo, se a análise dos indicadores de saúde segue as fronteiras das subprefeituras ou das macrorregiões de saúde da cidade de São Paulo) (Ávila; Monasterio, 2008; Gonçalves, 2016). O Maup é uma questão inerente às inferências ecológicas (Gonçalves, 2016). Portanto, a seleção da escala por meio da qual as análises serão feitas deve partir principalmente da teoria, que vai fornecer as evidências para auxiliar nesse processo. Como as inferências estarão permanentemente condicionadas à escala utilizada, na ausência de teoria – ou mesmo como forma de fortalecer o argumento, ainda que a literatura não mostre que isso seja necessário –, a comparação de resultados em outras escalas é altamente recomendável (Ávila; Monasterio, 2008; Gonçalves, 2016).

Em sua dissertação de mestrado, Ricardo Dantas Gonçalves (2016) dá um ótimo exemplo de existência do Maup em análises de geografia eleitoral no Brasil. O autor divide as pesquisas de geografia eleitoral brasileira em três áreas (concentração/dispersão, cartografias eleitorais e bases geoeleitorais) e faz testes para analisar a influência do Maup em cada uma delas. Naquelas pesquisas que analisam a concentração ou a dispersão de votações, a variação na escala pouco afeta as inferências produzidas, sugerindo, porém, a exploração de padrões intramunicipais de votação (Gonçalves, 2016). Já na área das cartografias eleitorais, que costuma descrever as grandes tendências de distribuição de votos pelo território brasileiro, com base em um estudo de caso sobre Curitiba, Gonçalves identifica que, dentro de municípios, as diferentes agregações (como zonas eleitorais, locais de votação e bairros) podem conduzir a inferências divergentes, recomendando, assim, que diferentes escalas sejam comparadas (Gonçalves, 2016). Por fim, modelos que estimam bases geoeleitorais em todo o território nacional não apresentam muitas diferenças, exceto se estimados em nível intramunicipal (Gonçalves, 2016).

Nesse contexto, percebemos que, nos estudos de geografia eleitoral no Brasil, o Maup afeta principalmente quando o olhar se volta para escalas intramunicipais, ainda que os pesquisadores devam estar atentos a esse problema quando analisarem outras agregações.

6.6.4 COMO DEFINIR UMA VIZINHANÇA?

Na Seção 6.5, apresentamos algumas técnicas que buscam analisar a dependência espacial de dados políticos e sociais. Possivelmente você lembra que um elemento central para o cálculo dessa dependência espacial é a ideia de **vizinhança**, pois é por meio dela que os pesquisadores vão operacionalizar a influência do espaço nesses fenômenos. Na prática, isso é feito por meio de uma **matriz de pesos espaciais**, na qual linhas e colunas representam como cada observação se relaciona com todas as demais em um conjunto de dados, por meio da classificação de vizinhança. Desse modo, cada observação assume um valor, definido de acordo com a forma e a extensão da dependência espacial entre vizinhos (Darmofal, 2015).

A definição de quais observações são vizinhas deve embasar-se em razões teóricas: se o fenômeno estudado se difunde pelo espaço, qual o alcance dessa difusão? Ou, então, se ele se baseia no agrupamento de comportamentos semelhantes, quais unidades próximas apresentarão essa semelhança? (Darmofal, 2015). Podemos usar vários critérios para traduzir essa discussão teórica em matrizes de pesos espaciais. A seguir, vamos tratar de alguns deles. Com essas informações, você será capaz de compreender os critérios de vizinhança reportados por cientistas sociais em suas análises, pois a boa prática recomenda que eles sempre informem como foi construída a matriz de vizinhança adotada nos trabalhos.

O critério mais comumente utilizado nas ciências sociais é o da **contiguidade**. Sua ideia é bastante intuitiva: considerando dados em formato de área, são vizinhas áreas contíguas. Existem três possibilidades de definição dessa contiguidade, cujos nomes se baseiam no movimento de peças de xadrez. Nas matrizes com definição de rainha (*queen*[10]), todas as áreas ligadas são vizinhas – já que a rainha pode mover-se em todas as direções do tabuleiro. Há, ainda, as matrizes bispo (*bishop*), em que são consideradas somente as áreas em diagonal, e torre (*rook*), que considera vizinhos posicionados imediatamente na vertical ou na horizontal.

Como você deve imaginar, visto que as áreas com as quais normalmente trabalhamos nas ciências sociais são altamente irregulares (como os limites de cidades, estados ou países), os critérios bispo (*bishop*) e torre (*rook*) não são exatamente aplicáveis a essas superfícies, sendo mais útil o emprego do critério da rainha (*queen*) (Darmofal, 2015). Além disso, é difícil pensar em justificativas teóricas que possam basear o uso de matrizes bispo ou torre para análises de fenômenos políticos ou sociais (Darmofal, 2015). Afinal, em quais fenômenos sociais o espaço somente influenciaria a diagonal, por exemplo?

Outro critério existente é o dos **vizinhos mais próximos** (*k-nearest neighbors*). Este assume que a distância ainda importa, porém não precisa ser medida em distância euclidiana[11]. Ao utilizá-lo, definimos todas as k observações (sendo k um número de vizinhos) mais próximas como vizinhos e todas as demais como não vizinhos. Como

---

10   Como é razoavelmente comum que trabalhos científicos (mesmo em português) e softwares apresentem esses critérios na grafia em língua inglesa, apresentamos esses nomes aqui, a fim de que você se familiarize com eles.

11   Uma distância entre dois pontos, traduzível em metros.

ressaltamos no início da seção, a justificativa de seu uso deve estar fundada em algum motivo teórico, podendo ser, por exemplo, em razão de um número limitado de interações que um ser humano consegue ter em dada proximidade, como em conversas sobre política com um número fixo de vizinhos (Darmofal, 2015, p. 19).

Os últimos critérios que vamos abordar são aqueles que utilizam alguma **distância euclidiana**. Eles são basicamente dois: definições que adotam uma distância fixa (como, por exemplo, 3.000 m), na qual todos os pontos dentro desse raio seriam classificados como vizinhos (e os demais como não vizinhos); ou aquelas em que a distância será ponderada de acordo com a proximidade, em que os vizinhos mais próximos seriam mais afetados em relação aos mais distantes (Darmofal, 2015). Para a operacionalização desses critérios, Darmofal (2015) alerta para duas questões centrais a serem consideradas: (1) A partir de que ponto essa distância será medida? Diversas opções existem aqui, como os centroides[12] ou os centros populacionais; (2) Qual a distância a ser utilizada na definição dessas vizinhanças? Como já afirmamos, essas respostas devem advir das teorias que fundamentam o trabalho.

Por fim, vale ressaltar que todas as matrizes aqui discutidas são conhecidas como matrizes de *primeira ordem*, isto é, são considerados vizinhos somente aqueles que atendem imediatamente ao critério estabelecido. Contudo, os pesquisadores podem desejar considerar vizinhanças de *segunda ordem* (ou *terceira ordem* etc.) por motivos teóricos ou empíricos. Vizinhanças de segunda ordem, por exemplo, consideram como vizinhos aqueles imediatos (de primeira ordem), bem como todos os vizinhos imediatos destes (de segunda ordem) (Darmofal, 2015).

---

12   *Centro geométrico do polígono.*

Lucas Gelape

(6.7)
VISUALIZAÇÃO DE DADOS ESPACIAIS: MAPAS TEMÁTICOS

Nas seções anteriores deste capítulo, descrevemos algumas técnicas de utilização do espaço na análise de dados. No entanto, poucos instrumentos são tão eficientes para transmitir informações baseadas no espaço quanto os mapas temáticos. Por isso, nesta seção, abordaremos algumas orientações sobre como devemos ler e produzir esses tipos de mapa.

Mapas temáticos são aqueles que apresentam o arranjo espacial de algum fenômeno físico ou social em que estejamos interessados (Rodrigues-Silveira, 2013). Apesar de seu ótimo potencial para transmissão de informações, é importante termos alguma cautela em sua leitura, pois eles são facilmente manipuláveis. Também devemos ter cuidado em sua elaboração, uma vez que podemos incorrer em erros semelhantes, muitas vezes, até inconscientemente.

6.7.1 ORIENTAÇÕES BÁSICAS

Nosso ponto de partida são orientações básicas aplicáveis a quaisquer tipos de mapa. Tenha sempre em mente essas orientações quando estiver diante de um, especialmente se for de sua autoria[13].

"Menos é mais", esse princípio deve guiar toda a produção de mapas (Rodrigues-Silveira, 2013). Quanto mais informação você conseguir transmitir com menos poluição visual no mapa, melhor ele será (Rodrigues-Silveira, 2013). No entanto, você deve ter cuidado para

---
13 Seguimos práticas frequentemente adotadas em visualização de dados nas ciências sociais, como aquelas apresentadas por Rodrigues-Silveira (2013) e Cairo (2016; 2019). Elas seguem as orientações da cartografia. No entanto, para uma obra mais próxima da cartografia, sugerimos consultar Martinelli (2014).

não colocar uma quantidade de informação insuficiente para o que deseja transmitir. Mapas bem produzidos organizam as informações de forma a facilitar a compreensão e não de modo a cansar o leitor, além de fazer um bom uso do espaço disponível (Rodrigues-Silveira, 2013). Enumeramos, a seguir, outras cinco orientações gerais que não devem ser esquecidas:

1. **Posicione o título na parte superior do mapa**, pois será a primeira informação vista pelo leitor, de forma que ele saiba sobre o que está lendo (Rodrigues-Silveira, 2013).
2. **A figura (mapa em si) deve vir abaixo do título**, com algum (porém pouco) espaço entre ambos, para permitir que o leitor possa distinguir as informações, mas sem desperdiçar espaço (Rodrigues-Silveira, 2013).
3. **Nunca se esqueça de colocar a fonte da informação**, que deve vir abaixo do mapa, em letra menor, mas não tão pequena a ponto de ser ilegível (Rodrigues-Silveira, 2013). Outra boa sugestão é evitar variações do genérico "Fonte: elaborado pelo autor". Mapas são autorais e você pode querer compartilhá-lo fora do documento original em que foi produzido. Assim, é útil incluir o nome do autor, que deve vir acompanhado da origem dos dados primários, caso o autor não tenha sido responsável por coletá-los, como neste exemplo: "Fonte: elaborado por Maria da Silva, com base em dados do IBGE".
4. **A legenda e outros símbolos devem ser incluídos segundo o público e a informação transmitida** (Rodrigues-Silveira, 2013). Por exemplo, cientistas sociais, em geral, não se importam com a topografia do terreno, mas ela pode ser útil para ilustrar uma batalha importante de determinada guerra. Assim, é fundamental ter em mente qual o público que consumirá sua informação.

Além disso, esses símbolos devem ser claros – não se pode ficar em dúvida se existe diferença entre o que é representado por triângulos ou por círculos, por exemplo – e fazer bom uso de espaços vazios (Rodrigues-Silveira, 2013), para evitar o desperdício de espaço útil ou a aglomeração de informações em uma parte do mapa – um recurso muito utilizado é puxar setas para adicionar informações escritas, como o nome de cidades, em partes não utilizadas do espaço, em vez de as amontoar junto ao símbolo originário.

5. **Não confiar nas configurações padrão dos softwares.** O desenvolvimento de vários *softwares* nos últimos anos (alguns deles descritos na última seção deste capítulo) tornou a análise de dados espaciais muito mais fácil e menos custosa. Isso permitiu que mapas produzidos por vários usuários iniciantes, muitos deles com erros importantes, obtenham amplo alcance. Um dos erros mais comuns é o de confiar nas configurações padrões desses *softwares*, principalmente na definição de cores ou categorização dos dados (Cairo, 2016). Antes de aceitar as possibilidades de categorização oferecidas, lembre-se de analisar os dados a fundo.

Observemos, a seguir, como diferenças de categorização nos dados ou na escolha de cores podem afetar visualizações de dados espaciais. Primeiramente, no Mapa 6.6, vamos apresentar o percentual de votos recebido pelo candidato Jair Bolsonaro em cada estado no segundo turno das eleições de 2018, de acordo com as configurações padrões do *software* que costumamos utilizar em nossas análises (produzindo visualização de mapas por meio dos pacotes sf e ggplot2 do R). O que você achou dessa visualização?

Mapa 6.6 – Votação do Presidente Jair Bolsonaro no 2º turno de 2018 (configuração padrão do *software*)

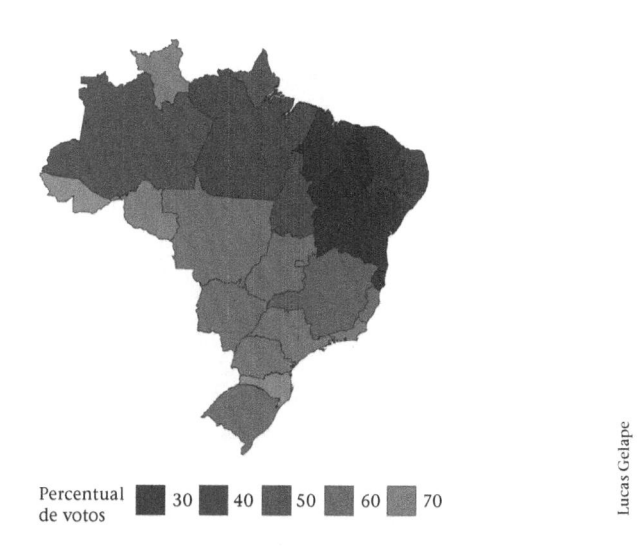

Percentual de votos ■ 30 ■ 40 ■ 50 ■ 60 ■ 70

Fonte: USP, 2021; TSE, 2021.

Podemos apontar dois problemas principais: não conseguimos ter certeza de quantos votos cada categoria abrange – por exemplo, a primeira vai até 30%? – e as cores estão em uma ordem pouco intuitiva – afinal, da forma atual, as cores mais fortes representam votações menores. Vamos consertar esses dois aspectos, enfatizando como diferentes categorizações continuam a afetar a visualização. Nos dois mapas a seguir (Mapa 6.7), temos essa mesma informação categorizada de duas maneiras diferentes: uma utilizando intervalos fixos – 10% – de votação, e outra usando os quintis da distribuição. O que você percebe?

Lucas Gelape

Mapa 6.7 – Votação do presidente Jair Bolsonaro no 2º turno de 2018 (categorização por intervalos iguais e por quintis)

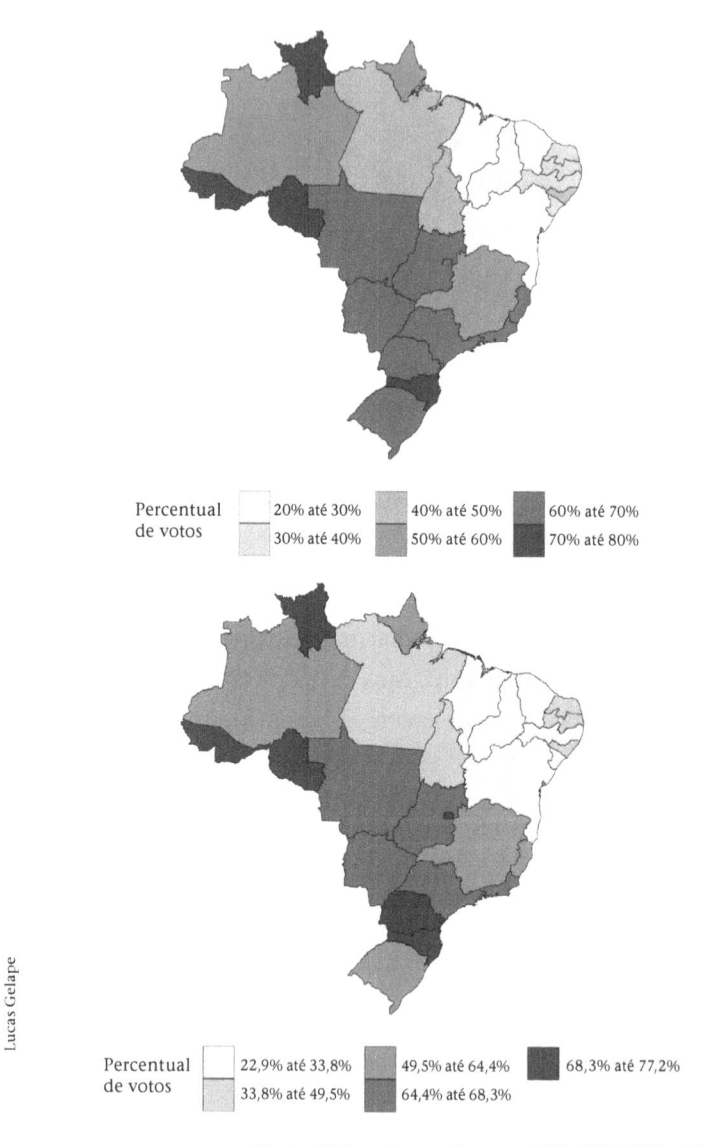

Percentual de votos			
20% até 30%	40% até 50%	60% até 70%	
30% até 40%	50% até 60%	70% até 80%	

Percentual de votos			
22,9% até 33,8%	49,5% até 64,4%	68,3% até 77,2%	
33,8% até 49,5%	64,4% até 68,3%		

Fonte: Elaborado com base em USP, 2021; TSE, 2021.

Estados com o mesmo percentual de votação estão por vezes com cores diferentes, como o Paraná. O mapa de intervalos iguais fornece um maior grau de detalhamento, pois tem uma categoria a mais, além de facilitar a comparação do percentual em cada uma das unidades, já que o intervalo é igual – perceba que a quarta categoria do mapa de quintis agrega observações que estão em um intervalo cuja diferença entre os valores máximo e mínimo é só de 5% de votos.

Agora, vamos utilizar duas paletas de cores diferentes para o mesmo mapa (Mapa 6.8) – categorizado por intervalos iguais de 10% de votos. A escolha de uma paleta de cores adequada é fundamental para transmitir uma informação, como é possível perceber no gráfico a seguir.

Mapa 6.8 - Votação do presidente Jair Bolsonaro no 2º turno de 2018 – categorização por intervalos iguais, preenchidos por uma paleta categórica e uma divergente

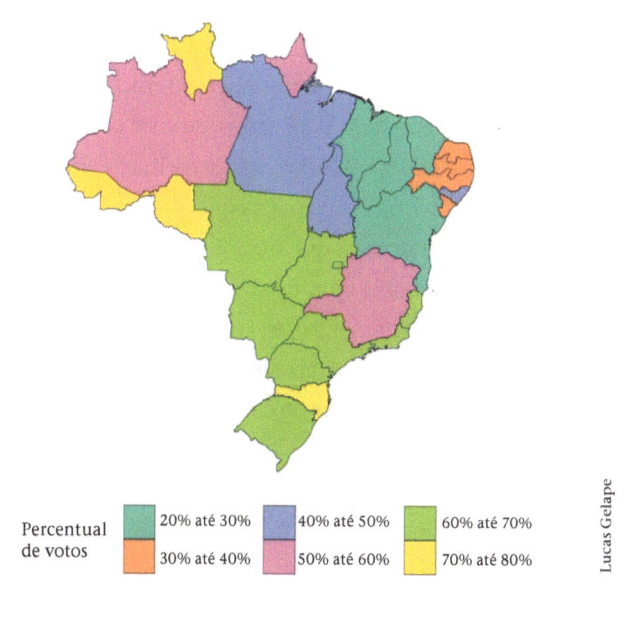

(Mapa 6.8 - continua)

Lucas Gelape

(Mapa 6.8 - conclusão)

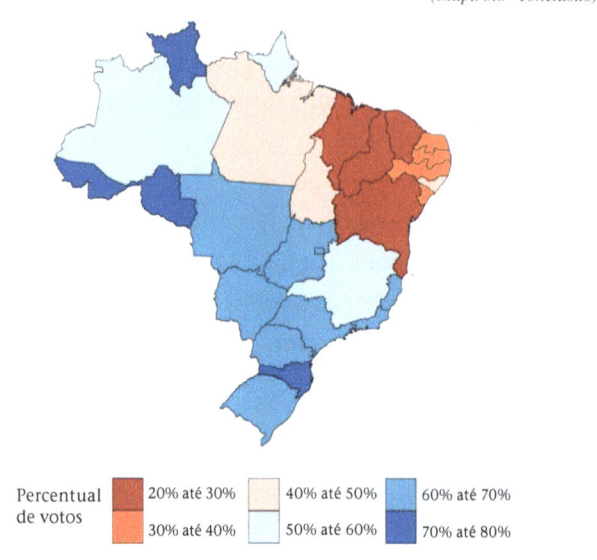

Percentual de votos			
20% até 30%	40% até 50%	60% até 70%	
30% até 40%	50% até 60%	70% até 80%	

Fonte: Elaborado com base em USP, 2021; TSE, 2021.

Ao bater o olho na primeira visualização, você percebe facilmente a tendência representada? O máximo que você conseguiria perceber é que alguns estados devem ter votação semelhante, já que estão coloridos no mesmo tom. Essa é uma paleta que somente auxilia a distinguir entre categorias diferentes, que não são classificáveis ordinalmente. Ela poderia ser útil, por exemplo, para retratar os partidos vencedores nas eleições para governador. No entanto, ela não serve bem aos propósitos de retratar a votação de Jair Bolsonaro nessas áreas. Já o segundo mapa, que utiliza uma paleta de cores divergentes, resgata a clássica visualização em vermelho e azul, que nos acostumamos a ver entre as eleições de 1994 e 2014. Nessa figura, contudo, elas representam somente a votação em Jair Bolsonaro. Como se trata do 2º turno, um leitor informado pelo padrão que adotado desde 1994 percebe que as áreas vermelhas são onde o presidente eleito teve um desempenho pior – e, em contrapartida, Fernando Haddad foi mais bem votado –, ao passo que as áreas em azul indicam um melhor resultado do presidente. Perceba que as cores se alteram no corte de 50%. Portanto, caso a intenção fosse retratar os estados onde Bolsonaro obteve a maioria dos votos válidos, o mapa cumpriria bem o papel.

A seguir, vamos apresentar alguns dos tipos de mapas temáticos mais utilizados, indicando seus pontos fortes e para quais tipos de informação eles são mais úteis.

6.7.2 MAPAS COROPLÉTICOS

São mapas que atribuem cores a áreas (como bairros, municípios, países) de acordo com os valores de uma variável, seja ela categórica, seja contínua (Cairo, 2016). Os mapas coropléticos são especialmente úteis para uma exploração inicial de dados, por serem bastante intuitivos e versáteis (Rodrigues-Silveira, 2013; Cairo, 2016). Entretanto, estão consideravelmente sujeitos a riscos de intepretações equivocadas, em razão da categorização dos dados ou da escolha da paleta de cores, como assinalamos (Cairo, 2016). Os Mapas 6.6, 6.7 e 6.8, que apresentamos ao final da seção anterior, são exemplos dessa categoria.

6.7.3 Densidade de pontos

Mapas de densidade de pontos auxiliam a observar qual é a concentração e, principalmente, a localização espaciais de algum elemento de interesse (Rodrigues-Silveira, 2013). Geralmente, cada ponto apresentado no mapa representa uma unidade – por exemplo, de hospitais, escolas, registros de ocorrência policial ou locais de votação –, mas isso pode variar, devendo constar na legenda caso aconteça. Exemplos de mapas de densidade de pontos são aqueles de sedes das cidades (Mapa 6.4) e locais de votação em Belo Horizonte (Mapa 6.5) apresentados neste capítulo.

6.7.4 Símbolos proporcionais

Representam valores de uma (ou mais) variável (variáveis) associados a determinados pontos no espaço, por meio de ícones geométricos – geralmente um círculo –, desenhados em tamanhos proporcionais a esses valores (Cairo, 2016; Rodrigues-Silveira, 2013). Com relação aos mapas coropléticos, que também apresentam quantidades, eles têm a vantagem de melhor reproduzirem *outliers*, tanto de valores altos quanto baixos (Rodrigues-Silveira, 2013). Ao contrário de mapas de densidade de pontos, a localização dos ícones não precisa ser necessariamente aquela geograficamente mais acertada (ainda que isso seja recomendável), caso seu reposicionamento facilite a visualização da informação (Rodrigues-Silveira, 2013; Cairo, 2016). O Mapa 6.9 é um exemplo dessa categoria.

Mapa 6.9 – Exemplo de mapa de símbolos proporcionais –
Produção de mandioca por municípios

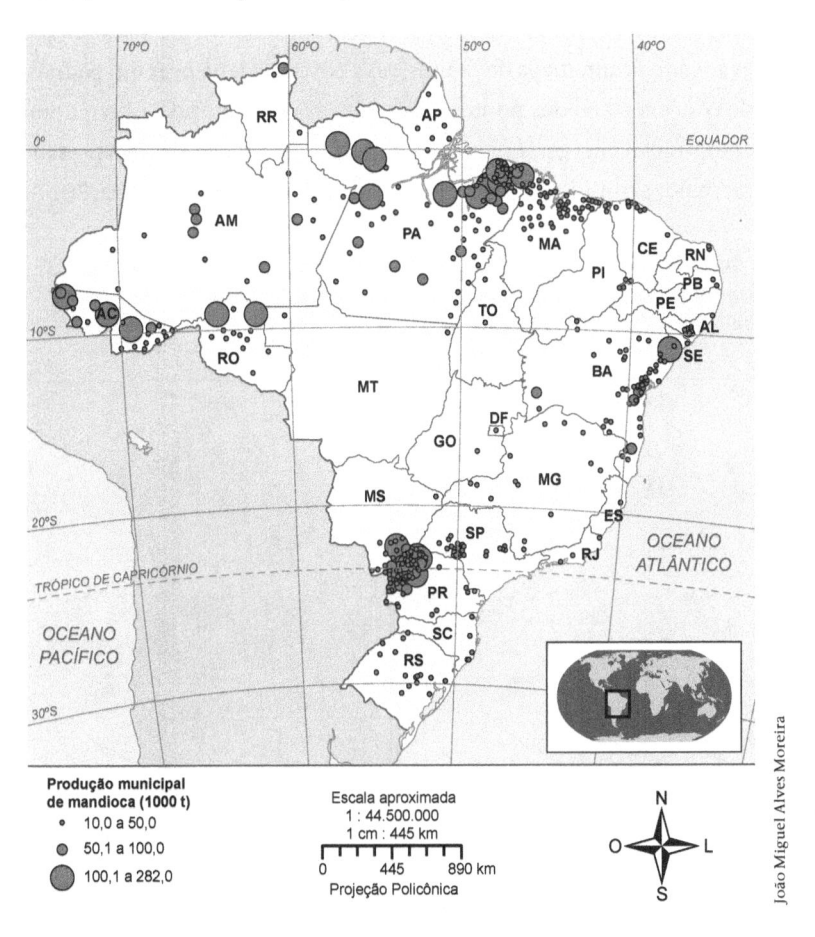

Produção municipal de mandioca (1000 t)
- 10,0 a 50,0
- 50,1 a 100,0
- 100,1 a 282,0

Escala aproximada
1 : 44.500.000
1 cm : 445 km

0   445   890 km
Projeção Policônica

Fonte: IBGE, 2021d.

6.7.5 Isopléticos

Mapas isopléticos, como o Mapa 6.10, também são um passo mais avançado de um mapa de pontos, pois buscam identificar um padrão de concentração dos pontos no espaço, transformando-os em uma composição que, geralmente, adquire cores mais fortes para representar maior acúmulo em determinada região (Rodrigues-Silveira, 2013).

Mapa 6.10 – Exemplo de mapa isoplético – Incidência de homicídios consumados (à esquerda) e apreensões de tráfico de drogas (à direita), Belo Horizonte (2008 a 2011)

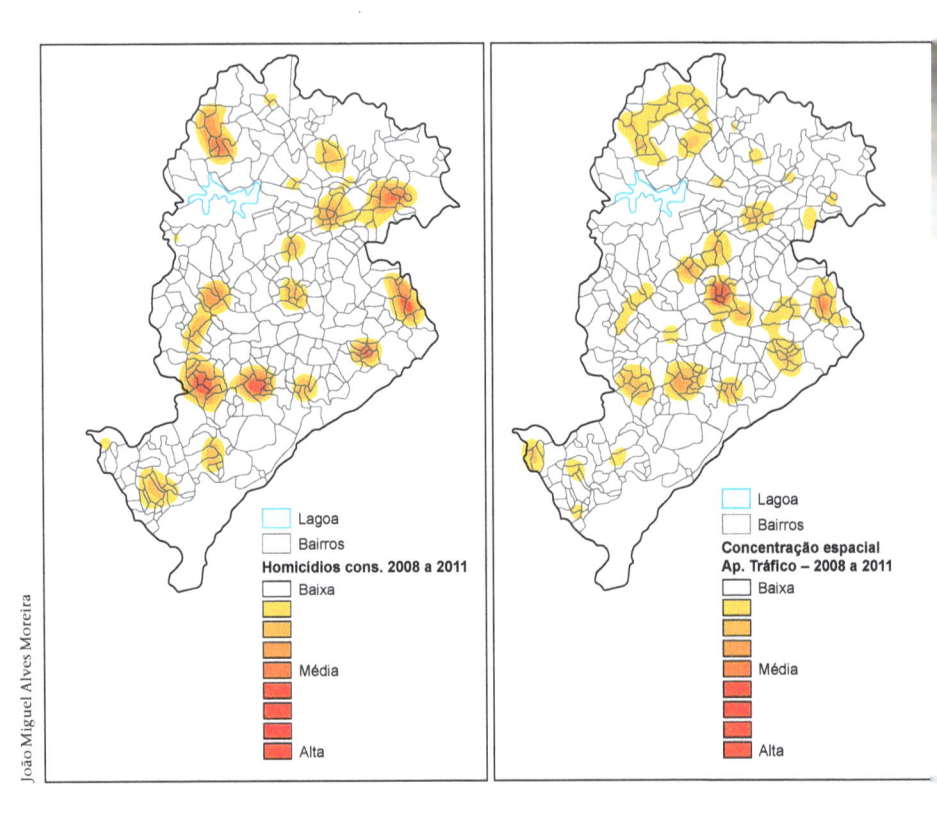

Fonte: Cardoso; Silva, 2016, p. 23.

6.7.6 Cartogramas

Cartogramas, como o Mapa 6.11, são mapas que distorcem a forma e/ou o tamanho das áreas, segundo alguma variável escolhida pelo pesquisador para representar a magnitude dessa distorção. Essa é uma visualização útil para minimizar o efeito de territórios grandes na intepretação dos dados apresentados (Rodrigues-Silveira, 2013; Cairo, 2016).

Mapa 6.11 – Exemplo de cartograma – População de cada estado brasileiro (2010)

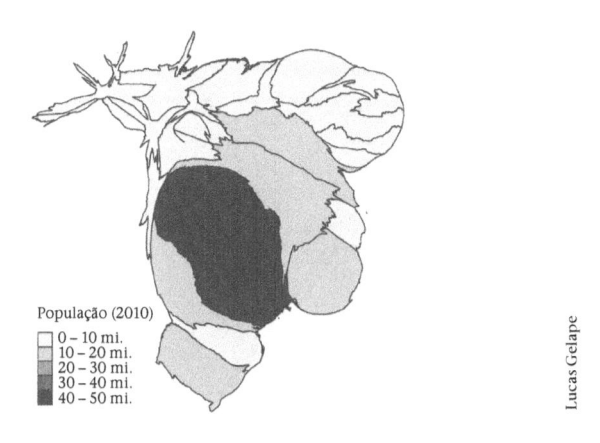

Fonte: Elaborado com base em USP, 2021.

6.7.7 Mapas de fluxos

Os mapas de fluxos, como o Mapa 6.12, representam – por meio de linhas – a ideia de movimento, sendo muito usados, por exemplo, para representar os fluxos de pessoas, mercadorias e informações (Rodrigues-Silveira, 2013; Cairo, 2016). Muitas vezes, a espessura das linhas indica o valor da variável em questão.

Lucas Gelape

Mapa 6.12 – Exemplo de mapa de fluxos – Destino dos refugiados sírios (2017)

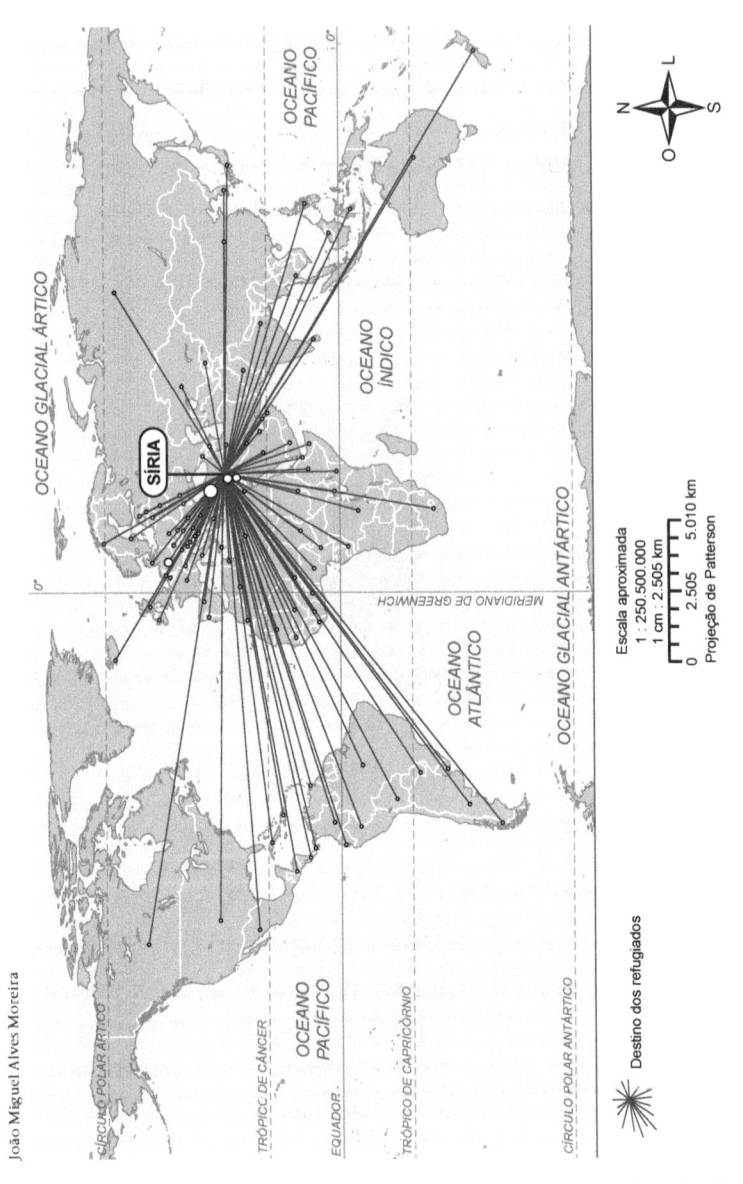

Fonte: Zanlorenssi; Almeida, 2018.

6.7.7 Diagramas de Voronoi

Por fim, vamos apresentar os diagramas de Voronoi, embora não sejam um tipo de mapa temático. Seu uso vem sendo mais difundido, ainda que já seja empregado há centenas de anos, como o mapa de John Snow nos mostra. Em diagramas de Voronoi, determinada área (como um município) é dividida em um número de polígonos equivalentes ao número de pontos de referência contidos nela – por exemplo, hospitais ou locais de votação (Rodrigues-Silveira, 2013). O que diferencia esses polígonos é o fato de que qualquer ponto dentro deles estará mais próximo de seu ponto de referência do que de todos os demais pontos de referência existentes naquela superfície (Rodrigues-Silveira, 2013; Cairo, 2016). Eles permitem, então, identificar uma espécie de "vizinhança" ao redor de um ponto de referência. Caso você não se lembre, Snow utilizou essa técnica para determinar qual seria a bomba mais próxima de cada residência, a fim de identificar onde cada pessoa daquela região de Londres buscava água.

Mapa 6.13 – Exemplo de mapa de diagrama de Voronoi – Áreas criadas com base nos locais de votação em Curitiba (eleições de 2014)

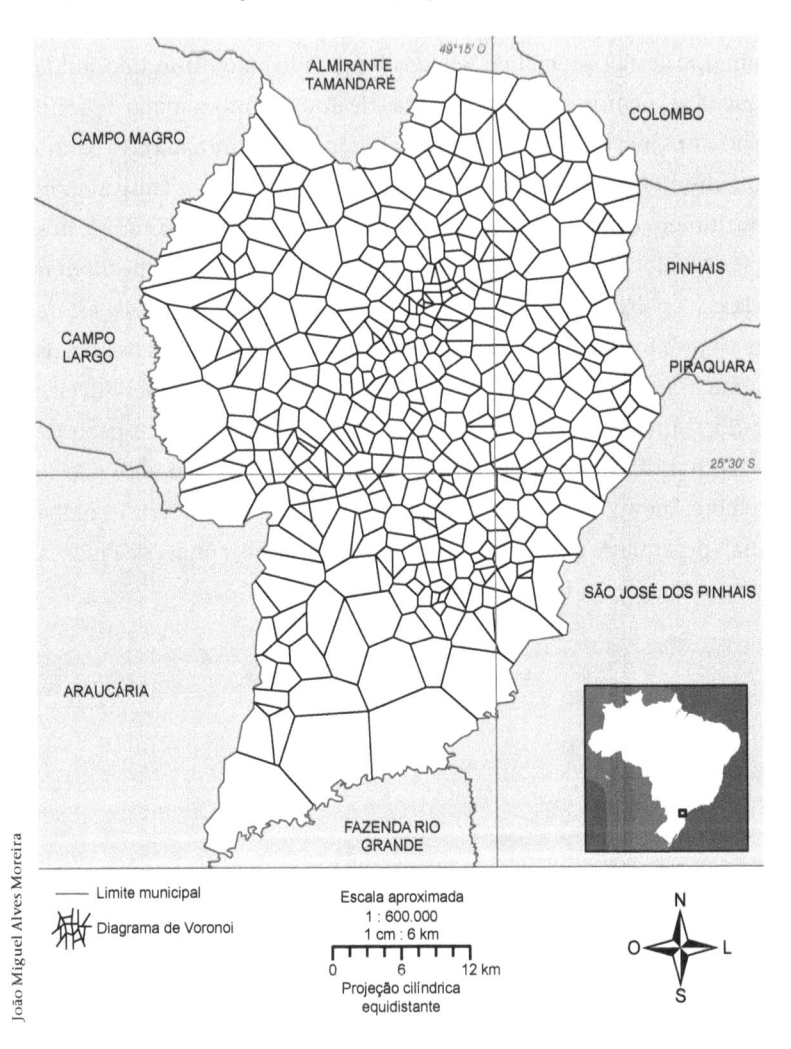

Fonte: Gonçalves, 2016, p. 50.

(6.8)
FERRAMENTAS PARA ANÁLISE DE DADOS ESPACIAIS

Como mencionamos diversas vezes ao longo deste capítulo, nos últimos anos, uma série de instrumentos que permitem trabalhar com dados espaciais foram desenvolvidos e são de fácil acesso e uso, mesmo para usuários inexperientes. Esses instrumentos são conhecidos, em geral, como sistemas de informação geográfica (SIG – ou GIS, na sigla em inglês). Nesta seção, vamos indicar alguns deles, com uma breve apresentação e referências para aqueles que desejam explorá-los mais a fundo.

6.8.1 SOFTWARES

ArcGIS

O ArcGIS é um sistema de informação geográfica produzido pela Esri. Trata-se, provavelmente, do *software* de GIS mais completo para o usuário médio, com farto material com instruções de uso disponível *on-line* e em bibliotecas. Seu uso é bastante intuitivo, permitindo que o usuário abra dados espaciais, conduza análises e produza visualizações. É um *software* pago, ao contrário de outros listados nesta seção. Mais informações sobre o ArcGIS podem ser acessadas em:

> ARCGIS. Disponível em: <https://www.esri.com/pt-br/arcgis/products/arcgis-online/overview>. Acesso em: 27 jan. 2021.

QGis

O QGis é um *software* livre de GIS (ou seja, permite acesso e uso de qualquer pessoa a seu código fonte), que desempenha funções semelhantes às do ArcGIS. Ele é distribuído gratuitamente e produzido por diversos desenvolvedores voluntários, que o mantêm atualizado. O programa tem versões em português, pode ser usado em diversos sistemas operacionais e costuma demandar uma capacidade operacional menor da máquina. Ele também é de fácil uso e tem uma comunidade *on-line* bastante ativa, facilitando a resolução de dúvidas. Para mais informações e *downloads* do programa, você pode acessar a seguinte página:

> QGIS. Disponível em: <https://qgis.org/pt_BR/site/>. Acesso em: 21 jan. 2021.

GeoDa
O GeoDa também é um *software* livre (e, portanto, gratuito), mantido atualmente pela Universidade de Chicago, cujo foco principal é a análise e a modelagem de dados espaciais, sendo muito usado para o cálculo de autocorrelação espacial, mas também pode ser empregado para a produção de visualizações de mapas temáticos, como mapas coropléticos. Infelizmente, ele só conta com versões em inglês. Contudo, para aqueles que se sentem confortáveis com a língua, trata-se de uma boa opção para as análises mencionadas, pois é um programa bastante intuitivo e veloz. O *download* pode ser feito no seguinte *link*:

> GEODA. Disponível em: <http://geodacenter.github.io/>. Acesso em: 27 jan. 2021.

TerraView
O TerraView é um *software* GIS criado pela Divisão de Processamento de Imagens do Instituto Nacional de Pesquisas Espaciais (INPE), sendo livre e gratuito. Ele permite a manipulação de dados espaciais, além da realização de diversas operações com eles. Como se trata de um *software* desenvolvido por um órgão do Estado brasileiro, ele tem versão em português. Também conta com diversos usuários pelo país, que

produzem materiais de auxílio, muitos deles disponíveis na internet. Para mais informações, acesse:

> TERRAVIEW. Disponível em: <http://www.dpi.inpe.br/terralib5/wiki/doku.php>. Acesso em: 27 jan. 2021.

MapInfo

O MapInfo é um *software* de GIS pago, produzido pela Pitney Bowes Software, com versões em português. Há uma comunidade ativa de usuários de MapInfo no Brasil, a qual disponibiliza vídeos e cursos sobre o *software*, o que pode ajudar os iniciantes. Mais informações sobre o programa podem ser encontradas em:

> PRECISELY. Disponível em: <https://www.pitneybowes.com/br/localizacao-inteligente/geographic-information-systems/mapinfo-professional.html>. Acesso em: 27 jan. 2021.

Stata

O Stata é um *software* pago de análise de dados estatísticos, produzido pela StataCorp., muito utilizado em todo o mundo na área de ciências sociais. Apesar disso, não são muitos os usuários habituais do Stata que conhecem alguns dos pacotes que permitem carregar e manipular dados espaciais, além de produzir análises e visualizações nesse programa. Entre esses pacotes, existem o spmap, o shp2dta (compatível com dados no formato Esri shapefile) e o mif2dta (compatível com dados no formato MapInfo Interchange). Para aqueles que já fazem uso desse *software*, conhecer tais pacotes é uma boa opção (eles também contam com fóruns *on-line* de dúvidas). Para mais informações sobre o Stata, acesse:

> STATA. Disponível em: <https://www.stata.com/>. Acesso em: 21 jan. 2021.

Lucas Gelape

R

Por fim, o R é uma linguagem de programação e também um *software* (livre e gratuito), que conquista cada vez mais usuários, especialmente nas ciências sociais. Embora menos intuitivo para iniciantes, o potencial de seu uso é enorme, uma vez que ele possibilita a produção de dados e análises espaciais, as mais diversas visualizações, exigindo uma menor capacidade computacional e permitindo a automatização de rotinas (como a produção de centenas de mapas a partir de um único bloco de código). Uma das principais novidades nesse *software* nos últimos anos foi a criação do pacote sf (*simple features*), que facilitou enormemente o trabalho com dados espaciais. Ainda que a maior parte dos materiais esteja em inglês, a comunidade de usuários de R no Brasil vem desenvolvendo uma série de conteúdos em português (Barone; Phillips, 2018; Meireles; Silva, 2018; Mas et al., 2019), além de ser ativa na resposta de dúvidas, principalmente por meio da plataforma StackOverflow, que tem uma versão em português. Para *download* do R e outras informações, acesse:

> R PROJECT. Disponível em: <https://www.r-project.org/>. Acesso em: 27 jan. 2021.

6.8.2 Fontes de dados

Nesta seção, apresentaremos algumas fontes de dados espaciais (ou espacializáveis) brasileiros que podem ser úteis para você. Estas não são as únicas fontes de dados gratuitos existentes no país, mas são um bom ponto de partida para atender à necessidade de cientistas sociais. Além disso, vale ressaltar que diversos estados e municípios brasileiros também produzem e distribuem gratuitamente, por meio digital, informações desse tipo.

IBGE

O Instituto Brasileiro de Geografia e Estatística (IBGE) fornece gratuitamente arquivos espaciais com mapas de todo o país, em diferentes subdivisões e períodos de tempo. Eles podem ser acessados na página:

> IBGE. Instituto Brasileiro de Geografia e Estatística. **Bases e referências**. Disponível em: <https://mapas.ibge.gov.br/bases-e-referenciais/bases-cartograficas.html>. Acesso em: 27 jan. 2021.

Atlas Brasil

O *Atlas do Desenvolvimento Humano no Brasil* (também conhecido como *Atlas Brasil*) é uma plataforma de consulta de informações relacionadas ao Índice de Desenvolvimento Humano Municipal (IDHM) para todo o país. É possível acessá-lo tanto diretamente quanto fazendo o *download* dos dados pelo *site*. Os mapas disponibilizados na plataforma vêm com essas informações incluídas como variáveis. O *Atlas Brasil* foi desenvolvido pelo Programa das Nações Unidas para o Desenvolvimento (PNUD), pelo Instituto de Pesquisa Econômica Aplicada (Ipea) e pela Fundação João Pinheiro (FJP-MG) e pode ser acessado em:

> ATLAS do desenvolvimento humano no Brasil. Disponível em: <http://atlasbrasil.org.br/>. Acesso em: 27 jan. 2021.

Ipea Data

O Ipea Data é uma plataforma criada pelo Ipea que organiza e disponibiliza (em diferentes formatos) uma ampla variedade de dados macroeconômicos, regionais e sociais do país, em nível municipal, estadual e nacional. Essas informações podem, assim, ser associadas em mapas, para a realização de análises espaciais. A plataforma está disponível no *site*[14]:

> IPEA DATA. Disponível em: <http://ipeadata.gov.br/>. Acesso em: 27 jan. 2021.

Centro de Estudos da Metrópole (CEM-USP)
O Centro de Estudos da Metrópole (CEM-USP) é um grupo de pesquisa interdisciplinar, sediado na Universidade de São Paulo (USP), que disponibiliza tanto mapas prontos quanto diversos conjuntos de dados (espaciais ou espacializáveis)[15]. Para acessar esses dados, o usuário somente precisa fazer um cadastro gratuito. O *site* do CEM-USP é:

> USP - Universidade de São Paulo. **Centro de Estudos da Metrópole.** Disponível em: <http://centrodametropole.fflch.usp.br/pt-br/controle-acesso>. Acesso em: 27 jan. 2021.

Infraestrutura Nacional de Dados Espaciais (Inde)
O *site* da Inde centraliza uma série de dados espaciais brasileiros, dos mais diversos assuntos, disponíveis para *download*. Os dados podem ser acessados no seguinte endereço eletrônico:

> INDE – Infraestrutura Nacional de Dados Espaciais. Disponível em: <https://inde.gov.br/>. Acesso em: 27 jan. 2021.

---

14 *Uma nova versão do Ipea Data (3.0) está em desenvolvimento. Além de disponibilizar os dados, ela também produz gráficos para uma visualização inicial deles. Sua versão beta está disponível em: <http://ipeadata.gov.br/beta3/>.*

15 *O CEM-USP disponibilizou uma versão beta de um projeto denominado DataCEM, que visa facilitar o acesso a microdados dos censos demográficos brasileiros. Ele pode ser encontrado no link: <http://centrodametropole.fflch.usp.br/pt-br/downloads-de-dados/datacem>.*

Repositório de dados eleitorais do TSE
O repositório de dados eleitorais do Tribunal Superior Eleitoral (TSE) centraliza uma série de dados eleitorais brasileiros, como aqueles referentes a candidaturas, eleitorado ou resultados. Eles também são de livre acesso por meio do seguinte *link*:

> TSE – Tribunal Superior Eleitoral. **Repositório de dados eleitorais**. Disponível em: <www.tse.jus.br/eleicoes/estatisticas/repositorio-de-dados-eleitorais>. Acesso em: 227 jan. 2021.

Dados eleitorais – Cepesp Data (FGV)
O Cepesp Data é uma plataforma desenvolvida pelo Centro de Política e Economia do Setor Público (Cepesp) da Fundação Getúlio Vargas (FGV) que organiza, cataloga e disponibiliza, em formatos mais amigáveis, uma série de dados disponibilizados pelo TSE. Entre eles, estão mapas eleitorais de cada candidato, produzidos pelo Cepesp. A plataforma está disponível em:

> CEPESP – Centro de Política e Economia do Setor Público. Disponível em: <http://cepespdata.io/>. Acesso em: 27 jan. 2021.

Saúde – Datasus
O Departamento de Informática do Sistema Único de Saúde (Datasus) disponibiliza uma grande quantidade de dados sobre diferentes aspectos da saúde no Brasil. Eles podem ser encontrados no *site*:

> DATASUS. **Transferência de arquivos**. Disponível em: <http://datasus.saude.gov.br/transferencia-de-arquivos/>. Acesso em: 27 jan. 2021.

Lucas Gelape

Educação – Inep

O Instituto Nacional de Estudos e Pesquisas Educacionais Anísio Teixeira (Inep), autarquia vinculada ao Ministério da Educação, também produz e disponibiliza dados referentes à educação no Brasil, entre eles o Censo Escolar, o Censo da Educação Superior, além de informações sobre o Enem e o Enade. A plataforma de dados abertos do Inep está em:

> INEP – Instituto Nacional de Estudos e Pesquisas Educacionais Anísio Teixeira. **Dados abertos.** Disponível em: <http://portal.inep.gov.br/web/guest/dados>. Acesso em: 27 jan. 2021.

> **Para saber mais**
>
> **Jornais e revistas:**
>
> GRÁFICO. **Nexo Jornal.** Disponível em: <https://www.nexojornal.com.br/grafico/>. Acesso em: 27 jan. 2021.
>
> A equipe de visualização de dados do jornal digital *Nexo* produz gráficos e mapas bastante atrativos visualmente, trazendo várias informações relevantes sobre fenômenos políticos e sociais da atualidade. Os mapas seguem os princípios apresentados neste capítulo e podem ser uma boa fonte de informação ou inspiração.

MENEGAT, R; LAGO, C. do. Como votou sua vizinhança? Explore o mapa mais detalhado das eleições. **Estadão**, 27 out. 2018. Disponível em: <https://www.estadao.com.br/infograficos/politica,como-votou-sua-vizinhanca-explore-o-mapa-mais-detalhado-das-eleicoes,935858>. Acesso em: 27 jan. 2021.

A equipe de dados do jornal *O Estado de São Paulo* produziu um especial chamado "Como votou sua vizinhança?" utilizando dados das eleições de 2018 e combinando técnicas, como georreferenciamento e diagramas de Voronoi. Com isso, eles criaram pequenas vizinhanças e mostraram, tanto em matérias quanto em um mapa interativo, como essas regiões em todo o país votaram em 2018.

Livro:

JOHNSON, S. **O mapa fantasma**: como a luta de dois homens contra a cólera mudou o destino de nossas metrópoles. Tradução de Sérgio Lopes. Rio de Janeiro: Zahar, 2008.

O livro de Steven Johnson – no qual foi baseado a seção introdutória deste capítulo – também foi publicado em português. É uma excelente leitura, em linguagem acessível e envolvente, sobre como John Snow e Henry Whitehead investigaram as causas da epidemia de cólera em Londres, ajudaram a combater a doença e, ainda, contribuíram para o avanço do conhecimento científico.

> **Teses e Dissertações:**
>
> TERRON, S. L. **A composição de territórios eleitorais no Brasil:** uma análise das votações de Lula (1989-2006). 108 f. Tese (Doutorado em Ciência Política) – Instituto Universitário de Pesquisas do Rio de Janeiro, Rio de Janeiro, 2009.
>
> GONÇALVES, R. D. **Onde agrego os votos?** Contribuições à geografia eleitoral aplicada a problemas político-eleitorais brasileiros. 109 f. Dissertação (Mestrado em Ciência Política) – Universidade Federal do Paraná, Curitiba, 2016. Disponível em: <https://acervodigital.ufpr.br/bitstream/handle/1884/55225/R%20-%20D%20-%20RICARDO%20DANTAS%20GONCALVES.pdf?sequence=1&isAllowed=y:>. Acesso em: 27 jan. 2021.
>
> Esses dois trabalhos são ótimas referências para aqueles que desejam aprofundar-se mais no mundo da geografia eleitoral. Eles tanto se debruçam sobre temas interessantes quanto têm capítulos com explicações mais detidas sobre aspectos metodológicos da análise de dados espaciais, como a autocorrelação espacial ou o Maup.

Síntese

Neste capítulo, apresentamos um panorama sobre a utilização da geografia para a análise de fenômenos políticos e sociais. Primeiramente, mostramos a importância de agregar teorias a nossos trabalhos, pois elas auxiliam a encontrar os melhores caminhos para análise. Dentro das discussões teóricas, vale ressaltar que precisamos refletir a respeito de como a geografia pode afetar o fenômeno sobre o qual estamos interessados. Além disso, discutimos como os dados podem ser representados no espaço com base na ideia de projeção, isto é, a adaptação da superfície terrestre em um plano de duas dimensões.

Em seguida, explicamos como funcionam algumas técnicas de análise espacial, a fim de evidenciar como as pesquisas em ciências sociais costumam lidar com esses dados. Entre as técnicas examinadas estão os cálculos de distância, adotados para calcular a distância entre pontos de um mapa; a geocodificação, ou georreferenciamento, que permite a obtenção de coordenadas geográficas por meio de endereços ou outras informações semelhantes; a autocorrelação espacial, que analisa a dependência espacial de variáveis; e os modelos de regressão espacial, que são modelos especiais de regressão que incorporam o espaço ao estimar a relação entre variáveis. Também apontamos alguns cuidados que todo pesquisador deve ter ao tentar fazer inferências com base em dados espaciais, detalhando a falácia ecológica, a falácia atomista/decomposição, o problema da unidade de área modificável (Maup), além dos meios para definir uma vizinhança.

Reunimos, ainda, algumas orientações sobre como ler e produzir visualizações de dados por meio de mapas, apresentando os vários tipos de figuras que podemos utilizar para transmitir tais informações. Por fim, enumeramos alguns *softwares* que podem ser usados para análise desses dados, bem como indicamos fontes úteis de informações dessa natureza. Desse modo, você pode começar a explorar as oportunidades oferecidas pela análise de dados espaciais.

Lucas Gelape

Questões para revisão

1. Explique a diferença entre "mapear para pensar" e "pensar para mapear".
2. Indique e explique brevemente as quatro técnicas de análise espacial abordadas no texto.
3. As afirmativas a seguir tratam de conceitos relacionados à ideia de vizinhança. Sobre o tema, assinale a alternativa **incorreta**:
   a) Empiricamente, o conceito de vizinhança é traduzido em uma matriz de pesos espaciais. Nessa matriz, linhas e colunas representam como uma observação se relaciona com todas as demais em um conjunto de dados, com base na classificação do tipo de vizinhança.
   b) Um dos critérios mais comuns para a definição de uma vizinhança é o de contiguidade. Em dados de área, ele define aquelas áreas contíguas entre si. Para a definição da contiguidade, os requisitos adotam nomes de peças de xadrez: rainha (*queen*), bispo (*bishop*) e torre (*rook*).
   c) Matrizes de contiguidade somente podem ser de primeira ordem, isto é, os únicos vizinhos possíveis são as áreas imediatamente vizinhas, segundo o critério adotado.
   d) O critério de vizinhos mais próximos (também conhecido pelo seu nome em inglês, *k-nearest neighbors*) define todas as *k* observações (sendo *k* um número de vizinhos) mais próximas como vizinhos, e as demais, como não vizinhos.
   e) O critério de distância euclidiana pode adotar distâncias fixas, tal que todos os pontos dentro desse raio sejam classificados como vizinhos, e os demais, como não vizinhos); ou ponderar a distância segundo a proximidade,

de modo que vizinhos mais próximos são mais afetados do que aqueles mais distantes.

4. Sobre as falácias nas inferências com dados espaciais, analise as afirmativas a seguir e indique V para as verdadeiras e F para as falsas:

( ) A falácia ecológica ocorre quando fazemos inferências sobre o nível individual com base em dados agregados que podem não estar necessariamente associados.

( ) Um exemplo de falácia ecológica é inferir que os idosos votam em certo candidato com base na informação de que seu tio, que tem mais de 60 anos, votou nesse candidato.

( ) A falácia atomista, também conhecida como *falácia de composição*, é caracterizada pela incapacidade de fazermos quaisquer inferências com base no comportamento individual.

( ) Tomados os cuidados com as falácias ecológica e atomista, podemos usar evidências em nível individual e agregado para inferirmos sobre o comportamento de determinada população.

Agora, assinale a alternativa que apresenta a sequência correta obtida:

a) V, F, V, V.
b) V, F, F, V.
c) V, V, F, F.
d) F, V, V, F.
e) F, V, F, V.

5. Sobre o Problema da Unidade de Área Modificável (Maup), assinale a alternativa **incorreta**:
   a) O Maup aponta que existe um risco de fazermos inferências diferentes sobre um mesmo fenômeno caso sejam utilizadas escalas diferentes. Um exemplo é o risco de chegarmos a mais de uma conclusão sobre determinado fenômeno se utilizarmos o município ou as mesorregiões como escala.
   b) O Maup é inerente às inferências ecológicas. Dessa forma, não há nenhuma análise de dados agregados espacialmente que esteja livre desse risco. Portanto, as inferências estão condicionadas à sua escala.
   c) Esse problema pode decorrer (1) da escala, ou seja, a alteração do nível em que os dados são agregados; ou (2) da partição, isto é, da definição das fronteiras.
   d) Para avaliarmos se o Maup impacta nossas inferências, o primeiro passo é testar nossos dados em diferentes escalas. A teoria não deve desempenhar papel relevante nessa análise.

Questão para reflexão

1. Com base nas situações apresentadas a seguir, indique o tipo de mapa temático que melhor representaria os dados, justificando sua escolha e explicando como você representaria a variável descrita nesse mapa.
   a) O percentual de votos válidos de um candidato a governador de um estado nos municípios dessa unidade da Federação.
   b) O volume de trabalhadores que migram de uma região do Brasil para trabalhar em outra durante o período de um ano.

Considerações finais

O tema desta obra – a relação entre poder e espaço – tem diversas possibilidades de avaliação em ciência política. Esperamos que tenha ficado bastante claro para aqueles que chegaram até aqui que ambos os conceitos se vinculam e se desdobram de diferentes maneiras, exigindo do interessado nesses temas um aprofundamento e uma diversificação na avaliação dessa relação. Se o conceito de poder é histórica e intimamente vinculado à disciplina de Ciência Política, não podemos dizer o mesmo sobre o de espaço. Essa constatação abre margem para que outras disciplinas interajam com suas dinâmicas próprias e é importante que assim seja. Nesse sentido, vale pontuar, novamente, que o ponto de vista adotado ao longo deste trabalho se atrela à ciência política e às relações internacionais, o que apenas ressalta as diferentes abordagens utilizadas pelas várias disciplinas e apresenta as possibilidades de interação entre elas.

Contudo, não apenas em razão dessa diferença disciplinar, vale enfatizar que esta obra não encerra toda a discussão sobre o tema, longe disso. Sua pretensão didática exigiu escolhas em nome da transmissão de conhecimentos específicos bastante relevantes diante dos conceitos abordados. Com base nessas escolhas, no primeiro capítulo, pudemos apresentar o debate em torno do conceito de poder ao introduzir três diferentes definições: poder decisório, poder de agenda e poder ideológico. Esses conceitos permitiram que trabalhássemos as definições de soberania e território, justamente para evidenciar a relação entre os conceitos principais de espaço e poder. A partir desse ponto, foi possível discutir a própria emergência do Estado nacional no capítulo seguinte. Consequência de um longo processo histórico, sua consolidação dependeu dos resultados de inúmeros conflitos armados e da dinâmica inerente a eles. Surgiu um ciclo de guerras, coerções e extrações que moldou a formação desses Estados.

A busca por ampliar o poder pelo território fez com que governantes almejassem controlar novas regiões que lhes dessem acesso a recursos naturais importantes. Essa ambição resultou naquilo que estudiosos nomearam de *imperialismo*. Discutimos, no terceiro capítulo, diferentes interpretações sobre esse processo de expansão e sobre o próprio conceito, além de tratar sobre as causas do seu arrefecimento na atualidade. Nesse sentido, entendemos que atravessamos um período de relativa paz, no qual a busca por essa expansão territorial, que demanda um controle cada vez mais complexo, foi deixada de lado. Evidenciamos, ainda que suscintamente, um extenso debate – bastante polêmico, mas também muito revelador – sobre a complexidade do próprio fenômeno.

Assim, a relação que os Estados estabelecem com seus governados tornou-se nosso foco. Emergiram aí as questões em torno de representação, já que o poder formal nos Estados-nação está na mão de indivíduos selecionados entre a população. No capítulo quatro, tratamos da relação entre representação e participação. Mostramos que a forma de divisão administrativa do território, no caso brasileiro, em torno de uma Federação, afeta essa relação. A partir daí, exploramos a relação entre a representação e as divisões do território para, ao final, discutirmos a complementação da participação política. Já no capítulo cinco, avançamos em outra dimensão dessa relação: a geografia eleitoral. O debate em torno desse tema leva à discussão das regras eleitorais e da importância do desenho dos distritos em conjunto com o formato da agregação das preferências dos eleitores em torno dos candidatos que se apresentam em uma eleição. Esses são conceitos bastante caros à ciência política contemporânea.

Por fim, no último capítulo, tratamos das principais ferramentas para a exploração empírica dos fenômenos discutidos ao longo do livro. Consideramos importante essa etapa na formação dos estudantes, na medida em que há claras implicações teóricas nas escolhas metodológicas realizadas em uma pesquisa desse tipo. Isso decorre do fato de estarmos lidando com um objeto – o espaço – cuja representação gráfica é bastante natural diante dos avanços tecnológicos contemporâneos. Contudo, a mera representação gráfica espacial de eventos quaisquer – no caso, as diversas relações de poder – não implica que exista correlação espacial entre eles.

Para além de permitir o diálogo com disciplinas afins aos temas abordados, seria possível ampliar, dentro da própria ciência política e das relações internacionais, a abordagem privilegiada aqui. Poderíamos, por exemplo, expandir as discussões conceituais sobre poder e imperialismo e apresentar o embate teórico decorrente; tratar com maior amplitude da formação dos Estados nacionais; lidar com a crítica à forma de representação territorial e apresentar com mais detalhes outros formatos em que os arranjos de governança são territorialmente estabelecidos; avançar nas questões levantadas pela importância do localismo no resultado das eleições; ou, ainda, investir mais na codificação e implementação da representação gráfica dos fenômenos espaciais.

Ainda assim, entendemos que as opções feitas permitem que o estudante tenha condições de formar uma visão panorâmica sobre temas muito caros para a formação na área de ciência política e de relações internacionais. Procuramos estabelecer uma abordagem bastante dialógica com o leitor e indicar pontos em que o aprofundamento é possível. Desejamos que todos os leitores tenham ânimo para buscar ampliar seus conhecimentos nos assuntos abordados.

Referências

ABEND, G. The Meaning of 'Theory'. **Sociological Theory**, v. 26, n. 2, p. 173-199, June 2008.

ABERS, R. **Inventing Local Democracy: Grassroots Politics in Brazil**. Boulder: Lynne Rienner Publishers, 2000.

AGNEW, J. From Political Methodology to Geographical Social Theory? A Critical Review of Electoral Geography, 1960-1987. In: JOHNSTON, R.; SHELLEY, F. M.; TAYLOR, P. J. (Org.). **Developments in Electoral Geography**. London: Croom Helm, 1990. p. 15-21.

AGNEW, J. Mapping politics: how context counts in electoral geography. **Political Geography**, v. 15, n. 2, p. 129-146, Feb. 1996a. Disponível em: <https://www.academia.edu/2223482/Mapping_politics_how_context_counts_in_electoral_geography>. Acesso em: 27 jan. 2021.

AGNEW, J. Maps and Models in Political Studies: a Reply to Comments. **Political Geography**, v. 15, n. 2, p. 165-167, 1996b.

AGNEW, J. The Territorial Trap: The Geographical Assumptions of International Relations Theory. **Review of International Political Economy**, v. 1, n. 1, p. 53-80, Spring 1994.

ALCÂNTARA, M. F. de. Gentrificação. In: **Enciclopédia de Antropologia**. São Paulo: Universidade de São Paulo, 2018. Disponível em: <http://ea.fflch.usp.br/conceito/gentrifica%C3%A7%C3%A3o>. Acesso em: 26 jan. 2021.

ALMEIDA, F. D. M. de. **Competências na Constituição de 1988**. 5. ed. São Paulo: Atlas, 2010.

ALMEIDA, M. H. T. de. Recentralizando a federação? **Revista de Sociologia e Política**, n. 24, p. 29-40, jun. 2005. Disponível em: <https://www.scielo.br/pdf/rsocp/n24/a04n24.pdf>. Acesso em: 26 jan. 2021.

AMES, B. Electoral Strategy under Open-List Proportional Representation. **American Journal of Political Science**, v. 39, n. 2, p. 406-433, 1995.

AMES, B. **Os entraves da democracia no Brasil**. Rio de Janeiro: Fundação Getúlio Vargas, 2003.

ANDERSON, P. **Linhagens do Estado absolutista**. 2. ed. São Paulo: Brasiliense, 1989.

ANDRÉ, A.; DEPAUW, S. Looking Beyond the District: the Representation of Geographical Sub-Constituencies across Europe. **International Political Science Review**, v. 39, n. 2, p. 256-272, 01 Mar. 2018.

ANSOLABEHERE, S.; SNYDER, J. M.; STEWART, C. Old Voters, New Voters, and the Personal Vote: Using Redistricting to Measure the Incumbency Advantage. **American Journal of Political Science**, v. 44, n. 1, p. 17-34, Jan. 2000.

ARCGIS. Disponível em: <https://www.esri.com/pt-br/arcgis/products/arcgis-online/overview>. Acesso em: 27 jan. 2021.

ARDANT, G. Financial Policy and Economic Infraestructure of Modern States and Nations. In: TILLY, C. (Ed.). **The Formation of National States in Western Europe.** Princeton: Princeton University Press, 1975. p. 164-242.

ARRETCHE, M. Continuidades e descontinuidades da Federação brasileira: de como 1988 facilitou 1995. **Dados:** Revista de Ciências Sociais, v. 52, n. 2, p. 377-423, jun. 2009. Disponível em: <https://www.scielo.br/pdf/dados/v52n2/v52n2a04.pdf>. Acesso em: 26 jan. 2021.

ATLAS do desenvolvimento humano no brasil. Disponível em: <http://atlasbrasil.org.br/>. Acesso em: 27 jan. 2021.

ÁVILA, R. P. de; MONASTERIO, L. O Maup e a análise espacial: um estudo de caso para o Rio Grande do Sul (1991-2000). **Revista Análise Econômica,** Porto Alegre, v. 26, n. 49, p. 233-259, mar. 2008. Disponível em: <https://seer.ufrgs.br/AnaliseEconomica/article/view/1115/15700>. Acesso em: 27 jan. 2021.

AVRITZER, L. Sociedade civil, instituições participativas e representação: da autorização à legitimidade da ação. **Dados.** Rio de Janeiro, v. 50, n. 3, p. 443-464, 2007. Disponível em: <https://www.scielo.br/pdf/dados/v50n3/01.pdf>. Acesso em: 26 jan. 2021.

BACHRACH, P.; BARATZ, M. S. Decisions and Nondecisions: An Analytical Framework. **American Political Science Review,** v. 57, n. 3, p. 632-642, 1963.

BARBERIA, L. G.; WHITTEN, G. D. Learning from Economic Voting in Brazil with New Data. In: IPSA-USP SUMMER SCHOOL WORKSHOP ON THE ECONOMIC VOTE IN DEVELOPING DEMOCRACIES. São Paulo, 2015.

BARONE, L. S.; PHILLIPS, J. Introdução à programação e ferramentas computacionais para as ciências sociais. 25 jun. 2018. Disponível em: <https://github.com/leobarone/FLS6397_2018>. Acesso em: 27 jan. 2021.

BARRETO, A. A. B. A representação das associações profissionais e os primeiros passos da Justiça Eleitoral (1932-1935). **Revista Brasileira de Ciência Política**, n. 19, p. 221-252, abr. 2016. Disponível em: <https://www.scielo.br/pdf/rbcpol/n19/2178-4884-rbcpol-19-00221.pdf>. Acesso em: 26 jan. 2021.

BARROWMAN, N. Why Data is Never Raw. **The New Atlantis**, n. 56, p. 129-135, 2018. Disponível em: <https://www.thenewatlantis.com/publications/why-data-is-never-raw>. Acesso em: 27 jan. 2021.

BAYLEY, D. H. The Police and Political Development in Europe. In: TILLY, C. (Ed.). **The Formation of National States in Western Europe**. Princeton: Princeton University Press, 1975. p. 328-379.

BERAMENDI, P. Federalism. In: BOIX, C.; STOKES, S. C. (Org.). **The Oxford Handbook of Comparative Politics**. Oxford: Oxford University Press, 2007. p. 752-781.

BERELSON, B. R. et al. **Voting**: A Study of Opinion Formation in a Presidential Campaign. Chicago: University of Chicago Press, 1954.

BERLIN, I. **Two Concepts of Liberty**. Oxford: Oxford University Press, 1958.

BEZERRA, C. P. Os sentidos da participação para o Partido dos Trabalhadores (1980-2016). **Revista Brasileira de Ciências Sociais**, v. 34, n. 100, e3410016, 2019. Disponível em: <https://www.scielo.br/pdf/rbcsoc/v34n100/0102-6909-rbcsoc-34-100-e3410016.pdf>. Acesso em: 26 jan. 2021.

BIVAND, R. S.; PEBESMA, E.; GÓMEZ-RUBIO, V. **Applied Spatial Data Analysis with R**. 2. ed. New York: Springer, 2013.

BOHN, S. R. Social Policy and Vote in Brazil: Bolsa Família and the Shifts in Lula's Electoral Base. **Latin American Research Review**, v. 46, n. 1, p. 54-79, 2011.

BOIX, C. Electoral Markets, Party Strategies, and Proportional Representation. **The American Political Science Review**, v. 104, n. 2, p. 404-413, May 2010.

BOIX, C. Setting the Rules of the Game: The Choice of Electoral Systems in Advanced Democracies. **The American Political Science Review**, v. 93, n. 3, p. 609-624, set. 1999.

BOUNDARIES for Maryland's 3rd United States Federal Congressional District. 15 May 2014. Disponível em: <https://en.wikipedia.org/wiki/Maryland%27s_3rd_congressional_district#/media/File:Maryland_US_Congressional_District_3_(since_2013).tif>. Acesso em: 26 jan. 2020.

BRASIL. Constituição (1988). **Diário Oficial da União**, Poder Legislativo, Brasília, DF, 5 out. 1988. Disponível em: <http://www.planalto.gov.br/ccivil_03/constituicao/constituicao.htm>. Acesso em: 26 jan. 2021.

BRASIL. Constituição (1988). Emenda Constitucional n. 15, de 12 de setembro de 1996, **Diário Oficial da União**, Poder Legislativo, Brasília, DF, 13 set. 1996. Disponível em: <http://www.planalto.gov.br/ccivil_03/constituicao/Emendas/Emc/emc15.htm>. Acesso em: 26 jan. 2021.

BRASIL. Senado Federal. Proposta de Emenda à Constituição PEC 188/2019. Altera arts. 6º, 18, 20, 29-A, 37, 39, 48, 62, 68, 71, 74, 84, 163, 165, 166, 167, 168, 169, 184, 198, 208, 212, 213 e 239 da Constituição Federal e os arts. 35, 107,109 e 111 do Ato das Disposições Constitucionais Transitórias; acrescenta à Constituição Federal os arts. 135-A, 163-A, 164-A, 167-A, 167-B, 168-A e 245-A; acrescenta ao Ato das Disposições Constitucionais Transitórias os arts. 91-A, 115, 116 e 117; revoga dispositivos constitucionais e legais e dá outras providências. Disponível em: <https://legis.senado.leg.br/sdleg-getter/documento?dm=8035580&ts=1603465771312&disposition=inline>. Acesso em: 26 jan. 2020.

BRAUN, R. Taxation, Sociopolitical Structure, and State-Building: Great Britain and Brandenburg-Prussia. In: TILLY, C. (Ed.). **The Formation of National States in Western Europe**. Princeton: Princeton University Press, 1975. p. 243-327.

BREWER, T. **Marxist Theories of Imperialism**: a Critical Survey. 2. ed. London: Routledge, 2002.

BRODY, H. et al. Map-Making and Myth-Making in Broad Street: The London Cholera Epidemic, 1854. **The Lancet**, v. 356, n. 9.223, p. 64-68, July 2000.

BROOKS, S. G. The Globalization of Production and the Changing Benefits of Conquest. **Journal of Conflict Resolution**, v. 43, n. 5, p. 646-670, Oct. 1999.

BUENO DE MESQUITA, B. et al. An Institutional Explanation of the Democratic Peace. **American Political Science Review**, v. 93, n. 4, p. 791-807, Dec. 1999.

BUKHARIN, N. **Imperialism and World Economy**. Ithaca: Alpha Editions, 2019.

BURBANK, M. J. Explaining Contextual Effects on Vote Choice. **Political Behavior**, v. 19, n. 2, p. 113-132, June 1997.

BYCOFFE, A. et al. The Atlas Of Redistricting. **FiveThirtyEight**, 25 jan. 2018. The Gerrymandering Project. Disponível em: <https://projects.fivethirtyeight.com/redistricting-maps/maryland/>. Acesso em: 26 jan. 2021.

CAIRO, A. **The Truthful Art**: Data, Charts, and Maps for Communication. San Francisco: New Riders, 2016.

CAIRO, A. **How Charts Lie**: Getting Smarter about Visual Information. New York: W. W. Norton & Company, 2019.

CALLINICOS, A. **Imperialism and Global Political Economy**. Cambridge: Polity, 2009.

CALVO, E. The Competitive Road to Proportional Representation: Partisan Biases and Electoral Regime Change under Increasing Party Competition. **World Politics**, v. 61, n. 2, p. 254-295, Apr. 2009.

CALVO, E.; ESCOLAR, M. The Local Voter: A Geographically Weighted Approach to Ecological Inference. **American Journal of Political Science**, v. 47, n. 1, p. 189-204, jan. 2003.

CAMPBELL, A. et al. **The American Voter**. Chicago: University of Chicago Press, 1960.

CANON, D. T.; POSNER, R. A. **Race, Redistricting, and Representation**: The Unintended Consequences of Black Majority Districts. Chicago: University of Chicago Press, 1999.

CARDOSO, G. C.; SILVA, B. F. A. da. Homicídio e tráfico de drogas em Belo Horizonte: fatores comuns de outcomes correlatos. In: ENCONTRO ANUAL DA ANPOCS, 40., Caxambu, 2016. Disponível em: <https://www.anpocs.com/index.php/papers-40-encontro/spg-3/spg11-3/10042-homicidios-e-traficos-de-drogas-em-belo-horizonte-fatores-comuns-de-outcomes-correlatos/>. Acesso em: 27 jan. 2021.

CAREY, J. M. **Legislative Voting and Accountability.** Cambridge, UK: Cambridge University Press, 2008.

CAREY, J. M; SHUGART, M. S. Incentives to Cultivate a Personal vote: a Rank Ordering of Electoral Formulas. **Electoral Studies**, v. 14, n. 4, p. 417-439, Dec. 1995.

CARSON, J. L.; CRESPIN, M. H. The Effect of State Redistricting Methods on Electoral Competition in United States House of Representatives Races. **State Politics & Policy Quarterly**, v. 4, n. 4, p. 455-469, 01 Dec. 2004.

CASTRO, P. E. V. de. **Representação política e accountability eleitoral**: genealogia e crítica. 168 f. Dissertação (Mestrado em Ciência Política) – Universidade de São Paulo, São Paulo, 2018. Disponível em: <http://www.teses.usp.br/teses/disponiveis/8/8131/tde-12072018-131343/>. Acesso em: 25 jan. 2021.

CEPESP – Centro de Política e Economia do Setor Público. Disponível em: <http://cepespdata.io/>. Acesso em: 5 nov. 2020.

CHANG, E. C. C. Electoral Incentives for Political Corruption under Open-List Proportional Representation. **The Journal of Politics**, v. 67, n. 3, p. 716-730, 01 Aug. 2005.

CHANG, E. C. C.; GOLDEN, M. A. Electoral Systems, District Magnitude and Corruption. **British Journal of Political Science**, v. 37, n. 1, p. 115-137, Jan. 2007.

CIGOLINI, A. A. **Território e criação de municípios no Brasil**: uma abordagem histórico-geográfica sobre a compartimentação do espaço. 210 f. Tese (Doutorado em Geografia) – Universidade Federal de Santa Catarina, Florianópolis, 2009. Disponível em: <https://repositorio.ufsc.br/xmlui/bitstream/handle/123456789/92531/268885.pdf?sequence=1&isAllowed=y>. Acesso em: 26 jan. 2021.

COLOMER, J. M. It's Parties that Choose Electoral Systems (Or, Duverger's Laws Upside Down). **Political Studies**, v. 53, n. 1, p. 1-21, 01 Mar. 2005.

CORCORAN, C.; SAXE, K. Redistricting and District Compactness. **Contemporary Mathematics**, Boston, v. 624, p. 1-16, 04 Jan. 2012.

CORRÊA, D. S. Os custos eleitorais do Bolsa Família: reavaliando seu impacto sobre a eleição presidencial de 2006. **Opinião Pública**, v. 21, n. 3, p. 514-534, dez. 2015. Disponível: <https://www.scielo.br/pdf/op/v21n3/1807-0191-op-21-3-0514.pdf>. Acesso em: 27 jan. 2021.

COX, G. W. **Making Votes Count**: Strategic Coordination in the World's Electoral Systems. Cambridge, UK: Cambridge University Press, 1997.

CRESWELL, J. W. **Research Design**: Qualitative, Quantitative, and Mixed Methods Approaches. 4. ed. Thousand Oaks: Sage, 2014.

D'ALBUQUERQUE, R. **A demanda por serviços socioassistenciais e a burocracia da assistência social dos municípios brasileiros**. 146 f. Dissertação (Mestrado em Ciência Política) – Universidade Federal de Minas Gerais, Belo Horizonte, 2017. Disponível em: <https://repositorio.ufmg.br/handle/1843/BUOS-AU3KV8>. Acesso em: 27 jan. 2021.

DAHL, R. A. The Concept of Power. **Behavioral Science**, v. 2, n. 3, p. 201-215, 17 jan. 2007.

DAHL, R. A. **Who Governs?** Democracy and Power in an American City. New Haven: Yale University Press, 2005.

DAHLMAN, C. T. Territory. In: GALLAHER, C. et al. (Org.). **Key Concepts in Political Geography**. London: Sage, 2009. p. 77-86.

DARMOFAL, D. **Spatial Analysis for the Social Sciences**. New York: Cambridge University Press, 2015.

DATASUS. **Transferência de arquivos**. Disponível em: <http://datasus.saude.gov.br/transferencia-de-arquivos/>. Acesso em: 27 jan. 2021.

DAVIS, A. C. Maryland redistricting plan advances. **The Washington Post**, 17 out. 2011. Disponível em: <https://www.washingtonpost.com/local/md-politics/maryland-redistricting-plan-advances/2011/10/17/gIQAEqUysL_story.html>. Acesso em: 26 jan. 2021.

DAVIS, L. E.; HUTTENBACK, R. A. The Political Economy of British Imperialism: Measures of Benefits and Support. **The Journal of Economic History**, v. 42, n. 1, p. 119-130, Mar. 1982.

DEL BIAGGIO, A. E. G. Territory beyond the Anglophone Tradition. In: AGNEW, J. A. et al. (Org.). **The Wiley Blackwell Companion to Political Geography**. 2. ed. Chichester: John Wiley & Sons, 2015. p. 35-47.

DOWNS, A. An Economic Theory of Political Action in a Democracy. **Journal of Political Economy**, v. 65, n. 2, p. 135-150, 01 Apr. 1957.

DUCH, R. M.; STEVENSON, R. T. **The Economic Vote**. Cambridge, UK: Cambridge University Press, 2008.

DUVERGER, M.; GOGUEL, F. **L'influence des systèmes électoraux sur la vie politique**. Paris: Presses de Sciences Po, 2013.

ELAZAR, D. J. **Federal Systems of the World:** a Handbook of Federal, Confederal, and Autonomy Arrangements. Harlow: Longman Current Affairs, 1991.

ENOS, R. D. **The Space Between us:** Social Geography and Politics. Cambridge, UK: Cambridge University Press, 2017.

ERCAN, S. A.; HENDRIKS, C. M. The Democratic Challenges and Potential Of Localism: Insights From Deliberative Democracy. **Policy Studies**, v. 34, n. 4, p. 422-440, jul. 2013.

EURATLAS. **History of Europe**. Disponível em: <https://www.euratlas.net/history/europe/>. Acesso em: 5 nov. 2020.

FARRELL, D. M. **Electoral Systems**: a Comparative Introduction. London: Palgrave Macmillan, 2011.

FIELDHOUSE, D. K. 'Imperialism': An Historiographical Revision. **The Economic History Review**, v. 14, n. 2, p. 187-209, 1961.

FIGUEIREDO, A. C.; LIMONGI, F. Incentivos eleitorais, partidos e política orçamentária. **Dados**: Revista de Ciências Sociais, v. 45, n. 2, p. 303-344, 2002. Disponível em: <https://www.scielo.br/pdf/dados/v45n2/10790.pdf>. Acesso em: 26 jan. 2021.

FIGUEIREDO, M. F. **A decisão do voto**: democracia e racionalidade. São Paulo: Anpocs, 1991.

FINER, S. State and Nation Building in Europe: the Role of the Military. In: TILLY, C. (Ed.). **The Formation of National States in Western Europe**. Princeton: Princeton University Press, 1975. p. 84-163.

FIORINA, M. P. **Retrospective Voting in American National Elections**. New Haven: Yale University Press, 1981.

GALLAGHER, J.; ROBINSON, R. The Imperialism of Free Trade. **The Economic History Review**, v. 6, n. 1, p. 1-15, 1953.

GALLIGAN, B. Comparative Federalism. In: RHODES, R. A. W.; BINDER, S. A.; ROCKMAN, B. A. (Org.). **The Oxford Handbook of Political Institutions**. Oxford: Oxford University Press, 2006. p. 261-280.

GARTZKE, E. The Capitalist Peace. **American Journal of Political Science**, v. 51, n. 1, p. 166-191, jan. 2007.

GARTZKE, E.; ROHNER, D. The Political Economy of Imperialism, Decolonization and Development. **British Journal of Political Science**, v. 41, n. 3, p. 525-556, 2011.

GAVENTA, J. **Representation, Community Leadership and Participation**: Citizen Involvement in Neighbourhood Renewal and Local Governance. London: Neighbourhood Renewal Unit, 2004.

GELAPE, L. O. **A geografia do voto em eleições municipais no sistema eleitoral de lista aberta**: um estudo a partir de Belo Horizonte, Rio de Janeiro e São Paulo. 108 f. Dissertação (Mestrado em Ciência Política) – Universidade Federal de Minas Gerais, Belo Horizonte, 2017. Disponível em: <https://repositorio.ufmg.br/bitstream/1843/BUOS-AQGERZ/1/lucasgelape_dissertacao_versaofinal.pdf>. Acesso em: 27 jan. 2021.

GEODA. Disponível em: <http://geodacenter.github.io/>. Acesso em: 27 jan. 2021.

GOMES, A. M. C. A representação de classes na Constituinte de 1934. **Revista de Ciência Política**, Rio de Janeiro, v. 21, n. 3, p. 53-116, jul./set. 1978. Disponível em: <http://bibliotecadigital.fgv.br/ojs/index.php/rcp/article/view/59838/58162>. Acesso em: 26 jan. 2021.

GONÇALVES, R. D. **Onde agrego os votos?** Contribuições à geografia eleitoral aplicada a problemas político-eleitorais brasileiros. 109 f. Dissertação (Mestrado em Ciência Política) – Universidade Federal do Paraná, Curitiba, 2016. Disponível em: <https://acervodigital.ufpr.br/bitstream/handle/1884/55225/R%20-%20D%20-%20RICARDO%20DANTAS%20GONCALVES.pdf?sequence=1&isAllowed=y:>. Acesso em: 27 jan. 2021.

GOOGLE BOOKS. **Ngram Viewer**: Electoral Geography. Disponível em: <https://books.google.com/ngrams/graph?content=electoral+geography&year_start=1800&year_end=2019&corpus=26&smoothing=3&direct_url=t1%3B%2Celectoral%20geography%3B%2Cc0#t1%3B%2Celectoral%20geography%3B%2Cc0>. Acesso em: 26 jan. 2021.

GÓRECKI, M. A.; MARSH, M. A Decline of 'Friends and Neighbours Voting' in Ireland? Local Candidate Effects in the 2011 Irish 'Earthquake Election'. **Political Geography**, v. 41, p. 11-20, July 2014.

GÓRECKI, M. A.; MARSH, M. Not Just 'Friends and Neighbours': Canvassing, Geographic Proximity And Voter Choice. **European Journal of Political Research**, v. 51, n. 5, p. 563-582, Aug. 2012.

GRÁFICO. **Nexo Jornal**. Disponível em: <https://www.nexojornal.com.br/grafico/>. Acesso em: 5 nov. 2020.

GSCHWEND, T.; SCHIMMELFENNIG, F. Introduction: Designing Research in Political Science – a Dialogue between Theory and Data. In: GSCHWEND, T.; SCHIMMELFENNIG, F. (Org.). **Research Design in Political Science:** How to Practice What They Preach. Basingstoke: Palgrave Macmillan, 2007. p. 1-18.

GUO, J. Welcome to America's Most Gerrymandered District. **The New Republic**, 8 nov. 2012. Disponível em:<https://newrepublic.com/article/109938/marylands-3rd-district-americas-most-gerrymandered-congressional-district>. Acesso em: 26 jan. 2021.

HAGOPIAN, F. Parties and Voters in Emerging Democracies. In: BOIX, C.; STOKES, S. C. (Org.) **The Oxford Handbook of Comparative Politics**. The Oxford Handbooks of Political Science. Oxford University Press, 2009. p. 582-603.

HARVEY, D. **The New Imperialism**. Oxford: Oxford University Press, 2003.

HELD, D. **Models of Democracy**. Stanford: Stanford University Press, 2006.

HERE TECHNOLOGIES. Disponível em: <https://www.here.com/>. Acesso em: 27 jan. 2021.

HICKEN, A. Clientelism. **Annual Review of Political Science**, v. 14, n. 1, p. 289-310, 2011.

HILFERDING, R. **Finance Capital**: a Study in the Latest Phase of Capitalist Development. London: Routledge, 2019.

HILL, K. A. Does the Creation of Majority Black Districts Aid Republicans? An Analysis of the 1992 Congressional Elections in Eight Southern States. **The Journal of Politics**, v. 57, n. 2, p. 384-401, 1995.

HOBBES, T. **Leviatã ou matéria, forma e poder de uma república eclesiástica e civil**. São Paulo: Martins Fontes, 2003[1651].

HOBSON, J. A. **Imperialism:** a Study. New York: James Pott & Co., 1902.

HUCKFELDT, R.; SPRAGUE, J. Networks in Context: The Social Flow of Political Information. **American Political Science Review**, v. 81, n. 4, p. 1197-1216, Dec. 1987.

IBGE – Instituto Brasileiro de Geografia e Estatística. **Bases e referências**. Disponível em: <https://mapas.ibge.gov.br/bases-e-referenciais/bases-cartograficas.html>. Acesso em: 27 jan. 2021a.

IBGE – Instituto Brasileiro de Geografia e Estatística. **Divisões intramunicipais:** Minas Gerais – Censo 2010. 2010a. Disponível em: <https://geoftp.ibge.gov.br/organizacao_do_territorio/malhas_territoriais/malhas_de_setores_censitarios__divisoes_intramunicipais/censo_2010/setores_censitarios_shp/mg/>. Acesso em: 27 jan. 2021.

IBGE – Instituto Brasileiro de Geografia e Estatística. **Divisões intramunicipais:** São Paulo – Censo 2010. 2010b. Disponível em: <https://geoftp.ibge.gov.br/organizacao_do_territorio/malhas_territoriais/malhas_de_setores_censitarios__divisoes_intramunicipais/censo_2010/setores_censitarios_shp/sp/>. Acesso em: 27 jan. 2021.

IBGE – Instituto Brasileiro de Geografia e Estatística. **Estimativas da população residente no Brasil e unidades da federação com data de referência em 1º de julho de 2019**. Rio de Janeiro: IBGE, 2019. Disponível em: <https://ftp.ibge.gov.br/Estimativas_de_Populacao/Estimativas_2019/POP2019_20201006.pdf>. Acesso em: 5 nov. 2020.

IBGE – Instituto Brasileiro de Geografia e Estatística. **GeoServer**. Disponível em: <https://geoservicos.ibge.gov.br/geoserver/web/>. Acesso em: 27 jan. 2021b.

IBGE – Instituto Brasileiro de Geografia e Estatística. **Imagens do território**. Disponível em: <ftp://geoftp.ibge.gov.br/imagens_do_territorio/imagens_corrigidas/cartas_imagem/spmggo25/23774no.pdf>. Acesso em: 27 jan. 2021c.

IBGE – Instituto Brasileiro de Geografia e Estatística. **Portal de mapas**. Disponível em: <https://portaldemapas.ibge.gov.br/portal.php#homepage>. Acesso em: 27 jan. 2021d.

INDE – Infraestrutura Nacional de Dados Espaciais. Disponível em:<https://inde.gov.br/>. Acesso em: 27 jan. 2021.

INEP – Instituto Nacional de Estudos e Pesquisas Educacionais Anísio Teixeira. **Dados abertos**. Disponível em: <http://portal.inep.gov.br/web/guest/dados>. Acesso em: 27 jan. 2021.

INGRAHAM, C. What Is Gerrymandering and why is it Problematic? It's a Complicated Topic, But We've Got a Simple Visual Aid. **The Washington Post**. 27, jun. 2019. Disponível em: <https://www.washingtonpost.com/business/2019/06/27/what-is-gerrymandering-why-is-it-problematic/>. Acesso em: 26 jan. 2021.

IPEA DATA. Disponível em: <http://ipeadata.gov.br/>. Acesso em: 27 jan. 2021.

ISSACHAROFF, S. Gerrymandering and Political Cartels. **Harvard Law Review**, v. 116, n. 2, p. 593-648, 2002.

JANKOWSKI, M. Voting for Locals: Voters' Information Processing Strategies in Open-list PR Systems. **Electoral Studies**, v. 43, p. 72-84, Sept. 2016.

JOHNSON, S. **O mapa fantasma**: como a luta de dois homens contra a cólera mudou o destino de nossas metrópoles. Rio de Janeiro: Zahar, 2008.

JOHNSON, S. **The Ghost Map**: the Story of London's Most Terrifying Epidemic – and How it Changed Science, Cities, and the Modern World. New York: Riverhead Books, 2006.

JOHNSTON, R. J. **Political, Electoral and Spatial Systems**. Oxford: Oxford University Press, 1979.

JOHNSTON, R. J. (Ed.). **The Dictionary of Human Geography**. Oxford: Blackwell Reference, 1981.

JOHNSTON, R.; PATTIE, C. Electoral Geography in Electoral Studies: Putting Voters in their Place. In: BARNETT, C.; LOW, Murray. **Spaces of Democracy**: Geographical Perspectives on Citizenship, Participation and Representation. London: Sage, 2004. p. 45-66.

JONAS, A. E. G. Scale. In: AGNEW, J. A. et al. (Org.). **The Wiley Blackwell Companion to Political Geography**. 2. ed. Chichester: John Wiley & Sons, 2015. p. 26-34.

JUSIONYTE, I. **Threshold**: Emergency Responders on the US-Mexico Border. Oakland: University of California Press, 2018.

KANT, I. **Perpetual Peace**: a Philosophical Essay. New York: Cosimo Classics, 2010.

KELLSTEDT, P.; WHITTEN, G. **Fundamentos da pesquisa em ciência política**. Tradução de Lorena G. Barberia, Patrick Silva e Gilmar Masiero. São Paulo: Blucher, 2015.

KENNEDY, P. The Costs and Benefits of British Imperialism 1846-1914. **Past & Present**, n. 125, p. 186-192, Nov. 1989.

KEY, V. O. **Southern Politics in State and Nation**. New York: A. A. Knopf, 1949.

KING, G. **A Solution to the Ecological Inference Problem**: Reconstructing Individual Behavior From Aggregate Data. Princeton: Princeton University Press, 1997.

KING, G. Why Context Should not Count. **Political Geography**, v. 15, n. 2, p. 159-164, Feb. 1996.

KING, G.; KEOHANE, R. O.; VERBA, S. **Designing Social Inquiry**: Scientific Inference in Qualitative Research. Princeton: Princeton University Press, 1994.

KOEBNER, R. Imperialism. **The Economic History Review**, v. 4, n. 3, p. 403-406, Apr. 1952.

KOEBNER, R.; SCHMIDT, H. D. **Imperialism**: The Story and Significance of a Political Word, 1840-1960. Cambridge University Press, 1964.

KRAMER, G. Short-Term Fluctuations in U.S. Voting Behavior, 1896-1964. **American Political Science Review**, v. 65, n. 1, p. 131-143, 1971.

KRASNO, J. S.; GREEN, D. P. Do Televised Presidential Ads Increase Voter Turnout? Evidence from a Natural Experiment. **The Journal of Politics**, v. 70, n. 1, p. 245-261, 2008.

KRUGER, D. H. Hobson, Lenin, and Schumpeter on Imperialism. **Journal of the History of Ideas**, v. 16, n. 2, p. 252-259, Apr. 1955.

LACOSTE, Y. **A geografia**: isso serve, em primeiro lugar, para fazer a guerra. Campinas: Papirus Editora, 1988

LAKE, D. A. Powerful Pacifists: Democratic States and War. **American Political Science Review**, v. 86, n. 1, p. 24-37, Mar. 1992.

LATNER, M.; MCGANN, A. Geographical Representation under Proportional Representation: The Cases of Israel and the Netherlands. **Electoral Studies**, v. 24, n. 4, p. 709-734, Dec. 2005.

LAU, R. R.; REDLAWSK, D. P. **How Voters Decide**: Information Processing in Election Campaigns. Cambridge, UK: Cambridge University Press, 2006.

LAVY, V. Effects of Free Choice Among Public Schools. **The Review of Economic Studies**, v. 77, n. 3, p. 1164-1191, 2010.

LAZARSFELD, P. F.; BERELSON, B.; GAUDET, H. **The People's Choice**: How the Voter Makes Up His Mind in a Presidential Campaign. New York: Columbia University Press, 1948.

LENIN, V. I. **Imperialism**: The Highest Stage of Capitalism. London: Penguin Books, 2010.

LEWIS-BECK, M. S. Comparative Economic Voting: Britain, France, Germany, Italy. **American Journal of Political Science**, v. 30, n. 2, p. 315-346, 1986.

LEWIS-BECK, M. S.; STEGMAIER, M. Economic Determinants of Electoral Outcomes. **Annual Review of Political Science**, v. 3, n. 1, p. 183-219, June 2000.

LEWIS-BECK, M. S.; WHITTEN, G. D. Economics and elections: Effects deep and wide. **Electoral Studies**, v. 32, n. 3, p. 393-395, Sept. 2013.

LIBERMAN, P. **Does Conquest Pay**: The Exploitation of Occupied Industrial Societies. Princeton: Princeton University Press, 1998.

LICIO, E. C.; RENNÓ, L. R.; CASTRO, H. C. O. de. Bolsa Família e voto na eleição presidencial de 2006: em busca do elo perdido. **Opinião Pública**, v. 15, n. 1, p. 31-54, jun. 2009. Disponível em: <https://www.scielo.br/pdf/op/v15n1/a03v15n1.pdf>. Acesso em: 27 jan. 2021.

LIJPHART, A. **Modelos de democracia**. Tradução de Roberto Franco. 3. ed. Rio de Janeiro: Civilização Brasileira, 2003.

LIJPHART, A. The Political Consequences of Electoral Laws, 1945-85. **American Political Science Review**, v. 84, n. 2, p. 481-496, 1990.

LIMONGI, F.; CORTEZ, R. As eleições de 2010 e o quadro partidário. **Novos Estudos – CEBRAP**, n. 88, p. 21-37, dez. 2010. Disponível em: <https://www.scielo.br/pdf/nec/n88/n88a02.pdf>. Acesso em: 26 jan. 2021.

LIMONGI, F.; GUARNIERI, F. A base e os partidos: as eleições presidenciais no Brasil pós-redemocratização. **Novos Estudos – Cebrap**, São Paulo, n. 99, p. 5-24, jul. 2014.

LIMONGI, F.; GUARNIERI, F. Competição partidária e voto nas eleições presidenciais no Brasil. **Opinião Pública**, Campinas, v. 21, n. 1, p. 60-86, abr. 2015.

LIMONGI, F.; GUARNIERI, F. Duverger nos trópicos: coordenação e estabilidade nas eleições presidenciais brasileiras pós-redemocratização. In: FIGUEIREDO, A.; BORBA, F. (Org.). **25 anos de eleições presidenciais no Brasil**. Curitiba, PR: Appris, 2018.

LUBLIN, D. **The Paradox of Representation**: Racial Gerrymandering and Minority Interests in Congress. Princeton, NJ: Princeton University Press, 1999.

LUKES, S. **Power**: a Radical View. Londres: Macmillan International Higher Education, 1974.

LUXEMBURG, R. **The Accumulation of Capital**. London: Routledge, 2003.

LUXEMBURGO, R. **A crise da social-democracia**. Tradução Maria Julibta Nogueira e Silvério Cardoso da Silva. Lisboa: Editorial Presença, 1974.

MAIER, C. S. **Once Within Borders**: Territories of power, Wealth, and Belonging Since 1500. Cambridge, MA: Harvard University Press, 2016.

MANIN, B. **The Principles of Representative Government**. Cambridge, UK: Cambridge University Press, 1997.

MAOZ, Z.; RUSSETT, B. Normative and Structural Causes of Democratic Peace, 1946-1986. **American Political Science Review**, v. 87, n. 3, p. 624-638, Sept. 1993.

MAPA da Europa no início do século XVIII. 8 abr. 2009. Disponível em: <https://pt.wikipedia.org/wiki/Carlos_II_de_Espanha#/media/Ficheiro:Europe,_1700%E2%80%941714.png>. Acesso em: 5 nov. 2020.

MAP of Europe in Year 1900. **Euratlas**. Disponível em: <https://www.euratlas.net/history/europe/1900/index.html>. Acesso em: 22 jan. 2021.

MAPS of the Roman Empire. Disponível em: <http://www.argentoratum.com/en/maps.htm>. Acesso em: 5 nov. 2020.

MAQUIAVEL, N. **O príncipe**. 4. ed. São Paulo: Martins Fontes, 2010.

MARTINELLI, M. **Mapas, gráficos e redes**: elabore você mesmo. São Paulo: Oficina de Textos, 2014.

MARYLAND'S Congressional Districts since 2013. 02 Feb. 2014 Disponível em: <https://en.wikipedia.org/wiki/Maryland%27s_congressional_districts#/media/File:Maryland_Congressional_Districts,_113th_Congress.tif>. Acesso em: 26 jan. 2020.

MAS, J. et al. **Análise espacial com R**. Feira de Santa: Ed. da Uefs, 2019.

MAYHEW, D. R. **Congress**: The Electoral Connection. New Haven: Yale University Press, 1974.

MCDONALD, P. J. Capitalism, Commitment, and Peace. **International Interactions**, v. 36, n. 2, p. 146-168, 2010.

MCDONOUGH, T. Lenin, Imperialism, and the Stages of Capitalist Development. **Science & Society**, v. 59, n. 3, p. 339-367, Fall 1995.

MCKEE, S. C.; TEIGEN, J. M.; TURGEON, M. The Partisan Impact of Congressional Redistricting: The Case of Texas, 2001-2003. **Social Science Quarterly**, v. 87, n. 2, p. 308-317, 2006.

MCPHEE, W. N.; FERGUSON, J.; SMITH, R. B. A Theory of Informal Social Influence. In: GUETZKOW, H.; KOTLER, P; SCHULTZ, R. L. **Simulation in Social and Administrative Science**: Overviews and Case-Examples. Englewood Cliffs: Prentice-Hall, 1972. p. 191-209.

MEIRELES, F.; SILVA, D. **Usando R**: um guia para cientistas políticos. 22 nov. 2018. Disponível em: <http://electionsbr.com/livro/>. Acesso em: 27 jan. 2021.

MENDES, M. Fundo de participação dos municípios precisa mudar. **Folha de São Paulo**, São Paulo, 04 jan. 2020. Mercado. Disponível em: <https://www1.folha.uol.com.br/colunas/marcos-mendes/2020/01/fundo-de-participacao-dos-municipios-precisa-mudar.shtml>. Acesso em: 27 jan. 2020.

MESQUITA, L. et al. Emendas individuais e concentração de votos: uma análise exploratória. **Teoria e Pesquisa**, v. 23, n. 2, p. 82-106, 2014.

MICHAELIDES, P. G.; MILIOS, J. G. The Schumpeter – Hilferding Nexus. **Journal of Evolutionary Economics**, v. 25, n. 1, p. 133-145, jan. 2015.

MIGUEL, E. Tribe or Nation? Nation Building and Public Goods in Kenya Versus Tanzania. **World Politics**, v. 56, n. 3, p. 327-362, Apr. 2004.

MIGUEL, L. F.; BIROLI, F. **Feminismo e política**: uma introdução. São Paulo: Boitempo Editorial, 2015.

MONMONIER, M. S. **How to Lie With Maps**. 3. ed. Chicago; London: The University of Chicago Press, 2018.

MORADORES de bairro no limite entre Mauá com Santo André recebem dois carnês de IPTU. **G1**. 31 mai. 2018. Disponível em: <https://g1.globo.com/sp/sao-paulo/noticia/moradores-de-bairro-na-divisa-de-maua-com-santo-andre-recebem-dois-carnes-de-iptu.ghtml>. Acesso em: 26 jan. 2021.

MOUNTZ, A. Border. In: GALLAHER, C. et al. (Org.). **Key Concepts in Political Geography**. London: Sage, 2009. p. 198-209.

NEIVA, P. R. P.; SOARES, M. M. Senado brasileiro: casa federativa ou partidária? **Revista Brasileira de Ciências Sociais**, v. 28, n. 81, p. 97-115, fev. 2013. Disponível em: <https://www.scielo.br/pdf/rbcsoc/v28n81/07.pdf>. Acesso em: 26 jan. 2021.

NEWMAN, D. Boundaries. In: AGNEW, J. A.; MITCHELL, K.; TOAL, G. (Org.). **A Companion to Political Geography**. Malden, MA: Blackwell Publishers, 2003. p. 123-137.

NICOLAU, J. **Sistemas eleitorais**. 5. ed. Rio de Janeiro: Fundação Getúlio Vargas, 2004.

NORRIS, P. **Electoral Engineering**: Voting Rules and Political Behavior. Cambridge, UK: Cambridge University Press, 2004.

NOWELL, G. P. Hobson's Imperialism: Its Historical Validity and Contemporary Relevance. In: CHILCOTE, R. M. (Org.). **The Political Economy of Imperialism**: Critical Appraisals. Dordrecht: Springer Netherlands, 1999. (Recent Economic Thought Series, v. 70). p. 85-109.

OLIVEIRA, E. M. Aonde chega o Judiciário? Uma avaliação da expansão da Justiça do Trabalho no Brasil (2003-2010). **Opinião Pública**, Campinas, v. 24, n. 2, p. 456-485, maio/ago. 2018. Disponível em: <https://www.scielo.br/pdf/op/v24n2/1807-0191-op-24-2-0456.pdf>. Acesso em: 26 jan. 2021.

OLIVEIRA, V. E. de. Poder Judiciário: árbitro dos conflitos constitucionais entre estados e união. **Lua Nova: Revista de Cultura e Política**, n. 78, p. 223-250, 2009. Disponível em: <https://www.scielo.br/pdf/ln/n78/a11n78.pdf>. Acesso em: 5 nov. 2020.

OVERBY, L. M.; COSGROVE, K. M. Unintended Consequences? Racial Redistricting and the Representation of Minority Interests. **The Journal of Politics**, v. 58, n. 2, p. 540-550, 01 May 1996.

OWEN, J. M. How Liberalism Produces Democratic Peace. **International Security**, v. 19, n. 2, p. 87-125, 1994.

PAASI, A. Territory. In: AGNEW, J. A.; MITCHELL, K.; TOAL, G. (Org.). **A Companion to Political Geography**. Malden, MA: Blackwell Publishers, 2003. p. 109-122.

PAINTER, J. et al. Connecting Localism and Community Empowerment. **The Connected Communities**, 2011. Disponível em: <https://connected-communities.org/index.php/project_resources/connecting-localism-and-community-empowerment/>. Acesso em: 26 jan. 2021.

PATEMAN, C. **Participação e teoria democrática**. Tradução de Luiz Paulo Rouanet. São Paulo: Paz e Terra, 1992.

PATTIE, C.; JOHNSTON, R. "People Who Talk Together Vote Together": An Exploration of Contextual Effects in Great Britain. **Annals of the Association of American Geographers**, v. 90, n. 1, p. 41-66, Mar. 2000.

PERSSON, T.; TABELLINI, G. Electoral Systems and Economic Policy. In: WITTMAN, D. A.; WEINGAST, B. R. **The Oxford Handbook of Political Economy**. Oxford: Oxford University Press, 2009. p. 723-738.

PERSSON, T.; TABELLINI, G.; TREBBI, F. Electoral Rules and Corruption. **Journal of the European Economic Association**, v. 1, p. 958-989, 2003.

PITKIN, H. F. Representação: palavras, instituições e ideias. Tradução de Wagner Pralon Mancuso e Pablo Ortellado. **Lua Nova**: Revista de Cultura e Política, São Paulo, n. 67, p. 15-47, 2006. Disponível em: <https://www.scielo.br/pdf/ln/n67/a03n67.pdf>. Acesso em: 26 jan. 2021.

PLOTKE, D. Representation is Democracy. **Constellations**, v. 4, n. 1, p. 19-34, Apr. 1997.

POPKIN, S. et al. Comment: What Have You Done for Me Lately? Toward an Investment Theory of Voting. **American Political Science Review**, v. 70, n. 3, p. 779-805, Sep. 1976.

PORTER, A. The Balance Sheet of Empire, 1850-1914. **The Historical Journal**, v. 31, n. 3, p. 685-699, Sept. 1988.

POSNER, D. N. The Political Salience of Cultural Difference: Why Chewas and Tumbukas Are Allies in Zambia and Adversaries in Malawi. **American Political Science Review**, v. 98, n. 4, p. 529-545, 2004.

POTTER, J. D.; OLIVELLA, S. Electoral Strategy in Geographic Space: Accounting for Spatial Proximity in District-Level Party Competition. **Electoral Studies**, v. 40, p. 76-86, Dec. 2015.

POWELL, G. B.; WHITTEN, G. A Cross-National Analysis of Economic Voting: Taking Account of the Political Context. **American Journal of Political Science**, v. 37, n. 2, p. 391-414, May 1993.

PRECISELY. Disponível em: <https://www.pitneybowes.com/br/localizacao-inteligente/geographic-information-systems/mapinfo-professional.html>. Acesso em: 27 jan. 2021.

PREWITT, K.; VON DER MUHLL, G.; COURT, D. School Experiences and Political Socialization: A Study of Tanzanian Secondary School Students. **Comparative Political Studies**, v. 3, n. 2, p. 203-225, July 1970.

PRZEWORSKI, A. **Capitalism and Social Democracy**. Cambridge, UK: Cambridge University Press, 1986.

PRZEWORSKI, A.; SPRAGUE, J. **Paper Stones**: a History of Electoral Socialism. Chicago: University of Chicago Press, 1986.

PUT, G.; SMULDERS, J.; MADDENS, B. How Local Personal Vote-Earning Attributes Affect the Aggregate Party Vote Share: Evidence from the Belgian Flexible-List PR System (2003-2014). **Politics**, v. 39, n. 3, p. 464-479, Nov. 2018.

QGIS. Disponível em: <https://qgis.org/pt_BR/site/>. Acesso em: 27 jan. 2021.

R PROJECT. Disponível em: <https://www.r-project.org/>. Acesso em: 27 set. 2020.

REDDIT. **How to Steal an Election**. 28 Feb. 2015. Disponível em: <https://www.reddit.com/r/woahdude/comments/2xgqss/this_is_how_gerrymandering_works/>. Acesso em: 26 jan. 2020.

REHFELD, A. **The Concept of Constituency**: Political Representation, Democratic Legitimacy, and Institutional Design. Cambridge, UK: Cambridge University Press, 2005.

RESENDE, T. Proposta do governo poderia extinguir 1.220 municípios, diz CNM. **Folha de São Paulo**, São Paulo, 6 nov. 2019. Mercado. Disponível em: <https://www1.folha.uol.com.br/mercado/2019/11/proposta-do-governo-poderia-extinguir-1220-municipios-diz-cnm.shtml>. Acesso em: 5 nov. 2020.

RODRIGUES-SILVEIRA, R. **Representación espacial y mapas**. Madrid: Centro de Investigaciones Sociológicas, 2013.

SAMUELS, D. J. Incentives to Cultivate a Party Vote in Candidate--Centric Electoral Systems Evidence from Brazil. **Comparative Political Studies**, v. 32, n. 4, p. 487-518, 6 jan. 1999.

SÁTYRO, N. G. D.; CUNHA, E. S. M.; CAMPOS, J. Análise espacial da burocracia da assistência social nos municípios brasileiros: notas para uma reflexão sobre a capacidade de implementação dessa política. **Opinião Pública**, Campinas, v. 22, n. 2, p. 286-317, ago. 2016. Disponível em: <https://www.scielo.br/pdf/op/v22n2/1807-0191-op-22-2-0286.pdf>. Acesso em: 27 jan. 2021.

SÁTYRO, N. G. D.; REIS, B. P. W. Reflexões sobre a produção de inferências indutivas válidas em ciências sociais. **Teoria & Sociedade**, Belo Horizonte, v. 22, n. 2, p. 13-39, 2014. Disponível em: <https://bib44.fafich.ufmg.br/index.php/rts/article/view/189/136>. Acesso em: 27 jan. 2021.

SCHUMPETER, J. A. **Imperialism and Social Classes**: Two Essays. Auburn: Ludwig von Mises Institute, 1955.

SCOTT, J. C. **Domination & the Arts of Resistance**: Hidden Transcripts. Revised ed. New Haven: Yale University Press, 1992.

SHOPPING entre duas cidades fica 'dividido' entre lojas que podem abrir e outras que precisam ficar fechadas. **G1**. 22 jun. 2020. Disponível em: <https://g1.globo.com/sp/sorocaba-jundiai/noticia/2020/06/22/shopping-entre-duas-cidades-fica-dividido-entre-lojas-que-podem-abrir-e-outras-que-precisam-ficar-fechadas.ghtml>. Acesso em: 26 jan. 2021.

SHUGART, M.; VALDINI, M. E.; SUOMINEN, K. Looking for Locals: Voter Information Demands and Personal Vote-Earning Attributes of Legislators under Proportional Representation. **American Journal of Political Science**, v. 49, n. 2, p. 437-449, 01 Apr. 2005.

SILOTTO, G. C. **A dimensão regional das estratégias partidárias em eleições proporcionais de lista aberta no Brasil**. 152 f. Dissertação (Mestrado em Ciência Política) – Universidade de São Paulo, São Paulo, 2016. Disponível em: <https://www.teses.usp.br/teses/disponiveis/8/8131/tde-10032017-135505/publico/2016_GrazieleSilotto_VOrig.pdf>. Acesso em: 27 jan. 2021.

SILOTTO, G. C. A relevância regional nas estratégias partidárias: evidências das listas de candidatos de São Paulo. **Revista de Sociologia e Política**, Curitiba, v. 27, n. 69, 2019. Disponível em: <https://revistas.ufpr.br/rsp/article/view/72804/40523>. Acesso em: 27 jan. 2021.

SILOTTO, G. C. Mapeando a competição: padrões de votação em São Paulo entre 2008 e 2016. **Revista Parlamento e Sociedade**, São Paulo, v. 5, n. 8, p. 97-123, 2017. Disponível em: <https://www.al.sp.gov.br/repositorio/bibliotecaDigital/22752_arquivo.pdf>. Acesso em: 27 jan. 2021.

SILVA, F. L. M. et al. Brazil's Bolsa Família Cash Transfer Program and the Electoral Performance of Mayoral Incumbents. In: SOUTHERN POLITICAL SCIENCE ASSOCIATION ANNUAL CONFERENCE, New Orleans, Jan. 2014.

SILVA, G. P. da. **Desenho de pesquisa**. Brasília: Enap, 2018.

SILVA, G. P. da; SILOTTO, G. C. A conexão eleitoral nas eleições de 2016 em Curitiba. In: BOLOGNESI, B.; ROEDER, K. M.; BABIRESKI, F. (Org.). **Quem decide concorrer: a eleição e os vereadores em Curitiba**. Curitiba: TRE-PR; Massimo Editorial, 2018a. p. 109-128.

SILVA, G. P. da; SILOTTO, G. C. Preparing the Terrain: Conditioning Factors for the Regionalization of the Vote for Federal Deputy in São Paulo. **Brazilian Political Science Review**, v. 12, n. 2, 2018b. Disponível em: <https://brazilianpoliticalsciencereview.org/wp-content/uploads/articles_xml/1981-3821-bpsr-12-2-e0006/1981-3821-bpsr-12-2-e0006.x89995.pdf>. Acesso em: 27 jan. 2021.

SILVA, J. A. da. **Curso de direito constitucional positivo**. 34. ed. São Paulo: Malheiros, 2011.

SIMONI JÚNIOR, S. Competição eleitoral e política distributiva no Brasil. In: SEMINÁRIO DISCENTE DO PROGRAMA DE PÓS-GRADUAÇÃO EM CIÊNCIA POLÍTICA DA USP. 5., São Paulo, 2016.

SIMONI JÚNIOR, S. Competição eleitoral e programas de transferência de renda no Brasil. In: FÓRUM DE PÓS-GRADUAÇÃO EM CIÊNCIA POLÍTICA. 4., Niterói, 2015a.

SIMONI JÚNIOR, S. Eleição presidencial e política distributiva no Brasil: reavaliando teses. In: SEMINÁRIO DISCENTE DO PROGRAMA DE PÓS-GRADUAÇÃO EM CIÊNCIA POLÍTICA DA USP. 6., São Paulo, 2015b.

SIMONI JÚNIOR, S. **Política distributiva e competição presidencial no Brasil**: Programa Bolsa-Família e a tese do realinhamento eleitoral. 154 f. Tese (Doutorado em Ciência Política) – Universidade de São Paulo, São Paulo, 2017. Disponível em: <https://teses.usp.br/teses/disponiveis/8/8131/tde-09112017-164955/publico/2017_SergioSimoniJunior_VCorr.pdf>. Acesso em: 27 jan. 2021.

SNYDER, J. **Myths of Empire**: Domestic Politics and International Ambition. Ithaca: Cornell University Press, 1991.

SOUZA, C. Federalismo: teorias e conceitos revisitados. **Revista Brasileira de Informação Bibliográfica em Ciências Sociais**, São Paulo, n. 65, p. 27-48, 1. sem. 2008. Disponível em: <http://www.anpocs.com/index.php/edicoes-anteriores/bib-65/606-federalismo-teorias-e-conceitos-revisitados/file>. Acesso em: 26 jan. 2021.

STATA. Disponível em: <https://www.stata.com/>. Acesso em: 27 jan. 2020.

STOKER, G. New Localism, Progressive Politics and Democracy. **The Political Quarterly**, v. 75, p. 117-129, ago. 2004.

STOKES, S. C. **Political Clientelism**. Jul. 2011. Disponível em: <https://www.oxfordhandbooks.com/view/10.1093/oxfordhb/9780199604456.001.0001/oxfordhb-9780199604456-e-031?print=pdf>. Acesso em: 26 jan. 2021.

SZARY, A.-L. A. Boundaries and Borders. In: AGNEW, J. et al. (Org.). **The Wiley Blackwell Companion to Political Geography**. 2. ed. Chichester: John Wiley & Sons, 2015. p. 13-26.

TERRAVIEW. Disponível em: <http://www.dpi.inpe.br/terralib5/wiki/doku.php>. Acesso em: 27 jan. 2021.

TERRON, S. L. A composição de territórios eleitorais no Brasil: uma análise das votações de Lula (1989-2006). 108 f. Tese (Doutorado em Ciência Política) – Instituto Universitário de Pesquisas do Rio de Janeiro, Rio de Janeiro, 2009.

TERRON, S. L. Geografia eleitoral em foco. **Em Debate**, Belo Horizonte, v. 4, n. 2, p. 8-18, maio 2012. Disponível em: <http://bibliotecadigital.tse.jus.br/xmlui/bitstream/handle/bdtse/3198/2012_terron_geografia_eleitoral_foco.pdf>. Acesso em: 27 jan. 2021.

TERRON, S. L.; RIBEIRO, A.; LUCAS, J. F. Há padrões espaciais de representatividade na câmara municipal do Rio de Janeiro? Análise dos territórios eleitorais dos eleitos em 2008. **Teoria e Pesquisa**, São Carlos, v. 21, n. 1, p. 28-47, jun. 2012. Disponível em: <http://www.teoriaepesquisa.ufscar.br/index.php/tp/article/view/280/210>. Acesso em: 21 jan. 2021.

TERRON, S. L.; SOARES, G. A. D. As bases eleitorais de Lula e do PT: do distanciamento ao divórcio. **Opinião Pública**, v. 16, n. 2, p. 310-337, nov. 2010. Disponível em: <https://www.cesop.unicamp.br/vw/1I0jEMDM_MDA_40fc7_/v16n2a02.pdf>. Acesso em: 27 jan. 2021.

TERRON, S. L.; SOARES, G. A. D. Dois Lulas: a geografia eleitoral da reeleição (explorando conceitos, métodos e técnicas de análise geoespacial). **Opinião Pública**, v. 14, n. 2, p. 269-301, nov. 2008. Disponível em: <https://periodicos.sbu.unicamp.br/ojs/index.php/op/article/view/8641286/8793>. Acesso em: 27 jan. 2021.

THE GERRYMANDERING PROJECT. **FiveThirtyEight**. Disponível em: <https://fivethirtyeight.com/tag/the-gerrymandering-project/#main>. Acesso em: 26 jan. 2021.

TILLY, C. **Coercion, Capital and European States**: AD 990-1992. London: Wiley, 1993.

TILLY, C. Reflections on the History of European State-Making. In: TILLY, C. (Ed.). **The Formation of National States in Western Europe**. Princeton: Princeton University Press, 1975. p. 3-83.

TILLY, C. War Making and State Making as Organized Crime. In: EVANS, P. B.; RUESCHEMEYER, D.; SKOCPOL, T. (Org.). **Bringing the State Back In**. Cambridge University Press, 1985. p. 169-191.

TOBLER, W. R. A Computer Movie Simulating Urban Growth in the Detroit Region. **Economic Geography**, v. 46, p. 234-240, June 1970.

TOMIO, F. A criação de municípios após a Constituição de 1988. **Revista Brasileira de Ciências Sociais**, v. 17, n. 48, p. 61-88, fev. 2002. Disponível em: <https://www.scielo.br/pdf/rbcsoc/v17n48/13950.pdf>. Acesso em: 26 jan. 2020.

TOMIO, F. Federalismo, municípios e decisões legislativas: a criação de municípios no Rio Grande do Sul. **Revista de Sociologia e Política**, Curitiba, n. 24, p. 123-148, jun. 2005. Disponível em: <https://www.scielo.br/pdf/rsocp/n24/a09n24.pdf>. Acesso em: 26 jan. 2021.

TOMIO, F.; ROBL FILHO, I. N.; KANAYAMA, R. L. Controle de constitucionalidade abstrato e concentrado no Brasil, Espanha, Itália, México e Portugal. **Cuestiones Constitucionales**. Revista Mexicana de Derecho Constitucional, v. 1, n. 36, p. 301-325, enero/jun. 2017. Disponível em: <http://www.scielo.org.mx/pdf/cconst/n36/1405-9193-cconst-36-301.pdf>. Acesso em: 26 jan. 2021.

TSE – Tribunal Superior Eleitoral. **Repositório de dados eleitorais.** Disponível em: <www.tse.jus.br/eleicoes/estatisticas/repositorio-de-dados-eleitorais>. Acesso em: 27 jan. 2021.

TUFTE, E. R. Determinants of the Outcomes of Midterm Congressional Elections. **American Political Science Review**, v. 69, n. 3, p. 812-826, 1975.

URBINATI, N.; WARREN, M. E. The Concept of Representation in Contemporary Democratic Theory. **Annual Review of Political Science**, v. 11, n. 1, p. 387-412, jun. 2008.

USP – Universidade de São Paulo. **Centro de Estudos da Metrópole**. Disponível em: <http://centrodametropole.fflch.usp.br/pt-br/controle-acesso>. Acesso em: 27 jan. 2021.

WARD, M. D.; GLEDITSCH, K. S. **Spatial Regression Models**. Thousand Oaks: Sage, 2008.

WEBER, M. **Ciência e política**: duas vocações. São Paulo: Cultrix, 2011.

YOUNG, I. M. Representação política, identidade e minorias. Tradução de Alexandre Morales. **Lua Nova: Revista de Cultura e Política**, São Paulo, n. 67, p. 139-190, 2006. Disponível em: <https://www.scielo.br/pdf/ln/n67/a06n67.pdf>. Acesso em: 26 jan. 2021.

ZANLORENSSI, G.; ALMEIDA, R. De onde saem e para onde vão os refugiados segundo a ONU. **Nexo Jornal**, 25 jun. 2018. Disponível em: <https://www.nexojornal.com.br/grafico/2018/06/25/De-onde-saem-e-para-onde-v%C3%A3o-os-refugiados-segundo-a-ONU>. Acesso em: 27 jan. 2021.

ZUCCO, C.; POWER, T. J. Bolsa Família and the Shift in Lula's Electoral Base, 2002-2006: A Reply to Bohn. **Latin American Research Review**, v. 48, n. 2, p. 3-24, 2013.

Respostas

Capítulo 1

Questões para revisão

1. O texto trata de poder como a tomada de decisão, como a capacidade de organizar as decisões a serem tomadas e como uma questão ideológica. No primeiro caso, o poder está na capacidade de decidir por fazer algo. Tem poder quem consegue decidir por outro ou influenciar suas decisões. No segundo caso, incluem-se as "não decisões" ou a capacidade de um ator de evitar que uma decisão seja tomada, pois este impede que essa escolha seja pautada e deliberada. Por fim, no terceiro caso, o poder está em influenciar outro ator ou grupo de tal forma que este não saiba quais são seus reais interesses, defendendo a posição daquele que detém o poder.
2. De acordo com o texto do capítulo: "A noção intuitiva de poder de qual parte Dahl (2005; 2007) pode ser expressa da seguinte forma:
A tem pode sobre B na medida em que A pode fazer B agir de maneira como B não agiria em outras circunstâncias.

A definição também pode ser expressa em termos probabilísticos: Se a probabilidade de que B faça X quando A não tem qualquer preferência a respeito da ação de B é p e a probabilidade de que B faça X quando A prefere que B faça X é p', então o poder de A sobre B é igual à diferença p' − p. Seja como for, ambas as formulações evidenciam os elementos centrais dessa noção de poder. Primeiro, trata-se de uma relação entre agentes, no caso, entre A e B. Segundo, essa relação é unidirecional, assimétrica, de A para B: uma vez que A decide por X, B faz X (ou a probabilidade de que faça X aumenta). E, terceiro, essa noção de poder pressupõe um cenário contrafactual: o que B faria se A não tivesse nenhuma preferência a respeito de suas ações".
3. Podemos definir coerção como o exercício do poder por meio da ameaça do uso da violência. Já dominação é a sujeição dos demais aos próprios caprichos de um indivíduo. Por fim, autoridade é o exercício do poder acompanhado pela reivindicação de que isso é justo, bom ou vantajoso. Diante dessas definições, podemos dizer que a diferença entre a coerção e a dominação ocorre porque a primeira demanda o uso da violência e a segunda, não. No caso da autoridade, há um discurso moral que sustenta o poder.
4. c.
5. b.
6. c.

Questões para reflexão

1. O poder que se instaura em uma família talvez seja o mais trivial ao qual estamos subordinados. Os pais têm poder sobre os filhos. No trabalho, a relação entre o chefe e seus

subordinados; na escola, dos professores sobre os alunos podem ser colocadas em termos de relações de poder.
2. A relação mais ampla de poder à qual estamos submetidos, individual e coletivamente, é aquela com o Estado. O desenvolvimento de sua resposta pode basear-se nesse pressuposto.

Capítulo 2
Questões para revisão

1. A Weber definiu Estado como um grupo de pessoas que reivindica com sucesso o monopólio do uso legítimo da violência dentro de um território determinado. Os três componentes dessa definição são: (1) uso da violência; (2) reivindicação da legitimidade desse uso; e (3) seu monopólio.
2. A principal variação estava no monopólio do uso da força. Era muito comum, antes da constituição dos Estados nacionais modernos, que outras formas de organização política coexistissem com o poder central em um mesmo território.
3. Os Estados nacionais surgiram em resposta aos interesses dos governantes, não dos governados. Era do interesse dos governantes eliminar as organizações políticas que competiam consigo dentro do mesmo território, como a nobreza, as corporações de ofício, a Igreja Católica e as assembleias locais. Esse processo é marcado fortemente pelas guerras e pelo seu processo de financiamento.
4. As atividades de comerciantes e banqueiros podiam beneficiar-se da coerção para gerar lucro. Era muito mais fácil comprar determinada mercadoria barata e vendê-la cara quando se era o único comprador ou o único vendedor ou, idealmente, o único comprador e o único vendedor. Ou

pagar juros baixos e cobrar juros altos quando se era o único tomador ou concessor de empréstimos ou ambos. O monopólio, contudo, frequentemente só podia ser estabelecido e mantido por meio da coerção. Logo, comerciantes e banqueiros também recorriam à coerção quando isso fosse vantajoso para seus interesses comerciais. Por exemplo: os empreendimentos europeus na Ásia durante a era das navegações.

Além disso, as cidades também guerreavam, fosse para estabelecer o monopólio sobre certas rotas comerciais, fosse para quebrar o monopólio de seus adversários sobre rotas estabelecidas, abrindo-as à competição e dando-lhes acesso a novos mercados. Ao lado dos reinos da França, da Inglaterra e da Espanha, a Europa conheceu os impérios marítimos de Veneza no Mediterrâneo, da Liga Hanseática no Báltico e da Holanda ao redor do globo. Impérios controlados por uma única cidade ou por uma confederação de cidades.

5. 1ª) tempo de permanência das tropas; 2ª) seu caráter obrigatório ou voluntário e sua remuneração; 3ª) quem controla as tropas; 4ª) sua composição, se multinacional ou não; 5ª) seu tamanho.
6. a.
7. b.
8. c.

Questão para reflexão

1. Retomemos a definição de Estado: um grupo que reivindica com sucesso o monopólio do uso legítimo da violência dentro de um território determinado. Se o Estado não está consolidado ou se apresenta falhas em seu desenvolvimento institucional, ele não é capaz de exercer esse monopólio. Possibilita-se, assim, o surgimento de grupos organizados que competem

com os órgãos oficiais de Estado pelo uso da violência em determinado território. Grupos paramilitares, como milícias ou exércitos revolucionários, organizam-se dentro de um território e entram em conflito com as forças oficiais. Desse modo, há embate entre essas formações em busca da superioridade no controle da violência legítima.

Capítulo 3
Questões para revisão

1. De acordo com esse autor, o imperialismo pode ser entendido como uma política de expansão de mercados territoriais com vistas à obtenção de lucros. Todavia, o processo imperialista de conquista de "novos mercados" era uma realidade nessa perspectiva desde o último quarto do século XIX. Suas origens remontavam, em partes, ao nacionalismo, que originou, no passado, o colonialismo. Por trás da ideia de imperialismo há, segundo o autor, partes "do orgulho nacional da grandeza do império" (Hobson, 1902, p. 7, tradução nossa), misturadas a necessidades capitalistas de expansão. Necessidades estas que seriam características do ápice do desenvolvimento capitalista. Assim, o imperialismo seria fruto de pressões capitalistas para encontrar territórios distantes a fim de estabelecer mercados para os produtos excedentes da produção.

2. Seguindo Luxemburgo, o imperialismo caracteriza-se pela noção de que, no capitalismo, há um ente capitalista que domina outro ente não capitalista. Nesse sentido, concorda com Hobson (1902) a respeito de o imperialismo ser um processo necessário do desenvolvimento capitalista. Entendia, porém, que o freio às intenções imperialistas só seria possível

por meio da revolução socialista, que promoveria melhor distribuição de renda aos trabalhadores após reformas econômicas.
3. São três as tradições marxistas trabalhadas no texto, além da visão de Luxemburgo: a de Hilferding, de Lenin e a de Bukharin. Hilferding influencia os demais ao apresentar o imperialismo como a fase final do capitalismo. Ele assinala o papel relevante dos monopólios, como junção dos capitais bancário e industrial, e o papel central do Estado, que garante que esses capitais atinjam seus objetivos. Já Bukharin vê no imperialismo uma ideologia relevante que, em uma cadeia mais longa, culmina na internacionalização da economia. Por fim, Lenin entende que o imperialismo se combina com o capitalismo quando este se assenta em cartéis, momento em que o mundo é partilhado entre empresas e nações centrais.
4. 1°: seu caráter não acadêmico e ativista; 2°: a tautologia do argumento que reforça a relação entre capitalismo e imperialismo; 3°: a ausência de uma investigação mais detida sobre a relação causal entre expansão do excedente de produção e a compra de territórios; 4°: o fato de que o imperialismo teria ocorrido anteriormente aos períodos considerados pelos autores marxistas, momento em que o capitalismo estava em estágios distintos dos tratados por eles; 5°: a ideia de um estágio final do capitalismo não se concretizou, ao passo que a expansão imperialista sim.
5. O argumento de Schumpeter descredita a noção de fases do capitalismo e a ideia de que o imperialismo representaria alguma etapa necessária ao desenvolvimento econômico. Há dois fenômenos que abriam espaço para que alguns países capitalistas se tornassem imperialistas: a presença de uma cultura pré-capitalista violenta, uma orientação pela guerra por interesses

domésticos e a influência de estruturas mercantilistas, que ganhavam com as políticas imperialistas, como cartéis e trustes – que usufruíam do protecionismo estatal em territórios distantes. Apesar da temporalidade entendida pelo autor para a existência do imperialismo, a Europa manteve colônias durante muito tempo ao redor do mundo, por conta da consolidação das retóricas que legitimavam os processos imperialistas.

6. c
7. b
8. a.

Questão para reflexão

1. Incialmente, é preciso constatar que o imperialismo ocorreu em momentos nos quais os Estados-nação existiam. Assim, o argumento histórico dá suporte a essa afirmação. O interesse do Estado pode mesclar-se ao interesse de parte de seus cidadãos pela busca de novos mercados e de novos produtos para apoiar novas empreitadas comerciais. Isso levaria o Estado a investir na ocupação e na dominação de territórios mais amplos do que os que ocupa em dado momento.

Capítulo 4

Questões para revisão

1. As fronteiras têm um caráter duplo, visto que são estanques e porosas. Estanques, pois têm limites observáveis (como placas ou muros), e porosas, porque é impossível vedá-las completamente, essa característica permite que as pessoas, mercadorias ou ideias circulem entre elas.
2. Autores argumentam que isso ocorre por um motivo simples: é no nível local que pessoas estão em contato com políticos e políticas.

Assim, a população interessa-se mais por se envolver. Além disso, nesse nível, os custos de participação são mais baixos.
3. b
4. d
5. c

Questão para reflexão

1. A representação suscita uma discussão sobre como será a atuação do representante: Como este atenderá aos interesses de seu representado? Como lidará com seus interesses, ainda mais se forem conflitantes? Trabalhará voltado para quais questões? O debate é extenso. Uma alternativa possível é a participação direta dos cidadãos, sem intermediários. Nesse cenário, o cidadão participaria ativamente das decisões públicas. Há diversas dificuldades operacionais para esse tipo de organização. Entre elas, a dimensão territorial é importante. Se um representante é eleito em determinada área, é muito difícil imaginar que todas as pessoas dessa mesma região poderão participar de alguma assembleia em que sejam efetivamente ouvidas. As áreas precisarão ser reduzidas a fim de que debate ocorra, mas que seja viável agregar seus consensos.

Capítulo 5

Questões para revisão

1. Os três tipos são majoritário, proporcional e misto. No primeiro, há apenas uma cadeira em disputa em seu caso mais comum. Sua caraterística principal corresponde ao fato de que vence o candidato que receber a maioria dos votos, que pode ser avaliada de formas distintas, como maioria absoluta ou relativa. No segundo, há mais de uma cadeira em

disputa e os cargos são ocupados respeitando alguma regra de proporcionalidade dos votos recebidos por cada competidor. Nos sistemas mistos, há, na mesma eleição, uma composição de disputa majoritária e proporcional.

2. Denomina-se *magnitude do distrito eleitoral* o número de cadeiras em disputa em uma eleição em determinada área. Então, o Estado de São Paulo, por exemplo, elege 70 deputados federais e 94 deputados estaduais. No Paraná, elegem-se 30 deputados federais e 54 deputados estaduais. Quanto ao número de vereadores, as quantidades variam de acordo com as cidades, por exemplo: São Paulo – 55 vereadores; Curitiba – 38 vereadores.

3. *Gerrrymandering* é o processo de configuração geográfica de um distrito eleitoral de forma a possibilitar que um partido obtenha vantagens eleitorais sobre outros. Esse processo ocorreu de maneira bastante clara nos Estados Unidos, em que distritos eleitorais foram redesenhados, criado situações muito pouco usuais para a configuração de uma área de representação política. Sua aplicação leva a resultados eleitorais favoráveis a um partido efetivo.

4. Em uma eleição para prefeito, a importância do partido é mais imediata e, por isso, mais facilmente percebida pelos eleitores. Cada partido é autorizado a apresentar apenas um candidato nessa eleição. Todos os votos para o partido são obtidos por apenas esse candidato e votar em um ou em outro é indiferente. Nesse sentido, o candidato e o partido estão intimamente associados. Em uma eleição para vereador, porém, essa associação é mais complexa. Antes de mais nada, um partido apresenta uma lista não ordenada de candidatos. Isso significa que há uma série de pessoas disputando a eleição em nome

daquele partido. Ao escolher um partido, o eleitor vê-se diante de uma série de alternativas que satisfazem essa escolha inicial. O eleitor pode, se quiser, votar apenas no partido, e não em um candidato em particular. No momento da apuração, há, mais uma vez, a interação entre partidos e candidatos: os votos de todos os candidatos daquele partido são somados para determinar o número de eleitos por partido. Os candidatos mais votados de cada lista ocupam as vagas correspondentes.

5. As três escolas sobre comportamento eleitoral são: a de Columbia e efeitos sociais; a de Michigan e efeitos psicológicos; e a do eleitor racional. Na primeira, os efeitos sociais são preponderantes para determinar a escolha de um eleitor. Então, idade, gênero, local de residência, ocupação etc. são fatores relevantes para compreender a maneira como um eleitor se comporta. Já a segunda enfatiza a dimensão psicológica: a forma como um eleitor é introduzido à política é fundamental. Há, assim, peso para os contextos e os ambientes familiares, culturais e históricos da socialização de cada indivíduo. São formados laços afetivos, criando identificação partidária. Por fim, a teoria do eleitor racional enxerga o eleitor como um agente capaz de decidir seu voto a cada eleição. Ele avalia as alternativas à sua disposição e opta por aquela candidatura que esteja mais próxima de sua preferência.

6. O efeito vizinhança refere-se à influência do espaço na configuração das opiniões políticas. As preferências dos eleitores e suas interações sociais estão entrelaçadas pelo ambiente em que ocorrem. Assim, a preferência de seu vizinho está relacionada com a sua por meio do espaço compartilhado entre vocês. Já o contexto se associa ao mecanismo pelo qual o espaço teria a capacidade de nos influenciar a depender de nossa

localização. Com base nele, torna-se viável explicar os padrões de votos e de opiniões das pessoas que estão próximas entre si. Por fim, *localness* diz respeito à particularidade de cada contexto e suas diferenças.

7. a) majoritário de um ou dois turnos.
  b) proporcional de lista aberta.
  c) proporcional de lista aberta.
  d) majoritário com uma ou duas cadeiras em disputa.
  e) majoritário de dois turnos.
8. b
9. d

Questão para reflexão

1. A divisão territorial influencia a participação do cidadão. Um país grande e sem subdivisões dificultaria o acesso de cada um ao debate público, já que sua participação direta se tornaria muito custosa. Contudo, de acordo com os efeitos de espacialização em sua formação política, ainda assim grupos regionais se formariam e a representação se tornaria local. Por outro lado, se a divisão fosse muito ampla em pequenos distritos, a representação de minorias se dificultaria, já que, em cada uma dessas regiões pequenas, grupos minoritários, mesmo que se articulassem, não conseguiriam ser ouvidos diante de uma maioria que lhes fizesse oposição. Nesse sentido, a divisão em distritos de tamanho médio torna-se recomendável, principalmente se acomodar efeitos espaciais conhecidos e recorrentes.

Capítulo 6
Questões para revisão
1. Ao "mapear para pensar", analisamos os dados sobre um fenômeno no espaço para encontrar dinâmicas sociais ou mecanismos causais que ainda não foram bem teorizados para explicar tal fenômeno. Ao "pensar para mapear", utilizamos teorias sobre o papel do espaço/geografia na explicação do fenômeno para assim empregarmos dados espaciais em sua análise, por exemplo, testando hipóteses.
2. Cálculo de distância: calcula a distância entre dois (ou mais) elementos no espaço, geralmente ponto.

    Geocodificação/georreferenciamento: permite a obtenção de coordenadas de latitude e longitude por meio de informações que podem ser convertidas a esse formato.

    Testes de autocorrelação espacial (ou dependência espacial): esses testes analisam em que medida os valores de variáveis em determinada área estão relacionados espacialmente (positivamente ou negativamente) com seus vizinhos. Dividem-se em autocorrelação espacial global e local.

    Regressão espacial: modelos de regressão espacial permitem estimar o efeito de uma variável explicativa sobre a variável dependente em certo conjunto de dados, levando em consideração o espaço, incluído por meio da ideia de vizinhança. Existem dois modelos básicos de regressão espacial: (1) os modelos de defasagens espaciais na variável dependente (*spatially lagged y model*), que representam efeitos de difusão de territórios próximos sobre a variável dependente de vizinhos;

e (2) modelos de defasagens espaciais no erro (*spatially error model*), que consideram uma dependência espacial nos termos de erro da regressão.
3. c
4. b
5. d

Questão para reflexão

1.
a) Um mapa coroplético seria ideal, uma vez que atribui cores ao valor de uma (ou mais) variável(is) em áreas. Preferencialmente, esse mapa seria colorido em uma escala de cores contínua/crescente, em que os valores mais altos representariam um percentual maior de votos. Cada município seria colorido de acordo com o percentual de votos obtidos pelo governador naquela localidade.
b) Um mapa de fluxos seria ideal, pois esse é o tipo mais adequado para representar deslocamentos. As linhas indicariam a região de origem e de destino desses trabalhadores, e a sua espessura poderia representar o número de trabalhadores que estão em migração.

Sobre os autores

Graziele Silotto
Doutoranda em Ciência Política pela Universidade de São Paulo (USP), onde desenvolve projetos de pesquisa sobre eleições, representação proporcional, competição e partidos políticos. É também pesquisadora no Centro Brasileiro de Análise e Planejamento (Cebrap) e no Núcleo de Estudos Comparados e Internacionais da USP. É professora na pós-graduação em Ciência Política na Fundação Escola de Sociologia e Política (Fesp-SP).

Lucas Gelape
Doutorando em Ciência Política da Universidade de São Paulo (USP). Realizou estágio de pesquisa (doutorado sanduíche) no Departamento de Governo da Universidade Harvard. Mestre em Ciência Política e bacharel em Direito pela Universidade Federal de Minas Gerais (UFMG). É pesquisador do Núcleo de Estudos Comparados e Internacionais (Neci) da USP e pesquisador-colaborador do Centro de Estudos Legislativos (CEL) da UFMG e do Núcleo de Estudos sobre Política Local (Nepol) da Universidade Federal de Juiz de Fora (UFJF).

Pedro Vicente de Castro
Doutorando e mestre em Ciência Política pela Universidade de São Paulo (USP), onde desenvolve pesquisa sobre partidos e eleições, com enfoque na representação proporcional de lista aberta. É também pesquisador do Núcleo de Estudos Comparados e Internacionais (Neci) da USP e do Núcleo de Instituições Políticas e Eleições (Nipe) do Centro Brasileiro de Análise e Planejamento (Cebrap).

Glauco Peres da Silva
Graduado em Economia. Atualmente é professor livre-docente do Departamento de Ciência Política da Universidade de São Paulo (USP). Tem experiência na área de ciência política, com ênfase em Política Comparada, atuando principalmente nos seguintes temas: Geografia Eleitoral, Eleições, Partidos, Institucionalismo e Metodologia da Ciência Política.

Impressão:
Fevereiro/2021